미국유학

과

SAT

전략

미국 유학과 SAT전략

지은이 William Lee
펴낸이 안용백
펴낸곳 (주)도서출판 넥서스
초판 1쇄 인쇄 2011년 2월 25일
초판 1쇄 발행 2011년 2월 28일

출판신고 1992년 4월 3일 제311-2002-2호
121-840 서울시 마포구 서교동 394-2
Tel (02)330-5500 Fax (02)330-5555
ISBN 978-89-5797-531-2 13370

가격은 뒤표지에 있습니다.
잘못 만들어진 책은 구입처에서 바꾸어 드립니다.

www.nexusbook.com

미국 유학 총 결정판

미국유학과 SAT 전략

William Lee 지음

넥서스

한국에서 인터넷을 통해 제 칼럼을 읽고 이메일로 자녀 교육에 관하여 문의하시는 어머님들의 글을 읽을 때마다 한국 어머님들의 자녀 교육에 대한 열정은 참으로 세계 어느 곳에서도 유례가 없다는 생각을 합니다. 우리나라는 불과 100여 년 전만 해도, 방정식도 기하학의 좌표도 없는 나라였고, 학문이라 해 봐야 한학과 유학 등을 특별한 교육기관도 없이 서당에서 가르치는 정도였는데, 선교사 분들을 통해 병원과 고등학교와 대학(그 당시 전 세계적으로도 흔하지 않았던 여자 대학을 포함) 등의 교육기관이 생기고 거기에 우리 어머님들의 교육에 대한 열정이 더해져 우리나라를 100년 만에 빈국 중의 빈국에서 세계가 가장 부러워하는 나라로 바꿔 놓았습니다. 교육에 종사하는 한 사람으로서 부모님과 학생들의 이 열정이 헛되지 않아야 한다는 막중한 책임감을 느낍니다. 옛날 한국의 선비들같이 오늘날 미국에서 가장 청렴하고, 정직한 단체가 있다면 교육기관입니다. 그들이 있기에 미국의 교육 제도가 전 세계 교육을 선도해 나갈 수 있고, 세계교육의 지표가 되고 있듯이 저를 포함한 우리나라의 교육자들도 그래야겠습니다.

저는 28년 전 미국으로 유학을 와서 Northrop University에서 Aerospace Engineering(항공 우주 공학)으로 학사와 석사 학위를 받았고, 1991-1995년까지 UCLA에서 박사과정을 마친 후, 1995년부터 지금까지 캘리포니아의 Mission Viejo, Irvine, Fullerton에서 GATE Education을 운영해 오고 있습니다. 거의 20년을 대학에서, 학원에서 학생들을 가르친 선생으로서의 경험과 대학 입학원서 작성 및 교육 컨설팅 등의 교육 현장에서의 카운슬러 경험, 두 아들을 미국에서 낳아서 교육시키고 대학을 보낸 부모로서의 경험을 바탕으로 유학을 준비하는 학생들과 부모님들에게 조금이나마 도움이 되고자 합니다.

특별히 미국 유학을 준비하는 학생들에게 미국 교육이 지향하는 핵심적인 가치를 이해하고 있나? 라는 질문을 먼저 드리고 싶습니다. 18세기 중반 이후부터 시작된 산업혁명은 봉건 군주 제도가 자본주의 제도로 전환하는 획기적인 발판이 되었으며 19세기 중반 쯤 자본주의가 자리를 잡으며 자본가와 빈민층이라는 새로운 계층이 형성되며 빈익빈, 부익부라는 부작용이 생겨나기 시작했습니다. 자본주의의 부작용에 반하여 19세기 초에 사회주의에서 태동한 공산주의가 생겨 전 세계가 혼란을 겪게 되었습니다. 하지만, 우려와는 달리 자본주의가 시작된 지 200년도 채 안 된 지금 빌 게이츠에 의해 '창조적 자본주의'라는 새로운 개념이 주창되며 하나의 큰 물결이 되어가고 있습니다. 기업이 사회를 통해 이윤을 얻기 때문에 기업이 가난한 사람들의 복지에 책임이 있다는 것입니다. 그것은 봉사의 의미를 넘어서는 의무라는 것입니다. 수만 명의 악한 집단이 한 사람의 선함을 넘어서지 못하고 인류의 역사는 그 한 사람의 선한 생각 때문에 발전하고 있습니다. 한 사람의 기업가가 개인의 이익보다는 아프리카 대륙 전체의 의료를 책임지려 하고, 미국 공교육의 잘못된 점들을 바로잡으려 하고, 나아가 이런 일들을 전 세계의 모든 기업가에게 동참시키기 위하여 자본주의의 새로운 의식 변화를 일으키고 있습니다. 내가 받는 교육과 학업의 자산이 나 개인의 이익의 축적보다는 우리 사회의 공영을 목표로 한다면 얼마나 아름다울까? 미국 유명 사립대학의 입학사정관들을 이런 가치관을 가진 인재들을 찾으려고 전 세계에 손을 내밀고 있습니다. 학업 능력 이상으로 학생들의 봉사, 희생 정신, 리더십, 다른 사람과 함께할 수 있는 그런 가치관을 더 높게 평가합니다. 우리 학생들이 이런 대학에 입학의 영광을 잡고 한국의 위상과 인류의 번영에 일조할 수 있는 세계적인 인재로 양육될 수 있기를 기원합니다.

처음 유학 올 때의 마음으로 미국 유학은 왜? 라는 질문으로 시작합니다. 아직도 아는 것이 부족하고, 배워야 할 것이 훨씬 더 많지만, 인터넷에서 또는 부모님들 사이에서 잘못된 조각 정보들이 많이 돌아다니는 것을 우려하는 마음으로 미국 대학 입시 준비에 관련된 모든 사항을 이 책에 총정리해 보았습니다. 물론 저는 한국의 교육 상황들을 이 책을 읽으시는 독자들보다는 모르지만, 이곳 대학 입학 준비에 관한 한은 어떤 분 못지않은 정확한 정보를 가지고 있으며, 또한 현재 일선에서 학생들과 같이 일하고 있기에, 어디서 접하는 정보보다도 실질적입니다. 한 예로 미국 대학을 가려면 SSAT와 SAT를 다 보아야 한다고 온라인에서 어느 부모님을 상담하는 것을 보았습니다. 전혀 틀린 말은 아니지만 일부 학생들에게만 해당하는 내용입니다. SSAT는 유명 사립 고등학교들이 입학사정 시 요구하는 시험이고, 대학을 가려면 SAT를 준비해야 합니다. 또한, 미국 고등학교 4년 과정을 다 마치지 않은 학생들에게는 토플 점수가 요구됩니다. 미국 대학의 사정제도는 미국의 대학 수만큼이나 다양합니다. 학생들 모두가 똑같은 상황에 있지 않기 때문에 남의 단편적인 정보가 내 정보가 될 수 없습니다.

유학을 할 수 있다는 것 자체가 선택받은 것입니다. 그만큼 남들보다 기회나 가능성이나 세상을 보는 안목이 넓어질 수 있습니다. 그럼에도, 유학은 누구에게나 다 최선의 선택은 아닙니다. 왜냐하면, 실패하는 경우를 이곳에서 너무도 많이 봐왔기 때문입니다. 과연 유학 생활을 목표한 대로 성공할 수 있나? 나 자신을 냉정히 점검해봐야 합니다. 필수적인 영어 준비나 대학 입학과 유학에 필요한 각종 시험 준비는 다 되었는지? 그에 따른 경비는 어떻게 준비할 것인지? 철저히 계획해야 합니다.

일단 결심이 섰으면

1 열심히 하십시오. 열심히 할 때만이 없던 길도 보이고, 예상하지 않았던 열매도 거둘 수 있습니다. 최소한 2~3년은 옆을 돌아보지 마십시오. 새로운 창이 열릴 때 또 2~3년 열심히 하십시오. 창문이 열릴 때마다 한 단계씩 오르는 자신을 경험할 수 있습니다. 미래에 다다를 수 있는 결실도 중요하지만, 더 중요한 것은 내가 오늘을 열심히 살았나? 하는 것입니다. 미래를 걱정하지 말고 오늘에 최선을 다 하십시오.

2 자신을 가지십시오. 미국 유학 생활에 가장 큰 장애는 역시 영어입니다. 다행히도 영어는 우리에게만 힘든 것이 아니고 미국인에게도 힘듭니다. 한국말과는 달리 대학 졸업 후 보는 의대, 법대 입학시험에도 영어 단어 실력이 많은 점수를 좌우합니다. SAT Critical Reading의 미국 전체 평균이 500~503점이지만 아시아 계통의 학생은 508~510 정도입니다. 대부분이 Asian인 저희 학원 학생의 평균은 600에 가까이 있습니다. 결론은 영어 공부를 많이 한 사람만이 영어를 잘할 수 있습니다.

아무쪼록 이 책이 여러분의 좋은 길잡이가 되기를 바랍니다.

감사합니다.

최신 자료는 williamlee.gate@gmail.com으로 문의해 주세요.

CONTENTS
이 책의 차례

2 부　S A T / A C T　전 략 노 트

Chapter III SAT Subject Tests 준비하기 ∞ 172

3 부   미 국   대 학 에   직 접   지 원 하 기

1 부 미국 유학 101

Chapter

미 국 유 학 준 비

I

01

미국 유학 왜 하는가?

세계 경제, 정치, 과학, 교육, 예술의 중심지를 미국이라 해도 이견을 말할 사람은 아무도 없을 것이다. 미국의 교육의 이념은 교육을 통한 세계 평화를 지향하며, 전 세계로부터 오는 유학생들에게 항상 우호적인 정책을 펴 왔다.

미국은 현재 50만 명의 외국 유학생들이 공부하고 있으며, 유학생을 많이 보내는 나라들로는 1위부터 5위까지가 인도, 중국, 한국, 일본, 대만의 순이다. 미국의 이웃 나라인 캐나다와 멕시코를 제외하곤 10위권 안의 나라들이 모두 아시아 국가들이다.

유학생들은 엔지니어링 계통의 전공에 많이 몰려있으며, 석사와 박사학위로 올라갈수록 유학생의 비율이 많아진다. 1997~1998 통계로는 박사학위 수여자 중에 유학생이 24.6%나 된다 하니, 지금은 훨씬 더 많으리라 생각된다.

또한 미국은 세계의 모든 문화권과 인종이 한데 어우러져 조화를 이루고 있는 곳이기에 다양한 문화와 음식, 풍습들을 경험하고 배울 수 있다.

01-1. 유학할 만한 4가지 중요한 이유

1. 미국 대학의 우수한 연구 환경

우리가 흔히 알고 있는 유명한 미국 대학들은 학문을 배우는 곳이라기 보다는 학문을 연구하는 곳이다. 그래서 각 유명 대학은 학부생들의 교육보다는 대학원 위주의 연구 활동을 중심으로 구성되어 있다. 그곳의 교수들은 학생들을 가르치는 일보다는 대학원생들과 연구에 몰두한다. 파이낸셜 타임지에 의하면 미국 대학이 연구 개발에 지원하는 돈은 유럽 전체의 대학이 지원하는 돈의 두 배에 달한다고 한다. 2005년 한 해 미국 전체 대학이 받은 기부금은 총 2백56억 달러(약 25조원)를 넘었다고 한다. 유수한 옥스퍼드나 케임브리지 대학 등 현대 학문의 발상지인 유럽의 대학들이 재정난에 빠져있는 것과는 비교할 수가 없다.

미국 대학은 기부금의 대부분을 연구 활동 및 기초 학문에 대한 투자에 쓰며, 이를 바탕으로 이론에만 국한되지 않은 성과들이 대학의 연구실에서 만들어지고, 그 산물로 해마다 많은 노벨상 수상자들을 배출한다. 그 가운데 한 일원으로 최고의 시설과 기자재를 갖춘 우수한 연구환경 속에서 우리 학생들이 세계에서 몰려온 훌륭한 인재들과 같이 연구하며 공부할 수 있다는 것은 커다란 기회이다.

2. 미국 대학의 우수한 학문 수준

미국은 항공우주공학, 컴퓨터, 기초과학, 의학, 생명공학, MBA, 경제학 등 거의 모든 분야에서 세계 최고의 수준을 자랑한다.

어느 대학이나 박사과정에는 많은 아시아 출신들이 연구 활동을 하고 있고, 이공계 쪽은 특히 더하다. 필자가 항공우주공학을 전공할 때도 중국의 국비 유학생들이 많았다. 그 당시는 중국이 공산주의 국가였기에 많은 학생들이 본국으로 돌아가지 않으려 했다. 그럼에도 중국 당국이 한 사람만 돌아온다 하더라도 계속해서 유학생을 보낸다는 정책을 견지하는 것을 보고, 언젠가는 중국이 크게 발전할 날이 있을 것이라 생각했다. 20년이 지난 지금, 중국은 우주선을 쏘아 올리는 나라가 되었고, 미국내 대학마다 가득한 중국 유학생들을 보면서 중국의 미래는 과연 어디까지인가를 생각하면 부럽기까지 하다.

3. 세계적인 인재들과의 네트워크 구성

미국 각 대학의 연구실에는 미국 학생들보다도 각 나라를 대표하는 인재들로 가득 차 있다. 모두가 학문에 대한 열망으로 가득 차 있고, 많은 수가 학업을 마친 후 자신들의 나라로 돌아간다. 그 가운데서 함께 공부하며 친분을 갖는다면 전 세계의 인재들과 인적 네트워크를 만들 수 있음은 물론, 그들을 통해 더넓은 안목을 가질 수 있는 기회가 될 수 있다.

4. 좋은 가치관을 배울 수 있는 기회

필자가 처음 유학 와서 느낀 것은 시험 볼 때 백인들은 부정행위를 하지 않는다는 것이었다. 부정행위를 하는 학생들을 가끔 볼 수 있었는데, 보통 선진국 출신의 학생이 아닌 경우가 많았다. 각 문화마다 좋은 가치관이 있듯이, 미국 사회의 가치관 역시 우리가 배울 점들이 많다. 그것은 지식과 정보, 학습만으로는 습득하기 어려운 것으로, 그 문화 속에서 생활하면서, 보고, 느끼고, 몸으로 체득하며 반복적으로 경험할 때야 비로소 자기 것으로 만들 수 있다. 물론 한국의 나쁜 문화와 미국의 나쁜 문화만을 골라서 배우는 어쩔 수 없는 사람도 있기는 하다.

미국에서 생활하면서 느낀 것이지만, "인생의 진정한 의미는 봉사"에 있는 것 같다. 우리나라에 유교의 도가 사회 전반에 깔려 있는 것처럼, 미국 사회 전반에 흐르는 누구나 쉽게 느낄 수 있는 귀한 것들이 있다. 그것은 "성실/청렴(integrity), 정직(honesty), 신뢰(trust), 존중(respect), 정의(justice), 책임(responsibility), 자선(charity), 공평(fair)" 등이다. 미국은 청교도 정신을 기초로 한 나라이며, 이민자들이 모여 사는 나라이기에 미국인들도 정직과 준법

정신을 가장 중요한 명예 중 하나로 생각하고 있다.

01-2. 미국 학생들에게도 부는 유학 열풍

미국의 국제교육기관에 따르면 2003~2004년도 학기 중 20만 명의 미국 학생들이 해외에 나가서 공부를 했다고 한다. 연방의회는 2006년을 '유학의 해'로 정하고, 가능한 한 많은 학생들이 해외로 나가기를 장려했다.

각 대학들도 이에 맞춰 해외에서 받은 학점을 모두 인정해 주고 있고, 대학생이 그 대학을 다니는 동안 한 해 정도를 해외에서 학점 이수하는 것이 일반화되어 가고 있다. 특히 세인트 올라프, 오스틴, 루이스 앤드 클락, 워포드 칼리지 등은 전체 학생의 40%를 해외로 유학시키고 있는 실정이고, 또한 해외가 아니더라도 미국 내 다른 대학들과 연계해서 서로의 좋은 프로그램과 학생을 교환하며 공부한다. 해외로 유학생을 가장 많이 보내는 학교는 NYU(2,475명), UCLA, Michigan State 등이 있다.

우리나라에서도 해외에서 받은 학점을 그대로 인정해 주는 제도와 각 대학들의 우수한 프로그램을 서로 공유할 수 있게 대학 간의 교류가 활성화되어, 학생들이 대학 4년 중 1~2년을 해외에 있는 대학이나, 국내 다른 대학에서도 쉽게 공부할 수 있게 된다면, 21세기를 책임질 우리 학생들이 더 경쟁력 있고 안목이 넓은 인재들로 커 나아갈 수 있을 것이라 생각한다.

01-3. 21세기 학생의 조건

21세기는 '세계화의 시대'이다. 우리는 학교가 20세기적 사고에서 탈피하여 새로운 세기에 맞춘 학문의 기회를 학생들에게 부여해 주기를 바란다. 최근 뉴욕 타임즈 기사에 의하면, 21세기에 필요한 능력은 다음과 같다:

세계에 대한 더 많은 지식_세계 무역 시대를 맞이하여 외국 문화와 언어 배우기

더 창조적이고 혁신적인 생각, 발상의 전환_앞으로의 직업과 문화는 기존과는 달리

여러 전공과 여건이 합쳐져 새로운 분야와 그에 따른 학문과 직업이 창출될 것이므로 그에 맞는 사고의 전환이 필요

더 좋은 인간관계의 기술_다인종이 합하여, 서로 다른 전공자들이 합하여, 다른 문화권의 사람들이 함께 해야 하는 일이 늘어남에 따라 대인 관계에 대한 기술이 어느 때보다 더 중요

02

미국 유학 어떻게 하면 성공할 수 있나?

사람은 누구나 목적을 가지고 태어난다. 또한 각기 다른 자기만의 성품을 가지고 태어나며, 각기 다른 환경 속에서 성장하며 경험한다. 유학은 어떤 학생에겐 좋은 방법일 수 있어도, 다른 학생에겐 그렇지 않을 수도 있다. 왜냐하면, 유학은 학습능력보다는 다른 이유로 실패하는 경우가 많기 때문이다. 한국에도 좋은 대학이 많고, 유학을 가는 것보다는 국내 대학에서 공부하는 것이 자신에게 더 적합할 수도 있다. 자신이 유학을 하기에 적합한가 아닌가를 필자의 경험을 통해 제시한 몇 가지 의견을 보고 판단해 보기 바란다.

02-1. 뚜렷한 삶의 가치관

처음에 유학을 와서 놀란 것이 있는데, 학교에 계신 교수님들 중에 본교 출신 교수들이 거의 없다는 것이었다. 그 이유는 학교의 다양한 학문적인 발전을 위해 본교 졸업생 출신의 교수들을 뽑지 않는다는 것이었다.

한국에서 예전엔 좋은 학교에 간다는 것은 학문을 연마하기 위한 것이라기보다는 출세를 위한 것이라 여겨졌다. 학연과 지연을 중요시해 왔기에 일단 좋은 대학을 들어가면 인생의 반은 보장되는 것으로 생각했었다. 따라서 어떻게든 명문대학에 입학하고 보는 데 총력을 기울여 왔다.

유학을 떠나는 목적이 자신이 유학을 했다거나 미국 어느 명문대학 출신이라는 좋은 간판을 얻고자 하는 것이 아님을 분명히 해야 한다. 유학의 목적은 선진 학문을 배우고자 하는 열망과 각 나라에서 온 우수한 두뇌들과 같이 연구하고, 생활하며 얻는 지식과 경험을 한국을 위해, 더 나아가 인류를 위해 헌신하고자 하는 뚜렷한 가치관에서 비롯되어야 한다.

02-2. 정신적, 육체적 건강

1. 외로움을 잘 극복할 수 있어야

유학 시절, 계절에 관계없이 두터운 외투와 모자를 쓰고 정해진 시간에 매일 도서관에 오는 한 중국학생이 있었다. 그 학생은 누구에게나 다 들릴 수 있는 이상한 소리를 반복적으로 내며 공부했다. 책과 노트에는 메모가 깨알 같은 글씨로 빼곡히 적혀 있고, 누가 옆에 와 쳐다보아도 자기 일에만 집중할 뿐 아무런 관심을 두지 않았다. 일 년을 매일같이 그러다 보니 더 이상 그 행동이 누구도 이상해 보이지 않을 뿐더러 그에게 관심조차 주지 않았다. 그런 정상적이지 않은 학생들은 어느 종합대학에서나 쉽게 찾아볼 수 있다. "혼자 극복해야 할 것들이 얼마나 많았으면 저렇게 됐을까?"하는 측은한 생각과 두려운 생각이 같이 들었다.

사람들과 어울리는 것을 좋아하며, 대중 속에 있어야 안정감을 느끼는 사람이나, 새로운 환경에 적응하는 것을 힘들어 하는 성격을 가진 경우에는 공부에 대한 어려움보다도 환경의 극복이 문제가 될 수 있다. 한국의 모임문화와 가족 간의 교류를 중요하게 여기는 문화에 익숙한 우리에겐 외로움을 극복하는 것이 큰 문제다.

학생들 간에 모임도 한국 대학보다 현저히 적다. 학교 수업이 끝나고 학생들끼리 어울리는 경우도 별로 없고, 만남에 대한 필요도, 시간도 없다. 대부분의 학생들이 대학생이 된 이후부터는 경제적으로나 정신적으로 부모에게서 자립하기에 수업이 끝나면 일을 하거나 일 때문에 밀린 공부를 하러 도서관에 간다. 개인주의와 자립정신에 익숙한 미국 학생들에게는 자연스러운 일이다.

2. 개척정신과 도전정신이 있어야

"아메리칸 아이돌"이란 방송을 보면 자격이 되지도 않는 사람들이 너무 진지하게 도전하는 것을 볼 수 있다. 생각의 중심이 남의 눈치를 보기보다는, 나 자신으로부터 시작되기에 그런 무모한 도전이 가능한 것으로 보인다. 그들의 도전정신은 주위의 웃음거리가 되는 것이 아니라 항상 격려를 받는다.

유학이 설령 도피성이 있는 유학일지라도, 우리들 누구나에겐 무한한 잠재력과 가능성이 있기에 마음먹기에 따라선 언제든 재기의 기회가 있다. 미국의 교육제도는 공부하기를 싫어하는 학생들에게는 강요하지 않는 반면, 열심히 하려고 하는 학생들에겐 개인적인 격려와 지원을 해 준다. 한국에서 미,양(C, D)을 받던 학생이 이곳에서 학교생활을 즐기며 좋은 대학에 가는 경우를 많이 봐왔다. 보통 공부를 잘하던 학생들이 이곳에 와서도 당연히 잘하지만, 유학의 승패는 개척정신과 도전정신을 가지고 열심히 최선을 다하는 본인의 마음가짐에 달렸다.

미국 대학의 모든 시스템은 자신이 알아서 찾아다녀야 한다. 누가 대신해 주는 일은 없다. 학생들의 강의 스케줄도 서로가 다른 경우가 대부분이다. 본인이 부딪쳐서 찾아내어 열심히 해야 한다. 개인 사생활을 중요시 하기에 남의 일에 간섭하거나 간섭받는 것을 싫어한다. 어떻게 보면 학생 간에 관계가 건조해 보이기도 하지만 자신의 발전과 자기관리를 위해선 좋은 훈련이기도 하다.

3. 긍정적이며 열린 마음

유학을 하면 어떻게든 성공해야 한다는 강박증 때문에 마음의 문이 좁아질 수 있다. 친구들과 어울리지도 않고 방 안에 쳐박혀 공부만 하는 학생도 있다. 허나 그렇게 해서 성공리에 학위를 받고 졸업을 한다고 해도, 그 때문에 많은 것을 잃을 수도 있다. 인생에서 가장 중요한 것은 어떤 것을 성취했느냐는 것보다는 어떤 관계를 가지며 살아왔냐에 있다. 가족 간에, 동창 간에, 자기가 속해있는 환경 속에서의 관계 말이다. 자신이 힘든 환경에 있을수록 주위와의 relationship은 훨씬 더 중요시된다. 그것은 외로움을 비롯한 타 문화 속에서 일어날 수 있는 많은 장애물을 극복하는 데 도움이 된다.

외국에 가면 제일 힘든 것이 음식이다. 다른 나라의 음식 문화를 존중하는 오픈된 마음으로 임하면, 오히려 음식을 나누며 그들과 더 가까워질 수 있다. 전공을 시작하거나 석사, 박사 과정 등 높은 학년으로 올라갈수록 팀 프로젝트가 많다. 논문을 쓰거나 research를 하더라도 혼자 할 수 있는 것은 지극히 제한되어 있다. 힘든 일들을 동료들과 함께 이뤄내며, 주위 사람들에게 즐거움을 줄 수있는 사람이라면, 외롭고 힘든 유학생활일지라도, 삶에 유익하고, 가장 보람있는 기간으로 남을 것이다.

02-3. 철저한 영어 준비

다른 문화권에 들어와 공부한다는 것은 결코 쉽지 않다. 공부 이외에도 헤쳐 나아가야 할 것이 많다. 기본 생활에 속하는 식생활, 교통 시스템, 교육 제도 등등... 그 나라의 법과 문화를 먼저 익혀야 한다. 언어가 익숙하지 않고서는 공부하는 것 이외에 장애가 되는 것이 너무 많다.

더구나 영어가 부족하여 ESL 코스에서 3~6개월이 아닌 1~2년 이상을 소비한다는 것은 재정적으로도 큰 낭비이다. 또한 ESL에 있는 시간이 오래되다 보면 유학에 대한 결심마저 무너지는 경우가 많다. 통계적으로도 영어는 미국에 가서 하면 되겠지 하고, 영어 준비가 되지 않은 채 유학하는 학생들은 실패의 확률이 높다는 것을 보여준다.

영어를 습득한다는 것은 쉬운 일이 아니다. 다른 말로는, 영어를 습득할 만큼 노력을 기울일 수 있는 사람은, 일단 유학에서도 성공할 확률이 높다고 할 수 있다.

1. 영어에 대한 올바른 이해

기쁜 소식이 있다. 그것은 영어를 모국어로 쓰고 있는 영국, 미국 학생들에게도 영어를 배우는 것이 우리와 마찬가지로 어렵다는 것이다.

영어는 우리말과 달리 저절로 배워지는 수준에는 한계가 있다. 미국에서 대학을 졸업하고도 New York Times나 LA Times를 제대로 읽지 못하는 사람이 많다는 이야기를 들어봤을 것이다.

미국의 학생들이 영어에 투자하는 시간은 한국의 학생들이 영어에 투자하는 시간과는 비교도 안 될 만큼 많다. 미국 초등학교 과정을 보면 유치원부터 3학년까지는 거의 영어와 수학만 공부한다. 학교에선 초등학교에서 12학년까지 매주 20~30개의 단어를 외울 것을 요구하며, Reading Log라 해서 학년마다 읽어야 하는 책의 목록을 주고 항상 점검한다. 각 주 정부 차원에서 읽기 시험을 치루고 합격선을 통과하지 못한 학생들에게 읽기 수업을 따로 시킨다.

영어 단어 실력은 대학 입학시험은 물론 대학원 시험에서도 큰 비중을 차지한다. 영어는 한국 학생이나 미국 학생이나 누가 더 시간 투자를 많이 했느냐가 관건이지 미국 사람이냐, 한국 사람이냐가 절대적인 조건은 아니라고 얘기하고 싶다.

예를 들어 영국의 중등교육 자격시험인 GCSE에서 영어를 모국어로 하는 영국 학생들의 시험 통과율이 80%에 그친 반면 중국 출신 학생들은 86%, 인도 출신의 학생들이 85%로 영국 학생들을 앞질렀다. 아시아 출신의 학생들이 학구열이 높은건 미국에서도 마찬가지다. 미국 대학입학시험인 SAT I 영어 시험에서도 매년 아시아 출신 학생들이 백인 학생들보다 평균 성적이 더 높게 나오고 있다.

"미국에 가면 영어를 잘할 수 있는데"라는 말은 어쩌면 책임회피일 수도 있다. 미국에 사는 교포 중에 거기서 아무리 오래 살았어도 영어를 잘하지 못하는 경우가 허다하다. 영어 공부에 시간을 투자하지 않고는 못하는 것이 오히려 당연하다.

오히려 요즘에는 영어를 배울 수 있는 교재들은 한국에 더 많이, 더 잘 나와 있어 미국에서보다 훨씬 효과적으로 공부할 수 있다.

물론 미국에 와서 일상 생활과 학교 생활 과정에서 부딪치며, 경험하며 영어를 배우는 방법이 제일 좋을 수 있다. 그러나 어디에서든 본인의 노력이 환경 조건보다 더 앞선다는 것을 명심하자.

2. 한국에서 영어를 잘 배울 수 있는 방법

한국에서도 영어를 잘 배울 수 있는 몇 가지 방법을 제시해 보겠다. 본인에게 맞는 방법을 골라 노력하면 효과가 있을 것이다.

ⓘ 영어 단어를 외울 때는 영영사전을 이용하자.

도움이 필요하더라도, 한국말로 번역된 것으로 외우는 것보다 영어로 설명된 영영사전을 이용하여, 영어로 외울 것을 권한다. 처음에는 외우기가 더디고, 힘들더라도 극복해 보자. 할 만한 가치가 있다. 한국 학생들이 단어는 많이 알아도 실제로 그 단어를 제대로 쓰지 못하는 경우가 많다. 단어의 뜻은 영어 속에서 이해되어야, 그 단어를 바르게 사용할 수 있다.

ⓘⓘ 발음에 대해 자신을 갖자.

우리가 경상도 사투리를 쓴다고 해서, 한국말을 못한다고 하지는 않는다. 영어는 이미 세계 공용어가 되었다. 그리고 각 나라 사람들은 그들만의 고유한 발음이 있다. 어떤 나라 사람들의 영어 발음은 오히려 미국 사람들의 영어 발음보다 멋있고 매력적으로 들리기도 한다. 미국 사람들이 우리가 말하는 것을 못 알아듣는 것은 발음이 나빠서라기 보다는 우리의 표현 방법이 틀리기 때문이다. 우리는 발음에 주눅들기보다는 올바른 표현를 배우고 익혀 자신있게 말해야 한다.

ⓘⓘⓘ 발음을 고쳐 보도록 노력하자.

발음에 대해 자신을 갖자는 말과 상반되는 얘기 같지만, 자신의 발음 때문에 외국인과 대화할 때 주눅들지 말라는 뜻에서 하는 말이다.

발음을 제대로 할 수 있을 때 좋은 점 몇 가지가 있다. 첫째는 자신감과 성취감과 즐거움이다. 둘째는 자신이 제대로 할 수 있는 발음은 알아듣기가 쉽다. 즉 Listening에 많은 도움이 된다. 셋째는 혀 운동이 많이 되기 때문에 한국 발음도 정확해진다.

요사이 발음을 고치기에 좋은 교재들이 많이 나와 있다. 6개월 정도 열심히 노력한다면 나이에 상관없이 좋은 결과를 얻을 수 있다. 우리가 잘 못하는 r, l, p, f, th 등의 (이중) 자음과 Long 'e'와 Short 'e' 등 장모음과 단모음을 우린 보통 구분하지 않고 발음을 하는 경우가 많다. 일부러 혀를 굴리지 말고 정확하게 발음하는 것을 배워 보도록 하자. 노력하는 만큼 달라질 것이다.

ⅳ 일상회화를 수능시험 준비하듯 하자.

일상회화는 사용할 기회가 많지 않기에 책을 보고 할 때는 잘 되는데 막상 하려고 하면 생각이 나질 않는다. 방법은 외워서 연습하는 수밖에 없다. 친구들과 상황을 만들어 가면서 시간을 정하여 정기적으로 연습하자. 흔히 우리가 연습할 때는 무작정 자기가 무슨 말을 하고 있는지도 모른 채 혀를 굴려가며 빨리 말하려고 할 수도 있다. 그러기보다는 뜻을 생각하며 천천히, 정확하게 말하는 연습을 수능시험 준비하듯 하자.

ⅴ Reading

책 읽기. 영어를 공부하는 가장 큰 이유이다. 미국 학생들은 SAT 시험에 자기의 관심분야에 관한 본문이 나오면 시험을 잘 보는데, 그렇지 않은 분야는 단어에서부터 막히기 때문에 망치는 경우가 허다하다. 더구나 읽기 시험은 Comprehension Test가 아니고 Critical Reading Test이다. 문장으로 쓰여 있지 않은 상황이나 독자의 생각을 판단하고 예측하고 결론을 이끌어내어 적용까지 할 수 있어야 한다. Critical Reading 실력을 늘리기 위해선 먼저 단어를 많이 알아야 하고, 무엇보다도 여러 분야의 책을 많이 읽어야 한다. 비판력을 키울 수 있는 시사저널을 정하든지, 자기 영어 수준에 맞는 문학 작품을 정하여 처음부터 끝까지 한번 다 끝내 보는 것도 영어에 자신감을 갖기에 좋은 방법이다. 처음엔 쉽지가 않으니 2~3명의 친구들과 그룹을 만들어 시작해 보자. 그 나라의 문화적인 배경 없이는 영어 표현들을 모두 이해하기가 힘들다. 읽다 보면 모르는 것이 많겠지만, 주변 사람들이나 인터넷에서 도움을 구하면서 3~4권만 끝낸다 하더라도 많은 자신감이 생길 것이다. 이렇게 한 6개월만이라도 열심이 투자한다면, 그 후로는 책 읽는 재미에 푹 빠질 수 있을 것이다.

마지막으로, 영어를 수능시험의 한 과목으로만 생각한다면 좋아하기가 힘들다. 가끔은 주위에서 한국에서 온 지 얼마 되지 않았는데도 영어를 잘하는 사람들을 볼 수 있다. 한 친구는 한국에서 대학을 일 년 다녔고, 미국에 온 지가 그리 오래되질 않았다. 한 미국 원로 목사의 은퇴식에 같이 참석할 수 있는 기회가 있었는데, 이 친구가 단상에 올라가 서운한 마음을 시로 적어 낭송하며 짧은 않은 Speech를 하는 것을 보고 놀랐었다. 영어를 잘하는 친구들은 공통점을 가지고 있다. 그것은 영어를 매우 좋아하고, 항상 배우고 싶어서 마음이 설렌 다는 것이다. 우리가 즐거움과 설레는 마음으로 영어를 지속적으로 공부할 수 있다면 비록 힘든 일이지만 상황에 구애없이, 학력에 구애없이, 모국어가 아니 더라도 미국 학생들만큼 잘할 수 있다.

03

미국 교육 미리 경험하기

03-1. 서머 캠프에 가보자

미국의 학기 제도는 여름방학이 10주이고(6월 셋째 주나 넷째 주에 시작해서 8월 마지막째 주나 9월 첫째 주에 끝남), 겨울방학은 따로 없고 2주간(12월 셋째 주나 넷째 주에 시작해서 1월 첫째 주나 둘째 주에 끝남) Break(휴식)을 한다.

유학을 결정하기 전에 과연 "내가 생각하던 미국으로의 유학과 실제는 얼마나 다른가?" 또한 "내가 적응을 잘할 수 있나?"를 알아보기 위한 가장 좋은 방법은 서머 캠프에 단기간(4주~6주) 참석해 보는 것이다.

한국 학생들끼리 단체로 가는 것보다는 미국에 있는 사립학교나 대학, 그리고 사설 단체에서 하는 캠프들에 직접 참여해 보는 것이 좋다. 친지나 연고가 있고, 또 민박을 할 수 있더라도, Room and Board(숙식)가 포함되어 있는 캠프를 선택하는 것이 더 안전하다. 그리고 미국 학생들과 함께 같은 규율 안에서 지낸다는 것은 소중한 추억거리이다.

문제는 언어인데, 영어가 많이 불편하지 않은 정도라면 크게 문제 될 것이 없고, 그렇지 않다면 적은 규모의 ESL 프로그램이 있으면서 미국 학생 위주로 짜인 캠프를 택하는 것이 좋다. 그것이 미국 교육과 학생들을 직접 경험하며 같이 생활해 볼 수 있는 기회가 된다. 한국 사람이 없거나 적어서 낯설지는 몰라도 혼자 헤쳐나가는 독립성도 기를 겸, 미국에서 과연 내가 적응할 수 있나 하는 적응 능력도 시험해 볼 겸, 여러 가지로 이유에서 어학 연수생들이 단체로 참석하는 프로그램보다는 유익하다.

03-2. 어떤 캠프가 있나?

여름방학은 진부한 학교생활에서 벗어나 자신이 흥미를 가진 분야를 탐구하고 색다른 경험을 할 수 있는 중요한 기회다.

캠프에는 사립 중·고등학교에서 본교 학생들을 위주로 학교의 교과목들로 짜여진 프로그램이 있고, YMCA 같은 사설 단체에서 각종 스포츠와 미술, 예능, 과학 과목 등을 흥미 위주로 하는 것이 있다. 또한 우수 학생들을 대상으로 한 대학 캠프가 있는데, 고등학교에서 접하지 못하는 다양한 분야에서 교수들과 함께 공부와 실험과 필드트립 등을 한다. 미래의 대학생들이 대학에서의 공부와 대학 생활을 미리 맛볼 수 있고 대학 캠퍼스에서 풍부한 경험을 쌓을 수 있다.

좋은 프로그램일수록 경쟁이 치열한 반면에 장학금 등의 혜택이 많고 대학 입학할 때도 유리하다. 여름에 시작하는 캠프 중에 어떤 것이 자신에게 맞나 알아보고, 원서 마감일을 미리 점검해야 한다. 유명 프로그램들의 마감은 대개가 1월부터 3월 사이이다. 부록에 존스 홉킨스 대학의 영재 프로그램을 비롯한 전국적으로 유명한 영재 프로그램과 캘리포니아와 동부에 있는 대학들이 실시하고 있는 캠프를 소개해 두었다.

04

미국 유학 준비
Check Lists

새로운 것에 도전한다는 것은 항상 두렵기는 하지만 마음 설레는 일이다. 마치 큰 Contest에 출전을 앞두고 있는 것과 같다. 자신 있는 Performance를 하기 위해선 충분한 준비가 필요하다. 미국에 가서 준비한다는 생각은 많은 낭비를 초래할 수 있다. 학교 때 소풍을 가는 것보다 준비할 때가 더 재미있듯이 즐거운 마음으로 준비하기 바란다.

04-1. 각종 시험 준비는 2~3년 전부터

미국 대학에서는 모든 유학생들에게 TOFEL 점수를 요구하고 경우에 따라서는 SAT I, SAT II, 또는 ACT 점수를 요구한다. 이 점수들은 단지 입학허가서를 받기 위해서라기보다는 대학에서 영어로 공부하기 위한 필수조건으로 생각해야 한다. 군인들이 전쟁터에 나가기 전에 받는 기초훈련이라 생각하고 열심히, 충분히 준비하기 바란다. 각 학교마다, 전공마다 요구하는 TOFEL 성적이

다르니, 해당 점수를 목표로 두면 된다.

학교마다 신입생들의 SAT, ACT 평균 점수를 공개한다. 신입생들의 평균 점수에는 특기생들의 점수도 포함되어 있으므로 일반적인 입학 허가를 받기 위해서는 더 높은 점수가 요구된다. 미국의 고등학생들도 SAT 시험을 평균적으로 1~2년을 준비하니 우리 학생들은 그 이상 준비해야 한다.

04-2. 서류 준비는 입학 일 년 전에 완료

미국 대학의 입학은 거의 가을 학기인 9월에 시작한다. 그리고 미국에 유학을 하기 위해선 입학 일 년 전에 서류 준비가 완료되어 있어야 한다. 수시입학을 할 수 있는 학교는 있으나, 학교 수나 뽑는 학생 수도 많지 않다. 그리고 수시 입학으로 들어간다 하더라도 학과목 선택이 자유롭지 못한 경우가 있다. 예를 들어, Calculus I부터 들어야 하는데, 봄 학기에 입학하여 학교에서 Calculus II부터 들을 수밖에 없으면 다음 학기까지 기다려야 하는 상황에 부닥칠 수 있다. 조기 지원을 받는 학교들은 입학하기 전년도 10월 말에서 11월 초까지 원서를 내야 하고, UC나 캘리포니아 주립대학 같은 경우는 11월 30일이 마감이며, 많은 학교들이 12월 말, 늦어도 1월 중순이면 마감한다.

04-3. 입학 정보 입수

전공을 정하고 자신의 실력에 맞는 학교를 선정하여 그 학교에서 요구하는 사항이 무엇인가를 먼저 알아야 한다. 희망하는 학교의 Web-Site를 통하여 Undergraduate Admission(학부 신입생 입학)을 선택하고, International Students(유학생)로 들어가면 된다. 더 자세한 문의 사항은 Admission Office 대표전화보다는 각 해당 항목에 나와 있는 전화번호나 e-mail로 연락하면 된다. 대부분의 학교에 Korean Students Club이 있으니 한국 학생들과 직접 연락하는 것도 좋은 방법이다. 전공을 정하는 것과 자신에게 맞는 학교를 어떻게 선택하는가가 중요한 문제인데 이것은 다른 Chapter에서 자세히 다루도록 하겠다.

04-4. 추천서 혹은 Essay

경쟁이 심한 대학일수록 추천서나 개인 Essay의 중요도가 높다. 유학을 계획할 때부터 추천서를 써 주실 분들을 미리 고려해 두어야 한다. 입학 원서에 첨부할 Essay도 "자신을 어떻게 잘 나타낼 수 있나? 나만이 갖고 있는 장점을 어떻게 계발하여, 어떤 것들을 이루어 나가고 있나?" 등을 미리 써 보며 준비해야 한다.

04-5. Visa 신청

9.11테러 이후 미국 입국 절차가 까다로워졌다. 아울러 비자 신청 기간도 늘어 보통 6~8주가 걸린다. 여권도 미리 신청하여 I-20 Form을 받자마자 Visa를 신청해야 한다. Visa 인터뷰 시에는 미국에서 직업을 갖지 않을 것과 학업을 마치고 다시 돌아올 것임을 분명히 밝혀야 한다. 순수 공부를 위한 목적임을 증명하기 위해 유학 시 필요한 학비와 생활비를 충당할 수 있는 재정증명에 필요한 서류들도 준비해야 한다.

04-6. 기숙사 예약 및 교육 환경 미리 공부하기

학교의 빠른 적응을 위해선 기숙사를 들어가는 것이 좋다. 기숙사는 신입생들에게 우선권이 주어지고, 선착순으로 방을 배정하기 때문에, 원하는 룸메이트를 만나기 위해서라도 빨리 신청할수록 더 좋다.

미국의 교육 시스템은 한국의 시스템과 다른 점이 많으니 교육과 관련된 기본 용어들을 미리 공부하고, 기숙사에 입주할 수 있는 날짜에 미리 가서 학교에 익숙해지는 것이 좋다.

미국의 서부 지역은 동부와는 달리 대중교통을 이용하기가 쉽지 않으니 운전면허를 따야 한다. 차에 관한 용어나 교통 법규에 관한 상식도 영어로 미리 공부하고 알아두면 좋다.

Chapter

미 국 의 대 학

II

01

미국에는 어떤 대학들이 있나?

미국에는 약 4,200여 개의 대학이 있다. 이 중에는 하버드나 예일 같이 세계적으로 유명한 종합대학이 있는가 하면 한인들에게는 생소한 이름의 소규모 리버럴 아츠 칼리지(Liberal Arts College)도 있다. 또 주마다 주 정부 예산으로 운영되는 주립대학들이 있는가 하면 간혹 학원 규모도 안 되는 소규모 직업 학교들도 대학이라는 이름으로 운영되고 있다.

우리나라의 경우 일반적으로 국립대학이 사립대학보다 높게 평가받지만 미국에서는 상위 20위권 대학은 모두 사립대학이다. 가장 우수한 주립대학으로 꼽히는 UC버클리, UCLA 등 UC계열대학(University of California)들이 그나마 주립대학 중에서는 상위권을 지키고 있다. 주립대학들은 학비가 저렴하지만 그 지역 거주자에게만 해당하며 유학생인 경우에는 다른 주 학생에게 적용되는 높은 학비가 적용돼 사실상 사립대학과 학비면에서는 별 차이가 없다. 오히려 하버드, 예일, 프린스턴 등 유명 사립대학들은 전 세계의 우수한 학생들을 유치하기 위해 학비는 물론이고 장학금 혜택에 이르기까지 미국 학생들과 같은 조건을 제시하고 있다.

주립대학들은 이름이 'University ~'로 시작하는 대학과 '~ of University'로 끝나는 대학으로 나뉜다. 예를 들면 캘리포니아 주립대학 중에서도 University of California at Los Angeles(UCLA)와 California State University at Los Angeles(CalState LA)가 있다. 이들 대학은 다른 시스템을 가지고 여러 도시에 걸쳐 있다. 학교마다 특징이 다르고 수준 또한 다르다.

아이비리그 중 하나인 University of Pennsylvania(U-Penn, 유펜)와 주립대학인 Pennsylvania State University(펜실베이니아 주립대)를 동일하게 펜실베이니아대라고 부르면 안 된다. 흔히 말하는 뉴욕대도 사립대인 NYU(New York University), 주립대인 SUNY(State University of New York)로 구별해 써야 한다. 종종 신문에 등장하는 인물 중에는 캘리포니아 대학을 나왔다고 하는데, 캘리포니아에서 대학을 나왔다는 것인지, UC(University of California)를 말하는 것인지, Cal-State(California State University)를 지칭하는 것인지 도통 알 수 없는 경우가 있다. 또 UC 계열 대학에도 9개의 다른 캠퍼스가 있고, Cal-State에도 23개의 학교가 있으니 구별해서 쓸 필요가 있다.

01-1. Ivy League

아이비리그는 명실공히 전 세계 학생들의 꿈의 대학이다. 1620년 유럽에서 건너온 청교도들은 1636년 하버드대를 시작으로 신학 대학들을 설립하기 시작했으며 아이비리그는 하버드대를 중심으로 인근 대학 간 연합 체육 활동의 목적으로 연결된 대학들이라 할 수 있다. 좀 더 구체적으로 알아본다면 1852년 하버드와 예일 대학 간의 보트 경기를 시작으로 1954년에는 8개의 학교들이 총 33종목으로 리그를 펼치며 그 이름을 아이비리그라 명칭하였다. 8개 대학들은 빅 쓰리(Big Three)라 불리우는 하버드(Harvard), 예일(Yale), 프린스턴(Princeton)을 비롯해 브라운(Brown), 펜실베이니아(U-Penn), 콜롬비아(Columbia), 다트머스(Dartmouth) 코넬(Cornell) 등이다. 하버드는 1636년에 설립되었고, 코넬이 1865년에 제일 마지막으로 설립되었으며 나머지 6개 대학들은 모두 1700년대에 세워졌다. 아이비리그는 미국에서 가장 오래된 역사를 가진 명문대학들답게 학교마다 고유의 전통을 자랑한다.

'빅 쓰리'는 매년 전국대학 랭킹 1, 2, 3순위를 굳건히 지키고 있으며 나머지 대학들도 모두 상위 20위권에 랭크되어 있다. 아이비리그 출신들로 구성된 동창회는 미국은 물론이고 한국을 비롯한 전 세계 곳곳에 결성되어 있어 다른 어느 대학보다 두터운 인맥을 자랑한다.

아이비리그의 대학들은 비교적 비슷한 정책과 학문적, 역사적으로 많은 공통점을 갖고 있으나, 저마다 조금씩 다른 모양새를 갖고 운영되고 있다. 아래는 대학별 특징을 간략하게 비교한 것이다. 자세한 사항은 웹사이트를 참고하면 된다.

1. Brown University(www.brown.edu)

위치_Providence, Rhode Island

환경_Small city environment

캠퍼스 안전도(Campus safety rating)_Above average

학부 학생수_5,800 Undergraduates

대표적인 전공_Social Sciences - 29%, Ethnic Studies - 8%, Biology - 8%

요구되는 시험_SAT reasoning and SAT 2 Subject Tests or ACT, essay

합격률(Acceptance Rate)_13.5%

조기전형 합격률/제도_22.7%/Decision

설립 연도_Founded in 1764

기타 특징_필수과목이 따로 정해지지 않고 학생 자율에 맞게 과목을 택할 수 있는 "학생자율 연구" 제도를 갖고 있고, 학점 시스템 또한 ABC 제도가 아닌 Satisfactory/No Credit으로 자유롭게 선택할 수 있다.

2. Columbia University: Columbia College(www.columbia.edu)

위치_New York, New York

환경_Large city environment

캠퍼스 안전도(Campus safety rating)_Below average

학부 학생수_4,200 Undergraduates

대표적인 전공_Social Sciences - 29%, History - 12%, English - 9%

요구되는 시험_SAT reasoning and SAT 2 Subject Tests or ACT, essay

합격률(Acceptance Rate)_10.4%

조기전형 합격률/제도_24.4%/Decision

설립 연도_Founded in 1754

기타 특징_소수 인종이 40%에 이른다. 유학생 또한 USC, NYU 다음으로 많이 받아들이고 있고 유학생들을 위한 다양한 프로그램을 가지고 있다.

3. Cornell University(www.cornell.edu)

위치_Ithaca, New York

환경_Rural small town environment

캠퍼스 안전도(Campus safety rating)_Above average

학부 학생수_13,500 Undergraduates

대표적인 전공_Engineering - 18%, Business/Marketing - 13%, Biology - 12%

요구되는 시험_SAT reasoning and SAT 2 Subject Tests or ACT, essay

합격률(Acceptance Rate)_20.5%

조기전형 합격률/제도_36.6%/Decision

설립 연도_Founded in 1865

기타 특징_학부생이 가장 많다. 특히 호텔 경영학은 세계 최고의 수준이며, 원예학, 농학, 영양학, 식물학이 유명하다.

4. Dartmouth College(www.dartmouth.edu)

위치_Hanover, New Hampshire

환경_Rural small town environment

캠퍼스 안전도(Campus safety rating)_Excellent

학부 학생수_4,000 Undergraduates

대표적인 전공_Social Sciences - 30%, Psychology - 10%, History -9%

요구되는 시험_SAT reasoning and SAT 2 Subject Tests or ACT, essay

합격률(Acceptance Rate)_14%

조기전형 합격률/제도_29.7%/Decision

설립 연도_Founded in 1769

기타 특징_아이비리그 중 가장 작은 대학으로 대학원보다는 학부생 수가 월등히 많다. 학부 과정에 치중하는 이유로 University가 아닌 College로 불린다. 미국에서 가장 오래된 대학신문을 발행하고 있으며, 첨단 기술 설비와 인터넷 무선 시스템을 갖추고 있다.

5. Harvard University(www.harvard.edu)

위치_Cambridge, Massachusetts

환경_Small city environment

캠퍼스 안전도(Campus safety rating)_Average

학부 학생수_6,700 Undergraduates

대표적인 전공_Social Sciences - 38%, History - 12%, Biology - 18%

요구되는 시험_SAT reasoning and SAT 3 Subject Tests or ACT, essay, Interview

합격률(Acceptance Rate)_9%

조기전형 합격률/제도_N/A

설립 연도_Founded in 1636

기타 특징_미국에서 가장 먼저 설립된 대학이자, 세계 최고의 대학이다. 도서관 역시 세계 최고의 규모를 자랑한다.

6. University of Pennsylvania (www.upenn.edu)

위치_Philadelphia, Pennsylvania

환경_Large city environment

캠퍼스 안전도(Campus safety rating)_Below average

학부 학생수_9,500 Undergraduates

대표적인 전공_Social Sciences -32%, Business/Marketing -25%, Engineering -7%

요구되는 시험_SAT reasoning and SAT 2 Subject Tests or ACT, essay

합격률(Acceptance Rate)_15.9%

조기전형 합격률/제도_29%/Decision

설립 연도_Founded in 1740

기타 특징_1881년 최초로 설립된 Business School인 Wharton School로 유명하다.

7. Princeton University(www.princeton.edu/main)

위치_Princeton, New Jersey

환경_Small town environment

캠퍼스 안전도(Campus safety rating)_Above average

학부 학생수_4,800 Undergraduates

대표적인 전공_Economics - 13%, History - 13%, Politics -12%

요구되는 시험_SAT reasoning and SAT 3 Subject Tests or ACT, essay

합격률(Acceptance Rate)_9.5%

조기전형 합격률/제도_N/A

설립 연도_Founded in 1746

기타 특징_토론과 세미나, 리서치, 학부 중심의 학교로 가장 아름다운 캠퍼스와 학생들에게 파격적으로 재정을 지원하는 학교로 알려져 있다.

8. Yale University(www.yale.edu)

위치_New Haven, Connecticut

환경_Small city environment

캠퍼스 안전도(Campus safety rating)_Below average

학부 학생수_5,300 Undergraduates

대표적인 전공_Social Sciences - 25%, History - 13%, Integrated Studies - 10%

요구되는 시험_SAT reasoning and SAT 3 Subject Tests or ACT, essay

합격률(Acceptance Rate)_9.6%

조기전형 합격률/제도_19.7%/Action

설립 연도_Founded in 1701

기타 특징_학부생을 12개의 작은 공동체로 나눈 기숙사 중심의 학교로 유학생들에게도 풍부한 재정을 지원하고 있다.

01-2. 주립대학

대학 이름에 주 이름이 들어가는 종합대학은 대부분이 주립대학이다. 주마다 주 정부의 교육방침을 가지고 그 주의 주민들을 위해 설립된 주립대학들이 있다. 대표적인 주가 캘리포니아주와 뉴욕주다. 캘리포니아주는 두 개의 다른 시스템을 갖고 있는데, 하나는 UC(University of California) 시스템으로 Berkley, LA, San Diego 등 9개 도시에 캠퍼스를 갖고 있으며 Research(연구) 활동을 지향하는 대학원 위주로 운영되고 있다. UC는 주립대학 중 가장 모범적인 대학으로 꼽힐 만큼 우수한 시설과 방대한 시스템을 갖추고 있다. 학교 수준 또한 모든 캠퍼스가 종합대학 상위 50위권 안에 들 정도로 우수하다.

다른 하나는 Cal-State(캘스테이트, California State) 시스템으로 학부생 위주로 운영되고 있으며 연구보다는 졸업 후 취업을 위한 실질적인 교육에 치중하고 있다. 캠퍼스는 LA를 비롯한 23개 도시에 분포하고 있으며 특히 칼 폴리 샌 루이스 오비스포(SLO), 칼 폴리 포모나, 샌디에이고 스테이트 등 세 학교는 최고의 졸업생 취업률을 자랑하며, UC 못지않게 입학 경쟁률이 높다.

주립대학은 많은 예산이 주 정부의 지원으로 운영되기 때문에 주민들에겐 학비가 저렴하다. 또한 UC는 높은 수준의 교육을 제공하며 특히 Berkeley, LA, San Diego의 세 학교는 전국 랭킹 20위권에 들어 있다. 입학 경쟁률은 유명 사립대학만큼이나 치열하다. 캘리포니아 주민의 경우 대략 상위 12% 정도의 학생이 UC를 들어가며, Cal-State는 상위 35%의 학생들이 입학 허가를 받고 있다.

미국 명문대의 상징 아이비리그(Ivy League)와 같이 주립대학 중에 명문들을 뽑아 UC Santa Cruz의 입학사정관이었던 Richard Moll 씨가 퍼블릭 아이비 (Public Ivy)라 신조어를 탄생시키기도 했다.

1. Public Ivy로 선정된 주립대학

College of William and Mary

Miami University

University of California

University of Michigan

University of North Carolina, Chapel Hill

University of Texas, Austin

University of Vermont

University of Virginia

2. 그 외 우수 주립대학

Binghamton University

Indiana University, Bloomington

Michigan State University

Ohio State University

Pennsylvania State University

Rutgers University

University of Arizona

University of Colorado, Boulder

University of Connecticut

University of Delaware

University of Florida

University of Georgia

University of Illinois, Urbana-Champaign

University of Iowa

University of Maryland, College Park

University of Minnesota

University of Washington

University of Wisconsin

Georgia Tech, Murray State University

SUNY Geneseo of the State University of New York System

01-3. 사립대학

아이비리그에 절대 뒤지지 않을 정도의 명문 사립대학으로는 아이비 플러스(IVY Plus)라 불리는 MIT, 스탠퍼드(Stanford University)가 있다. 공대로는 MIT와 어깨를 나란히 하는 캘텍(California Institute of Technology)이 있고, 의대 계통으로 카네기 멜론(Carnegie Mellon University)과 존스 홉킨스(Johns Hopkins University) 등이 꼽힌다. 지역별로는 서부지역을 대표하는 스탠퍼드(Stanford University)와 중부의 라이스 대학(Rice University), 중동부의 시카고 대학(University of Chicago), 노스웨스턴 대학(Northwestern University) 등이 대표적인 대학으로 이름을 올리고 있다.

최근 미국 고등학교 졸업생과 해외 유학생의 증가로 인해 아이비리그의 합격률이 10% 미만으로 떨어지면서 신흥 아이비리그들이 주목받고 있다. 그중에 눈여겨볼 만한 대학으로 리버럴 아츠 스쿨 중 하나인 Bowdoin College나 포모나 대학(Pomona College), 엔지니어링과 비즈니스 분야에서 명성이 높은 리하이 대학(Lehigh University), 터프스 대학(Tufts University), 로체스터 대학(University of Rochester), 미들베리 대학(Middlebury College), 콜게이트 대학(Colgate University), 뉴욕 대학(New York University) 등이 있다. 이 대학들은 최근 수년 새 급격히 늘어나는 지원자로 말미암아 신입생들의 평균 성적이 매년 오르고 있다.

이 밖에도 대학 설립이 자유로운 미국에선 종교 계통이나 각종 기술이나 직업에 연관된 소규모의 대학들이 많이 있다. 그러나 이름뿐인 학교도 많이 있으니 선택 전에 많은 주의를 기울여야 한다.

미국의 선진 학문을 배울 목적으로 유학을 한다면 학교 랭킹 100위 안에 드는 대학을 선택할 것을 권한다.

01-4. Liberal Arts College

미국 교육의 강점 중 하나는 전인교육에 있다. 아이비리그를 비롯한 상위권 종합대학들과 겨루어 학문적 수준에서 손색이 없으면서도 인격이나 가치관, 인간관계의 중요성을 강조하는 교육이념으로 운영되는 곳이 바로 리버럴 아츠 칼리지들이다. 그리고 전국 대기업의 CEO들을 가장 많이 배출한 곳은 사립대학도, 주립대학도 아닌 바로 리버럴 아츠 칼리지다. 그 이유는 거대한 기업을 이끌기 위해서는 그들의 인격이나 가치관, 인간관계 능력에 달려 있기 때문이다. 사업을 확장시키는 추진력도 중요하지만 사람을 잘 관리하며, 합리적이고, 논리적인 사고가 바탕이 된 리더십을 가르치는 곳이 바로 리버럴 아츠 칼리지의 교육이념인 것이다.

졸업생들을 인터뷰를 해 보면 리버럴 아츠 칼리지 출신들은 어김없이 말이나 행동이 안정되어 있고, 차분하며, 편안한 자신감을 엿볼 수 있다. 모든 클래스가 10~30명의 소규모로 진행되기 때문에 교수와 친밀한 관계를 가질 수 있다. 대학원생 조교(TA)들이 수시로 강의를 대신하는 종합대학들과 달리 리버럴 아츠 칼리지에서는 거의 100% 교수가 직접 강의하며 총장을 비롯한 학교의 모든 스탭(Staff)들과 돈독한 관계를 가질 수 있다. 개개인의 전인교육과 교양교육을 강조하기에 다양한 교양과목을 경험할 수 있고, 지식보다는 학문의 근본과 사용을 깊이 배울 수 있다. 소규모 강의실에서나 가능한 토론식 수업 운영이 많기 때문에 커뮤니케이션 능력을 키울 수 있다. 마치 소규모 엘리트 그룹을 육성하기 위한 학교로 볼 수 있다. 대규모 학교에 적응하기 힘들어하거나, 개인적인 관심을 많이 필요로 하는 학생에게는 더없이 좋은 학교이다. 반면에 소규모 학교라 단체활동의 기회가 적고, 학교 시설이 다양하지 못하다는 단점도 있다. 주로 문과계열의 대학들이 많지만 Harvey Mudd College 같은 공학 위주의 학교도 있다.

대표적인 학교로는 아이비리그 중 Harvard, Yale, Princeton을 Big Three라 칭하는 것처럼 Little Three라 불리우는 Amherst, Wesleyan, Williams를 비롯하여 역사가 오래되고 학문적 전통이 우수한 미 동부에 위치한 Little Ivy League라 명칭된 학교들이 있다

1. Little Ivy League

Amherst College, Amherst, Massachusetts

Bates College, Lewiston, Maine

Bowdoin College, Brunswick, Maine

Colby College, Waterville, Maine

Hamilton College, Clinton, New York

Haverford College, Haverford, Pennsylvania

Middlebury College, Middlebury, Vermont

Swarthmore College, Swarthmore, Pennsylvania

Trinity College, Hartford, Connecticut

Tufts University, Medford, Massachusetts

Wesleyan University, Middletown, Connecticut

Williams College, Williamstown, Massachusetts

2. 미 서부에 위치한 명문

Pomona College

Claremont McKenna College

Harvey Mudd College

이들 학교들은 대기업 신입사원 채용 담당자들이나, 대학원 신입생 사정관들에게 아이비리그 못지않은 인지도를 가지고 있다.

한인 학생들이 큰 명문 사립대학을 가는 것도 바람직하지만, 소규모의 클래스에서 저명한 교수들과 학생들과 연구, 토론식 교육을 통해 전인적이고, 밸런스가 잘 갖춰진, 높은 인격자로 성장하기를 바란다.

01-5. Community College

4년제 대학 외에 AA degree(Associate of Arts)를 주는 2년제 대학이 있다. 2년제 대학은 다시 Community college, Junior College, Technical College로 분류된다.

1. Community College(커뮤니티 칼리지)

주로 주 정부 또는 지역 교육구에서 운영하며 인근지역 학생들과 주민을 위해 저렴한 학비로 운영되고 있다. 캘리포니아의 경우 110개의 Community College에 약 250만의 재학생이 있다.

학생들에게는 대학 편입을 위한 목적으로 이용되고, 주민들에게는 이민자의 영어 습득이나, 취업에 필요한 기술 등 평생교육 학습의 장으로 이용된다.

캘리포니아의 경우 Community College 학생들의 편입을 위해 대학마다 쿼타를 두고 있어 평균 B 이상의 성적이면 웬만한 학교로의 편입이 가능하다. 실제로 같은 대학에 신입생으로 들어가는 것보다 편입으로 들어가는 것이 오히려 쉽다. 아울러 저렴한 학비로 인해 대학 첫 2년을 커뮤니티 칼리지에서 공부하고 전공은 좋은 대학에 편입하여 공부하는 경우도 많다. 심지어는 좋은 대학에 입학을 받아두고, 일 년간 휴학계를 내고, 학비가 저렴한 커뮤니티 칼리지에서 학점을 받는 경우까지 있다.

커뮤니티 칼리지는 4년제 대학에 바로 진학하기에는 아직 준비가 덜 된 유학생이나 처음 이민 온 학생들에게는 기회의 장이기도 하다. 저렴한 학비로 열심히 공부하여 하버드, 예일, 코넬 등 꿈의 대학으로 편입하여 꿈을 이루는 학생도 많다.

2. Junior College

전체 2년제 대학생의 5% 정도의 적은 수의 학생이 재학하고 있으며, 주로 사립인 경우가 많고 기숙사를 갖추고 있는 경우도 있다.

3. Technical College

주로 취업 목적의 기술을 가르치는 직업학교로 사립 또는 공립으로 운영된다.

학교 순위를
활용하자

해마다 U.S. News & World Report에서는 미국 대학의 순위를 발표한다. 발표 때마다 신뢰도를 문제 삼는 기사가 나오기는 하지만 그래도 현재 발표되는 자료 가운데서는 가장 신뢰도가 높다. 순위는 해마다 약간의 변동이 있고 순위를 위해 고려되는 자료 모두가 정확하지 않을 수 있다는 것을 전제하여야 한다. 예를 들어 SAT 점수를 요구하지 않는 대학은 SAT 점수를 표준 편차에 의거하여 가정하기에 실제 데이터와 다를 수 있다. 아래 도표는 U. S. News & World Report 2007~2008년도 발표를 근거로 한 대학 순위다. 순위를 결정하는데 고려되는 사항들에 대한 설명을 덧붙였다. 매년 순위의 변동은 있으나 크게 다르지 않다.

A Overall Rank_종합 순위

B Graduation & retention rank_신입생으로 들어와 졸업까지 하는 비율에 관한 순위

C Average freshment retention rate_신입생으로 들어와 다른 학교로 편입하지 않고 남아 있는 비율

D 2006 predicted graduation rate_2006 예상 졸업생 비율

E 2006 actual graduation rate_2006 실제 졸업생 비율

F Faculty resources rank_학생들을 위한 교수진의 수준에 관한 순위

G % of classes w/fewer than 20 ('06)_20명 미만 정원을 가진 학급 비율

H % of classes w/50 or more ('06)_50명 또는 그 이상의 정원을 가진 학급 비율

I Student/ faculty ratio ('06)_학생 대 교수진 비율

J % faculty who are full time ('06)_풀타임 교수의 비율

K Selectivity rank_경쟁률 순위

L SAT/ACT 25th~75th percentile ('06)_상위 25%~75% 사이 학생의 SAT 또는 ACT 성적 분포

M Freshmen in top 10% of HS class_고등학교 석차 상위 10% 안의 신입생 학생 비율

N Acceptance rate ('06)_합격률

O Financial resources rank_재정 상황에 관한 순위

P Alumni giving rank_동문들의 기부금 규모 순위

Q Avg. alumni giving rate_기부금에 참여하는 동문 비율

02-1. Top 100 National Universities

A	B	C	D	E	F	G	H	I	J	K	L	M	N	O	P	Q
1	**Princeton University (NJ)**															
	2	98%	96%	96%	3	72%	10%	5/1	93%	3	1370-1590	94%	10%	12	1	60%
2	**Harvard University (MA)**															
	1	98%	94%	98%	3	69%	13%	7/1	92%	1	1390-1590	95%	9%	8	6	41%
3	**Yale University (CT)**															
	3	98%	98%	96%	9	76%	8%	6/1	89%	1	1390-1580	95%	9%	2	5	44%

A	B	C	D	E	F	G	H	I	J	K	L	M	N	O	P	Q
4	**Stanford University (CA)**															
	5	98%	93%	95%	13	73%	10%	6/1	100%	7	1340-1540	89%	11%	10	9	38%
5	**University of Pennsylvania**															
	7	98%	95%	94%	1	74%	8%	6/1	86%	7	1330-1530	94%	18%	8	8	39%
5	**California Institute of Technology**															
	20	97%	94%	89%	2	75%	8%	3/1	98%	7	1470-1570	88%	17%	1	28	29%
7	**Massachusetts Institute of Technology**															
	9	98%	95%	93%	20	61%	14%	7/1	89%	3	1380-1560	97%	13%	4	10	37%
8	**Duke University (NC)**															
	9	97%	94%	94%	3	73%	6%	8/1	97%	12	1350-1540	89%	23%	14	2	52%
9	**Columbia University (NY)**															
	9	98%	92%	94%	10	71%	9%	6/1	91%	5	1330-1540	93%	12%	16	15	35%
9	**University of Chicago**															
	20	97%	92%	90%	6	72%	4%	6/1	85%	24	1320-1530	80%	38%	7	22	33%
11	**Dartmouth College (NH)**															
	7	98%	93%	94%	15	64%	8%	8/1	91%	7	1350-1550	90%	16%	11	3	52%
12	**Washington University in St. Louis**															
	17	97%	94%	91%	7	73%	9%	7/1	92%	6	1370-1530	95%	21%	4	11	37%
12	**Cornell University (NY)**															
	15	96%	90%	92%	14	60%	16%	10/1	98%	15	1280-1490	84%	25%	17	17	34%
14	**Brown University (RI)**															
	5	97%	93%	94%	18	68%	11%	9/1	95%	7	1350-1530	91%	14%	24	7	39%
14	**Northwestern University (IL)**															
	13	97%	93%	93%	7	74%	8%	7/1	94%	19	1320-1500	83%	30%	12	27	29%
14	**Johns Hopkins University (MD)**															
	20	96%	90%	93%	22	66%	11%	11/1	98%	24	1290-1490	80%	27%	3	17	34%
17	**Rice University (TX)**															
	15	97%	92%	93%	15	62%	9%	5/1	93%	13	1330-1540	87%	24%	24	13	36%

A	B	C	D	E	F	G	H	I	J	K	L	M	N	O	P	Q

17 Emory University (GA)

| | 26 | 94% | 94% | 87% | 10 | 66% | 6% | 7/1 | 95% | 15 | 1300-1470 | 88% | 32% | 17 | 12 | 37% |

19 Vanderbilt University (TN)

| | 26 | 95% | 89% | 89% | 10 | 67% | 6% | 9/1 | 95% | 26 | 1280-1470 | 79% | 34% | 15 | 31 | 27% |

19 University of Notre Dame (IN)

| | 3 | 98% | 92% | 96% | 21 | 55% | 11% | 13/1 | 96% | 15 | 1290-1500 | 84% | 27% | 38 | 4 | 49% |

21 University of California—Berkeley *

| | 25 | 97% | 85% | 89% | 38 | 61% | 14% | 15/1 | 91% | 14 | 1200-1450 | 99% | 24% | 40 | 117 | 14% |

22 Carnegie Mellon University (PA)

| | 32 | 94% | 89% | 86% | 17 | 66% | 9% | 10/1 | 93% | 29 | 1300-1490 | 75% | 34% | 22 | 36 | 25% |

23 University of Virginia *

| | 13 | 97% | 88% | 92% | 36 | 49% | 15% | 15/1 | 98% | 26 | 1220-1430 | 88% | 37% | 57 | 36 | 25% |

23 Georgetown University (DC)

| | 9 | 97% | 90% | 94% | 38 | 58% | 7% | 11/1 | 85% | 19 | 1290-1490 | 84% | 22% | 35 | 23 | 31% |

25 University of California—Los Angeles*

| | 24 | 97% | 83% | 89% | 42 | 54% | 20% | 16/1 | 89% | 19 | 1180-1410 | 97% | 26% | 26 | 117 | 14% |

25 University of Michigan—Ann Arbor *

| | 26 | 96% | 83% | 87% | 69 | 45% | 17% | 15/1 | 92% | 23 | 27-31 | 90% | 47% | 29 | 83 | 17% |

27 University of Southern California

| | 35 | 95% | 85% | 84% | 28 | 62% | 12% | 10/1 | 82% | 19 | 1280-1460 | 86% | 25% | 40 | 15 | 35% |

28 University of North Carolina—Chapel Hill *

| | 32 | 96% | 82% | 84% | 50 | 47% | 11% | 14/1 | 97% | 33 | 1200-1390 | 76% | 34% | 31 | 46 | 23% |

28 Tufts University (MA)

| | 18 | 96% | 89% | 92% | 25 | 72% | 5% | 7/1 | 84% | 15 | 1340-1480 | 83% | 27% | 35 | 41 | 24% |

30 Wake Forest University (NC)

| | 26 | 94% | 89% | 88% | 38 | 57% | 2% | 10/1 | 91% | 38 | 1240-1400 | 63% | 43% | 6 | 21 | 33% |

31 Lehigh University (PA)

| | 31 | 94% | 82% | 86% | 19 | 66% | 4% | 9/1 | 89% | 26 | 1220-1400 | 90% | 39% | 47 | 13 | 36% |

A	B	C	D	E	F	G	H	I	J	K	L	M	N	O	P	Q

31 Brandeis University (MA)

	26	95%	85%	88%	32	63%	9%	8/1	91%	36	1260-1460	76%	36%	47	19	34%

33 College of William and Mary (VA) *

	18	95%	87%	92%	46	47%	7%	11/1	92%	31	1240-1440	80%	32%	106	36	25%

34 New York University

	37	92%	85%	84%	30	59%	12%	11/1	73%	34	1210-1410	67%5	36%	38	167	10%

35 University of Rochester (NY)

	40	94%	82%	80%	32	62%	10%	9/1	86%	35	1230-1420	70%	45%	19	66	19%

35 Georgia Institute of Technology *

	65	92%	83%	77%	53	42%	20%	14/1	100%	44	1230-1400	66%	69%	46	24	31%

35 Boston College

	20	95%	86%	91%	69	39%	9%	13/1	78%	29	1250-1420	80%	29%	69	41	24%

38 University of Wisconsin—Madison *

	49	93%	77%	79%	74	43%	18%	13/1	93%	42	26-30	58%	58%	47	117	14%

38 University of California—San Diego *

	32	94%	86%	86%	95	43%	31%	19/1	93%	31	1140-1360	99%	49%	28	182	9%

38 University of Illinois—Urbana - Champaign *

	37	92%	76%	82%	74	37%	18%	17/1	99%	44	25-30	55%	65%	59	117	14%

41 Case Western Reserve University (OH)

	46	92%	88%	78%	36	58%	11%	9/1	93%	40	1230-1430	68%	67%	20	93	16%

42 University of Washington *

	61	93%	69%	75%	110	36%	17%	11/1	93%	52	1070-1310	84%	68%	29	83	17%

42 University of California—Davis *

	40	91%	80%	81%	116	34%	28%	19/1	94%	51	1030-1280	95%	68%	31	135	12%

44 Rensselaer Polytechnic Institute (NY)

	37	93%	81%	82%	55	42%	10%	15/1	94%	48	1220-1420	62%	67%	40	66	19%

44 University of Texas—Austin *

	59	93%	73%	77%	110	35%	23%	18/1	97%	48	1120-1370	70%	49%	96	109	15%

A	B	C	D	E	F	G	H	I	J	K	L	M	N	O	P	Q
44 University of California—Santa Barbara *																
49	91%	81%	84%	32	50%	17%	17/1	94%	36	1090-1310	96%	53%	96	89	17%	
44 University of California—Irvine *																
40	94%	79%	79%	55	44%	19%	19/1	91%	38	1080-1290	96%	60%	53	149	11%	
48 Pennsylvania State University—University Park *																
35	93%	63%	85%	165	30%	18%	17/1	96%	93	1080-1280	37%	58%	59	53	21%	
49 University of Florida *																
44	94%	77%	79%	123	39%	20%	21/1	99%	44	1140-1360	72%	48%	40	83	17%	
50 Syracuse University (NY)																
40	92%	73%	82%	42	66%	8%	12/1	83%	67	1120-1330	45%5	51%	96	62	20%	
50 Tulane University (LA)																
73	87%8	81%	71%	32	57%	7%	9/1	84%	48	1220-1425	51%	38%	47	34	26%	
52 Yeshiva University (NY)																
46	88%	82%	83%	23	70%	1%	10/1	86%	84	1110-1350	40%	79%	20	46	23%	
52 University of Miami (FL)																
79	88%	73%	73%	46	48%	7%	13/1	88%	40	1180-1360	67%	40%	31	80	18%	
54 Pepperdine University (CA)																
49	89%	80%	79%	23	69%	4%	12/1	79%	78	1130-1350	45%	28%	57	93	16%	
54 George Washington University (DC)																
49	92%	80%	79%	69	56%	12%	13/1	67%	42	1190-1380	65%	38%	69	158	11%	
54 University of Maryland—College Park *																
55	93%	76%	79%	147	35%	15%	18/1	89%	44	1170-1390	62%	44%	86	123	14%	
57 Ohio State University—Columbus *																
92	90%	64%	71%	95	35%	19%	13/1	90%	63	24-29	43%	68%	69	102	16%	
57 Boston University																
55	90%	83%	81%	63	52%	10%	14/1	86%	56	1180-1370	53%	58%	53	195	7%	
59 Rutgers, the State University of New Jersey—New Brunswick (NJ) *																
73	89%	65%	73%	63	42%	20%	14/1	87%	81	1100-1320	41%	58%	59	109	15%	

A	B	C	D	E	F	G	H	I	J	K	L	M	N	O	P	Q

59 University of Pittsburgh *

| | 84 | 89% | 67% | 73% | 95 | 44% | 16% | 17/1 | 93% | 70 | 1130-1320 | 43% | 56% | 37 | 93 | 16% |

59 University of Georgia *

| | 61 | 93% | 73% | 77% | 74 | 35% | 11% | 18/1 | 93% | 64 | 1130-1320 | 48% | 58% | 120 | 102 | 15% |

62 Texas A&M University—College Station *

| | 55 | 91% | 74% | 77% | 165 | 21% | 24% | 20/1 | 95% | 88 | 1080-1290 | 46% | 77% | 80 | 76 | 18% |

62 Worcester Polytechnic Institute (MA)

| | 55 | 92% | 78% | 75% | 30 | 69% | 9% | 13/1 | 90% | 56 | 1200-1390 | 53% | 67% | 72 | 76 | 19% |

64 University of Connecticut *

| | 67 | 91% | 64% | 74% | 83 | 44% | 15% | 17/1 | 90% | 84 | 1090-1290 | 38% | 51% | 76 | 53 | 22% |

64 Purdue University—West Lafayette (IN) *

| | 96 | 85% | 64% | 70% | 69 | 34% | 19% | 14/1 | 95% | 145 | 1020-1250 | 28% | 85% | 96 | 73 | 19% |

64 University of Iowa *

| | 107 | 83% | 63% | 66% | 55 | 48% | 11% | 15/1 | 98% | 110 | 23-27 | 23% | 83% | 59 | 117 | 14% |

67 Fordham University (NY)

| | 53 | 89% | 66% | 78% | 63 | 49% | 1% | 12/1 | 73% | 78 | 1100-1290 | 41% | 47% | 132 | 66 | 19% |

67 Miami University—Oxford (OH) *

| | 44 | 90% | 69% | 81% | 165 | 35% | 10% | 16/1 | 84% | 70 | 24-29 | 38% | 78% | 157 | 89 | 16% |

67 Clemson University (SC) *

| | 66 | 88% | 70% | 75% | 88 | 43% | 11% | 14/1 | 95% | 67 | 1120-1310 | 47% | 55% | 96 | 31 | 27% |

67 Southern Methodist University (TX)

| | 73 | 87% | 70% | 74% | 38 | 56% | 8% | 12/1 | 85% | 84 | 1140-1320 | 35% | 54% | 80 | 123 | 13% |

71 University of Minnesota—Twin Cities *

| | 128 | 86% | 67% | 61% | 131 | 41% | 16% | 15/1 | 95% | 74 | 23-28 | 39% | 57% | 40 | 109 | 15% |

71 Virginia Tech *

| | 61 | 88% | 70% | 79% | 175 | 22% | 21% | 16/1 | 94% | 91 | 1100-1290 | 38% | 68% | 120 | 41 | 24% |

71 University of Delaware *

| | 59 | 90% | 69% | 76% | 102 | 38% | 15% | 12/1 | 93% | 81 | 1100-1300 | 39% | 47% | 86 | 46 | 23% |

A	B	C	D	E	F	G	H	I	J	K	L	M	N	O	P	Q

71 Michigan State University *

| 67 | 90% | 62% | 74% | 186 | 23% | 22% | 17/1 | 95% | 93 | 22-27 | 29% | 73% | 92 | 102 | 15% |

75 Stevens Institute of Technology (NJ)

| 67 | 89% | 80% | 73% | 46 | 43% | 6% | 8/1 | 80% | 56 | 1160-1360 | 53% | 54% | 72 | 31 | 27% |

75 Baylor University (TX)

| 81 | 83% | 71% | 74% | 88 | 39% | 11% | 16/1 | 94% | 74 | 1100-1310 | 40% | 43% | 174 | 19 | 34% |

75 Colorado School of Mines *

| 92 | 85% | 77% | 69% | 62 | 41% | 10% | 14/1 | 82% | 61 | 25-29 | 49% | 84% | 106 | 29 | 28% |

75 Indiana University—Bloomington *

| 73 | 88% | 61% | 72% | 147 | 42% | 20% | 18/1 | 94% | 156 | 1000-1240 | 27% | 80% | 151 | 123 | 13% |

79 Brigham Young University—Provo (UT)

| 67 | 92% | 72% | 71%8 | 55 | 49% | 10% | 21/1 | 90% | 52 | 25-30 | 49% | 70% | 178 | 58 | 21% |

79 University of California—Santa Cruz *

| 84 | 89% | 79% | 70% | 95 | 39% | 21% | 19/1 | 88% | 56 | 1020-1270 | 96% | 80% | 106 | 109 | 15% |

79 University of Colorado—Boulder *

| 103 | 84% | 65% | 66% | 63 | 48% | 15% | 16/1 | 86% | 114 | 23-28 | 23% | 88% | 132 | 182 | 9% |

82 St. Louis University

| 67 | 86% | 72% | 75% | 83 | 52% | 5% | 12/1 | 83% | 70 | 24-29 | 34% | 67% | 86 | 93 | 16% |

82 SUNY—Binghamton *

| 46 | 91% | 68% | 79% | 147 | 38% | 15% | 20/1 | 83% | 56 | 1180-1340 | 49% | 43% | 207 | 149 | 11% |

82 Marquette University (WI)

| 53 | 90% | 70% | 78% | 158 | 39% | 10% | 15/1 | 80% | 70 | 24-29 | 35% | 70% | 132 | 66 | 20% |

85 SUNY College of Environmental Science and Forestry *

| 103 | 86% | 60% | 63% | 28 | 76% | 8% | 12/1 | 95% | 145 | 1020-1210 | 23% | 58% | 72 | 25 | 30% |

85 North Carolina State University—Raleigh *

| 84 | 90% | 71% | 70% | 158 | 33% | 16% | 16/1 | 96% | 98 | 1080-1280 | 37% | 61% | 80 | 25 | 30% |

85 University of Denver

| 81 | 87% | 68% | 72% | 44 | 64% | 4% | 10/1 | 73% | 74 | 23-28 | 35% | 73% | 114 | 123 | 14% |

A	B	C	D	E	F	G	H	I	J	K	L	M	N	O	P	Q

85 American University (DC)

| | 79 | 88% | 73% | 71% | 102 | 45% | 3% | 14/1 | 79% | 62 | 1170-1370 | 48% | 53% | 96 | 93 | 16% |

85 Iowa State University *

| | 96 | 85% | 60% | 66% | 102 | 38% | 16% | 15/1 | 95% | 106 | 22-27 | 27% | 90% | 106 | 89 | 16% |

85 University of Kansas *

| | 134 | 82% | 65% | 59% | 88 | 38% | 12% | 19/1 | 97% | 98 | 22-28 | 28% | 77% | 86 | 62 | 20% |

91 University of Alabama *

| | 119 | 85% | 58% | 63% | 53 | 43% | 15% | 19/1 | 93% | 91 | 21-27 | 39% | 70% | 192 | 30 | 27% |

91 University of Missouri—Columbia *

| | 96 | 85% | 69% | 69% | 110 | 44% | 15% | 18/1 | 98% | 98 | 23-28 | 27% | 78% | 114 | 174 | 9% |

91 University of Nebraska—Lincoln *

| | 124 | 82% | 61% | 62% | 95 | 37% | 13% | 19/1 | 99% | 98 | 22-28 | 25% | 73% | 114 | 46 | 23% |

91 University of Tulsa (OK)

| | 132 | 82% | 74% | 61% | 26 | 61% | 3% | 11/1 | 93% | 52 | 23-30 | 59% | 76% | 80 | 39 | 24% |

91 Clark University (MA)

| | 88 | 86% | 69% | 71% | 55 | 58% | 4% | 10/1 | 83% | 98 | 1090-1310 | 31% | 60% | 120 | 35 | 25% |

96 Auburn University (AL) *

| | 107 | 85% | 62% | 63% | 110 | 27% | 14% | 18/1 | 96% | 98 | 22-27 | 36% | 72% | 151 | 62 | 20% |

96 SUNY—Stony Brook *

| | 128 | 88% | 59% | 59% | 95 | 36% | 22% | 18/1 | 84% | 93 | 1080-1280 | 34% | 47% | 76 | 167 | 10% |

96 University of Tennessee *

| | 139 | 80% | 62% | 60% | 116 | 33% | 8% | 15/1 | 98% | 64 | 23-28 | 41% | 74% | 53 | 149 | 11% |

96 University of Vermont *

| | 92 | 85% | 64% | 67% | 123 | 49% | 10% | 15/1 | 90% | 125 | 1070-1270 | 23% | 65% | 59 | 80 | 18% |

* : 주립대학
SAT 점수는 critical reading과 mathematics만 합산했음.
출처: US World News, 2008

02-2. Top 100 Liberal Arts Colleges

A	B	C	D	E	F	G	H	I	J	K	L	M	N	O	P	Q
1	**Williams College (MA)**															
	2	97%	96%	96%	1	75%	3%	7/1	95%	2	1320-1520	90%	19%	4	4	58%
2	**Amherst College (MA)**															
	1	97%	92%	96%	6	68%	4%	8/1	97%	4	1330-1530	86%	19%	10	2	61%
3	**Swarthmore College (PA)**															
	4	96%	95%	92%	2	76%	2%	8/1	94%	6	1320-1530	83%	19%	5	9	51%
4	**Wellesley College (MA)**															
	7	95%	88%	93%	8	64%	1%	9/1	88%	9	1310-1470	85%	36%	5	11	50%
5	**Carleton College (MN)**															
	11	97%	90%	93%	10	64%	1%	9/1	96%	13	1330-1490	78%	32%	24	1	64%
5	**Middlebury College (VT)**															
	4	95%	92%	94%	10	70%	4%	9/1	94%	9	1270-1480	82%	22%	7	5	57%
7	**Pomona College (CA)**															
	3	99%	94%	94%	12	73%	1%	8/1	95%	3	1370-1520	87%	18%	8	19	47%
7	**Bowdoin College (ME)**															
	4	98%	91%	92%	20	64%	3%	10/1	94%	8	1300-1480	82%	22%	11	7	55%
9	**Davidson College (NC)**															
	11	96%	91%	91%	2	72%	0%	10/1	98%	14	1250-1440	79%	30%	24	8	54%
10	**Haverford College (PA)**															
	7	96%	92%	94%	19	75%	2%	8/1	96%	5	1290-1500	88%	26%	15	19	47%
11	**Claremont McKenna College (CA)**															
	15	96%	92%	88%	12	79%	.4%	9/1	91%	6	1310-1490	84%	22%	15	22	47%
11	**Wesleyan University (CT)**															
	7	96%	88%	90%	45	64%	5%	9/1	97%	15	1290-1480	68%	28%	19	10	51%
11	**Grinnell College (IA)**															
	21	92%	86%	90%	15	66%	0%	8/1	93%	24	1250-1460	64%	45%	21	35	42%

A	B	C	D	E	F	G	H	I	J	K	L	M	N	O	P	Q

11 Vassar College (NY)

| | 13 | 95% | 87% | 91% | 12 | 69% | 1% | 8/1 | 96% | 17 | 1300-1450 | 67% | 30% | 8 | 60 | 37% |

15 Harvey Mudd College (CA)

| | 26 | 95% | 96% | 85% | 37 | 62% | 5% | 9/1 | 96% | 1 | 1420-1550 | 94% | 30% | 13 | 35 | 41% |

15 Washington and Lee University (VA)

| | 17 | 95% | 92% | 86% | 6 | 68% | 1% | 9/1 | 99% | 12 | 1300-1470 | 81% | 27% | 31 | 13 | 49% |

17 Smith College (MA)

| | 30 | 91% | 81% | 85% | 28 | 70% | 5% | 9/1 | 97% | 46 | 1140-1370 | 61% | 53% | 19 | 67 | 36% |

17 Hamilton College (NY) .

| | 21 | 93% | 82% | 88% | 2 | 77% | .4% | 10/1 | 93% | 15 | 1260-1460 | 74% | 33% | 21 | 17 | 49% |

17 Colgate University (NY)

| | 13 | 94% | 86% | 89% | 20 | 63% | 2% | 10/1 | 94% | 20 | 1260-1430 | 68% | 28% | 30 | 27 | 44% |

20 United States Naval Academy (MD)*

| | 21 | 96% | 79% | 87% | 75 | 53% | 0% | 9/1 | 97% | 37 | 1160-1370 | 63% | 14% | 3 | 163 | 22% |

20 Oberlin College (OH)

| | 37 | 92% | 85% | 85% | 20 | 71% | 3% | 9/1 | 92% | 17 | 1290-1460 | 71% | 34% | 31 | 54 | 38% |

22 Colby College (ME)

| | 21 | 93% | 88% | 87% | 45 | 61% | 4% | 10/1 | 87% | 22 | 1270-1440 | 63% | 33% | 37 | 13 | 49% |

22 United States Military Academy (NY)*

| | 41 | 92% | 76% | 85% | 102 | 96% | 0% | 7/1 | 100% | 57 | 1170-1370 | 47% | 15% | 1 | 76 | 34% |

24 Bates College (ME)

| | 17 | 95% | 85% | 90% | 61 | 63% | 4% | 10/1 | 95% | 26 | 1270-1400 | 62% | 32% | 37 | 23 | 45% |

24 Bryn Mawr College (PA)

| | 34 | 94% | 85% | 78% | 35 | 70% | 3% | 8/1 | 95% | 33 | 1200-1420 | 62% | 44% | 24 | 33 | 43% |

26 Colorado College

| | 41 | 92% | 80% | 84% | 8 | 68% | 0% | 10/1 | 93% | 24 | 1240-1400 | 66% | 34% | 21 | 86 | 33% |

26 Macalester College (MN)

| | 34 | 93% | 87% | 85% | 45 | 66% | 2% | 11/1 | 88% | 22 | 1260-1450 | 66% | 39% | 43 | 30 | 43% |

A	B	C	D	E	F	G	H	I	J	K	L	M	N	O	P	Q

28 Scripps College (CA)

| | 56 | 90% | 81% | 73% | 20 | 78% | 1% | 11/1 | 88% | 17 | 1250-1430 | 75% | 45% | 15 | 6 | 57% |

28 Mount Holyoke College (MA)

| | 48 | 93% | 80% | 83% | 33 | 66% | 3% | 10/1 | 95% | 52 | 1210-1390 | 54% | 53% | 24 | 24 | 44% |

30 Barnard College (NY)

| | 17 | 95% | 88% | 87% | 102 | 70% | 8% | 10/1 | 83% | 9 | 1280-1450 | 84% | 26% | 45 | 73 | 35% |

30 Bucknell University (PA)

| | 15 | 95% | 84% | 89% | 68 | 55% | 2% | 12/1 | 98% | 21 | 1230-1390 | 71% | 33% | 57 | 73 | 35% |

32 Kenyon College (OH)

| | 30 | 93% | 85% | 88% | 51 | 69% | 1% | 10/1 | 94% | 30 | 1230-1420 | 58% | 33% | 45 | 30 | 43% |

33 College of the Holy Cross (MA)

| | 7 | 96% | 84% | 92% | 98 | 55% | 1% | 11/1 | 92% | 30 | 1190-13702 | 64% | 34% | 50 | 19 | 47% |

34 Trinity College (CT)

| | 30 | 92% | 81% | 83% | 82 | 62% | 4% | 11/1 | 88% | 41 | 1210-1390 | 54% | 43% | 24 | 13 | 49% |

34 Lafayette College (PA)

| | 17 | 94% | 84% | 90% | 33 | 62% | 2% | 11/1 | 94% | 28 | 1200-1380 | 62% | 37% | 31 | 76 | 34% |

36 Occidental College (CA)

| | 48 | 91% | 75% | 82% | 75 | 64% | 1% | 10/1 | 87% | 33 | 1190-1380 | 61% | 42% | 57 | 27 | 44% |

37 Bard College (NY)

| | 92 | 88% | 82% | 74% | 5 | 78% | 0% | 9/1 | 80% | 26 | 1240-1440 | 63% | 29% | 18 | 33 | 43% |

37 Furman University (SC)

| | 30 | 92% | 85% | 86% | 41 | 57% | .2% | 11/1 | 94% | 37 | 1180-1380 | 64% | 56% | 64 | 27 | 44% |

37 Whitman College (WA)

| | 26 | 94% | 87% | 88% | 15 | 73% | .3% | 10/1 | 83% | 33 | 1230-1410 | 58% | 47% | 67 | 24 | 45% |

40 Union College (NY)

| | 28 | 93% | 79% | 86% | 35 | 67% | 1% | 11/1 | 93% | 40 | 1130-13202 | 64% | 43% | 50 | 60 | 37% |

40 Franklin and Marshall College (PA)

| | 41 | 91% | 84% | 81% | 45 | 53% | 1% | 10/1 | 91% | 41 | 1180-1360 | 58% | 46% | 41 | 51 | 39% |

A	B	C	D	E	F	G	H	I	J	K	L	M	N	O	P	Q

40 Sewanee—University of the South (TN)

| | 53 | 88% | 77% | 77% | 15 | 65% | 0% | 11/1 | 90% | 77 | 1130-1320 | 42% | 71% | 43 | 30 | 44% |

40 University of Richmond (VA)

| | 37 | 91% | 87% | 83% | 30 | 59% | .3% | 10/1 | 92% | 52 | 1190-1350 | 53% | 46% | 31 | 147 | 24% |

44 Connecticut College

| | 28 | 92% | 83% | 86% | 98 | 63% | 1% | 10/1 | 85% | 55 | 1230-1420 | 52% | 38% | 41 | 54 | 38% |

44 Centre College (KY)

| | 48 | 90% | 80% | 81% | 56 | 59% | 0% | 10/1 | 92% | 33 | 25-29 | 63% | 60% | 79 | 3 | 59% |

44 Dickinson College (PA)

| | 45 | 91% | 80% | 82% | 37 | 71% | 0% | 12/1 | 95% | 43 | 1200-1370 | 53% | 43% | 57 | 42 | 40% |

47 Skidmore College (NY)

| | 45 | 92% | 74% | 80% | 51 | 69% | 1% | 9/1 | 88% | 57 | 1160-1350 | 49% | 39% | 50 | 60 | 37% |

48 Gettysburg College (PA)

| | 56 | 91% | 77% | 80% | 45 | 68% | .2% | 11/1 | 86% | 28 | 1220-1360 | 66% | 41% | 61 | 60 | 37% |

49 Pitzer College (CA)

| | 88 | 87% | 71% | 76% | 61 | 68% | 0% | 11/1 | 88% | 63 | 1130-1330 | 38% | 37% | 31 | 60 | 36% |

49 DePauw University (IN)

| | 56 | 92% | 77% | 81% | 41 | 65% | 0% | 10/1 | 92% | 63 | 1130-1320 | 50% | 68% | 57 | 73 | 35% |

49 Rhodes College (TN)

| | 56 | 86% | 84% | 78% | 56 | 73% | 1% | 11/1 | 92% | 43 | 26-30 | 52% | 49% | 85 | 38 | 41% |

52 Wabash College (IN)

| | 92 | 86% | 74% | 72% | 20 | 76% | 1% | 10/1 | 99% | 91 | 1070-1273 | 39% | 51% | 13 | 44 | 39% |

52 Denison University (OH)

| | 56 | 89% | 79% | 76% | 75 | 56% | .4% | 11/1 | 97% | 46 | 1170-1370 | 52% | 39% | 61 | 44 | 39% |

54 St. Olaf College (MN)

| | 34 | 93% | 79% | 85% | 165 | 49% | 4% | 13/1 | 82% | 52 | 25-30 | 51% | 65% | 95 | 71 | 35% |

54 Reed College (OR)

| | 88 | 87%8 | 85% | 75% | 74 | 67% | 4% | 10/1 | 97% | 30 | 1280-1460 | 67% | 40% | 181 | 114 | 29%7 |

A	B	C	D	E	F	G	H	I	J	K	L	M	N	O	P	Q

56 Wheaton College (MA)

	78	86%	72%	75%	82	70%	4%	12/1	90%	46	1180-1350	53%	41%	50	95	32%

56 Lawrence University (WI)

	78	88%	78%	79%	68	72%	1%	9/1	94%	59	26-31	34%	56%	79	18	48%

58 St. Lawrence University (NY)

	69	89%	68%	76%	61	68%	1%	11/1	96%	96	1100-1280	33%	59%	50	60	37%

59 Illinois Wesleyan University

	48	93%	80%	80%	82	62%	1%	12/1	89%	46	26-30	46%	52%	85	136	25%

59 Wheaton College (IL)

	21	94%	85%	89%	167	48%	2%	12/1	85%	37	1220-1460	58%	56%	79	123	28%

59 Wofford College (SC)

	53	90%	77%	79%	68	70%	1%	11/1	91%	46	1150-1350	61%	57%	72	56	37%

59 Southwestern University (TX)

	73	87%	82%	73%	30	80%	.2%	10/1	89%	59	1115-1335	50%	65%	45	95	32%

63 Agnes Scott College (GA)

	115	82%	76%	67%	61	75%	0%	10/1	91%	87	1085-1310	36%	47%	37	24	45%

63 Drew University (NJ)

	78	86%	77%	76%	51	68%	2%	11/1	84%	104	1060-1280	37%	64%	72	38	41%

63 Hobart and William Smith Colleges (NY)

	88	85%	68%	74%	51	67%	1%	11/1	96%	99	1090-1280	40%	65%	67	84	34%

63 Willamette University (OR)

	69	89%	76%	77%	20	70%	.4%	10/1	86%	68	1160-1360	47%	75%	110	125	28%

67 Kalamazoo College (MI)

	65	88%	82%	78%	121	64%	1%	11/1	96%	55	26-30	43%	69%	90	76	34%

67 Beloit College (WI)

	85	92%	76%	72%	41	76%	0%	12/1	91%	82	1160-1380	35%	67%	101	43	40%

69 Earlham College (IN)

	101	85%	70%	70%	109	64%	3%	12/1	95%	96	1100-1350	31%	68%	72	110	30%

A	B	C	D	E	F	G	H	I	J	K	L	M	N	O	P	Q
69 Ursinus College (PA)	56	91%	76%	78%	68	78%	1%	12/1	91%	63	1100-1340	47%	47%	85	93	32%
71 Hendrix College (AR)	129	84%	77%	66%	51	63%	0%	11/1	88%	59	25-31	46%	85%	85	86	33%
71 College of Wooster (OH)	92	87%	73%	73%	82	68%	1%	11/1	86%	113	1100-1320	27%	80%	72	110	30%
71 Muhlenberg College (PA)	37	93%	76%	86%	115	61%	1%	12/1	82%	63	1120-1320	45%	44%	110	95	31%
71 Virginia Military Institute *	115	83%	55%	73%	20	75%	0%	11/1	87%	170	1030-1220	12%	57%	79	76	34%
75 Spelman College (GA)	56	91%	61%	79%	186	57%	1%	11/1	86%	140	980-1160	32%	37%	79	187	19%
75 Berea College (KY)	163	82%	50%	61%	82	69%	.2%	11/1	90%	113	21-25	27%	29%	45	167	22%
75 St. John's University (MN)	45	90%	69%	82%	171	41%	0%	13/1	94%	132	23-27	19%	89%	101	38	41%
75 Austin College (TX)	78	86%	75%	75%	56	64%	3%	12/1	87%	87	1140-1340	48%	76%	101	123	28%
75 Birmingham - Southern College (AL)	96	84%	76%	69%	45	73%	0%	11/1	91%	73	23-29	34%	62%	72	102	31%
80 Knox College (IL)	68	88%	76%	76%	121	67%	1%	12/1	91%	68	25-302	34%	74%	121	86	33%
80 Lewis and Clark College (OR)	101	85%	76%	70%	98	60%	2%	13/1	80%	63	1210-1380	40%	58%	90	184	19%
80 University of Puget Sound (WA)	78	86%	78%	74%	75	55%	0%	12/1	93%	77	1145-1350	39%	65%	101	196	17%
83 Thomas Aquinas College (CA)	52	87%	75%	85%	37	100%	0%	11/1	94%	91	1170-1400	36%	65%	116	86	33%

A	B	C	D	E	F	G	H	I	J	K	L	M	N	O	P	Q

83 Sweet Briar College (VA)

121	78%	71%	70%	18	89%	0%	9/1	87%	166	980-1235	24%	80%	31	119	28%

85 Principia College (IL)

56	87%	64%	79%	82	96%	0%	8/14	94%	91	21-30	38%	89%	11	151	24%

85 Allegheny College (PA)

92	88%	74%	77%	129	58%	2%	14/1	93%	82	1110-1310	41%	63%	116	84	34%

87 New College of Florida *

112	82%	N/A	67%	75	68%	2%	10/1	92%	46	1250-1430	49%	49%	110	102	31%

87 Transylvania University (KY)

115	84%	75%	72%	92	62%	0%	13/1	94%	71	23-28	41%	83%	128	12	50%

87 St. Mary's College of Maryland *

69	88%	67%	80%	129	59%	1%	12/1	83%	71	1120-1340	46%	56%	142	187	19%

87 Millsaps College (MS)

112	82%	71%	65%	92	68%	.4%	11/1	97%	73	23-29	41%	86%	95	95	32%

91 Lyon College (AR)

169	73%	66%	65%	61	76%	1%	10/1	93%	68	23-29	41%	69%	64	13	49%

91 Augustana College (IL)

69	86%	73%	78%	115	59%	1%	12/1	86%	109	23-28	27%	75%	142	76	34%

91 St. Mary's College (IN)

78	86%	69%	72%	105	63%	1%	10/1	84%	99	23-27	32%	80%	67	110	30%

91 Hanover College (IN)

115	79%	72%	66%	28	82%	0%	10/1	98%	113	1030-1280	34%	64%	85	141	25%

91 Goucher College (MD)

115	83%	71%	71%	92	81%	1%	10/1	81%	118	1090-1300	28%	70%	116	125	27%

91 Randolph College (VA)

152	78%	74%	65%	30	83%	0%	8/1	92%	127	1020-1280	35%	89%	50	44	39%

97 Lake Forest College (IL)

129	80%	68%	69%	109	63%	0%	12/1	79%	77	24-28	32%	63%	116	141	25%

A	B	C	D	E	F	G	H	I	J	K	L	M	N	O	P	Q
97 Cornell College (IA)																
	121	82%	66%	66%	109	61%	0%	11/1	95%	77	24-29	31%	62%	152	95	32%
97 Luther College (IA)																
	73	84%	72%	75%	154	51%	2%	12/1	89%	104	22-27	30%	81%	152	106	30%
97 Washington College (MD)																
	108	88%	70%	72%	82	72%	.3%	12/1	83%	109	1020-1230	37%	60%	101	128	27%
97 Hope College (MI)																
	73	89%	72%	76%	183	50%	2%	13/1	86%	91	23-28	30%	81%	152	95	31%
97 Hillsdale College (MI)																
	108	86%	74%	75%	56	77%	.4%	10/1	88%	59	24-30	43%	75%	61	128	27%
97 Ohio Wesleyan University																
	133	80%	72%	64%	125	54%	1%	13/1	89%	82	1080-1320	36%	63%	95	106	30%
97 Juniata College (PA)																
	73	86%	71%	79%	129	61%	4%	13/1	91%	127	1090-1270	36%	65%	121	56	37%
97 Hollins University (VA)																
	147	75%	65%	70%	37	82%	0%	10/1	86%	166	970-1270	28%	84%	67	35	42%

출처: US World News, 2008

02-3. 학교 순위 평가와 관련된 용어 알기

1. Ranking

10여 가지 사항을 고려한 전체 평가 순위다. 2007년에는 하버드와 프린스턴 대학이 공동 1위를 하였고, 2008년에는 프린스턴이 1위, 하버드는 2위를 하였다. 순위는 관점에 따라 변할 수도 있고 해마다 조금씩 변하기도 한다. 또한 평가에서 제외된 사항들 또한 많이 있으니 순위가 절대적인 것은 아니다. 하지만 참고 사항으로는 중요한 정보이다.

2. Graduation and Retention Ranking

Average freshman retention rate과 Graduation rate를 가지고 순위를 정한다.

Average freshman retention rate_대학 1학년을 마친 후 그 학교에 그대로 남아 있는 비율이다. 편입이 자유로운 미국에선 학점을 32 semester unit(2학기제의 학점으로 32학점) 또는 45 quarter unit(4학기제의 학점으로 45학점) 이상을 받으면 (보통 일 년이 걸림) 전학할 수 있다.

Graduation rate_입학한 학생들이 그 학교를 졸업하는 비율로 어느 정도의 학생들이 다른 학교로 떠나지 않고 그 학교에서 졸업하기를 원했나를 보여주며, 또한 학교가 학생들에게 얼마만큼 관심을 갖고 지원했는지를 말해준다.

3. Faculty Resources Rank
교수진들의 우수성을 평가하는 부분이다.

Students/Faculty ratio_한 교수당 학생들의 수에 대한 비율로 faculty를 어디까지 포함하느냐가 중요하기에 실제보다는 과장되게 발표된다.

% of faculty who are full-time_많은 학교들이 재정문제 때문에 full-time 교수들보다는 part-time 강사들을 많이 고용하는 형편이다. 학생들을 책임 있게 가르칠 수 있는 정식 교수의 비율이 중요하다.

% of classes w/50 or more_한 반 정원이 50명이 넘는 class의 비율.

% of classes w/fewer than 20_한 반 정원이 20명 미만인 class의 비율.

4. Selectivity Rank
얼마나 들어가기 어려운가를 종합적으로 보여준다. 이 사항에는 학생들의 학교 석차와 신입생들의 평균 SAT/ACT 점수, 입학 허가율 등이 포함된다.

Freshmen in top 10% of HS class_입학생 중 고교 졸업석차가 상위 10% 안에 드는 학생들의 비율이다. 상위 50위권 대학을 성적으로 입학하려면 당연히 상위 10% 안에 들어야 하지만 특기생으로 입학하는 경우, 또는 성적 외에 다른 강점들로 인해 입학 허가가 이루어진 학생들도 적지 않다. 아이비리그 등 상위 10위권 대학의 경우는 상위 10%보다는 밸러딕토리안(Valedictorians,

수석 졸업생으로 졸업식 고별사를 함)과 설루터토리안(Salutatorians, 차석 졸업생으로 졸업식 개회사를 함)의 여부인지가 중요하다. 참고로 아이비리그의 신입생의 35~50%은 수석, 차석 졸업생이다.

SAT/ACT 25th-75th percentile_상위 25%에서 75% 사이 학생들의 SAT/ACT 점수 분포이다.

Acceptance rate_미국내 지원자들의 합격률을 말한다. 상위 10위권 대학의 경우 경쟁률이 10% 내외이지만 유학생들의 합격률은 절반 정도인 4~5%이다.

5. Financial Resources Rank

학교의 모든 연구활동이나 연구시설은 학교의 재정 상황이 좌우한다. 유럽의 유수의 대학들이 침체하는 반면 미국의 명문대학이 급격한 발전을 보이고, 신흥 명문들이 생겨나는 이유는 대학이 학생들과 교수들에게 보다 좋은 학습환경과 많은 연구활동을 지원하며 우수 학생을 유치하기 위해 많은 투자를 하기 때문이다. 미국의 명문대학들이 자기 학생들에게 투자하는 비용은 학생들이 내는 학비보다 월등히 많다. 재정이 좋지 못한 학생들은 학비뿐만 아니라 제반 경비까지 학교에서 무상으로 제공받는다. 학교는 자기 학교와 학생을 위하여 어떤 투자도 아끼지 않는다. 그 학생들이 사회에 나가서 성공할 경우 자기가 다니던 대학에 기부금을 내는 것은 너무나 당연하고 자연스러운 일이다.

학교기금의 운영이 투명하며 잘 관리되기에 동문이 아닌 기업이나 개인에게서 받는 기부금의 규모도 상상을 초월한다. 외부로부터 들어오는 기부금은 그 학교의 대외 평가와 인지도를 말해준다. 미국의 대학은 학문뿐만이 아닌 학교 재정관리에 있어서도 세계 모든 대학의 모델이 되고 있다.

아래에는 동문들의 기부금 참여 규모와 참여 비율이다. 기부금에 참여한다는 말은 동문들이 사회에서의 성공도를 간접적으로 말해준다.

Alumni giving rank_동문들의 기부금 규모에 따른 순위이다.

Avg. alumni giving rate_기부금에 참여하는 동문 수의 비율이다.

02-4. 입학 허가율로 본 전체 학교 순위

다음의 상위 100순위는 종합대학, 리버럴 아츠 칼리지, 음악 및 미술 전문대학 등 모든 학교가 포함된 합격률에 따른 순위이다.

	School	Percent
1	Juilliard School (NY)	7%
2	Curtis Institute of Music (PA)	7%
3	Yale University (CT)	9%
4	Harvard University (MA)	9%
5	Cooper Union (NY)	10%
6	Princeton University (NJ)	10%
7	Stanford University (CA)	11%
8	Columbia University (NY)	12%
9	College of the Ozarks (MO)	12%
10	Massachusetts Institute of Technology	13%
11	Brown University (RI)	14%
12	United States Naval Academy (MD)*	14%
13	United States Military Academy (NY)*	15%
14	Dartmouth College (NH)	16%
15	California Institute of Technology	17%
16	Pomona College (CA)	18%
17	University of Pennsylvania	18%
18	United States Air Force Academy (CO)*	19%
19	Amherst College (MA)	19%
20	Brigham Young University–Hawaii	19%
21	Swarthmore College (PA)	19%
22	Williams College (MA)	19%
23	CUNY–York College *	20%
24	Tougaloo College (MS)	20%
25	Washington University in St. Louis	21%
26	Bowdoin College (ME)	22%
27	Middlebury College (VT)	22%

28	Georgetown University (DC)	22%
29	Claremont McKenna College (CA)	22%
30	Duke University (NC)	23%
31	College of the Southwest (NM)	23%
32	Rice University (TX)	24%
33	University of California–Berkeley *	24%
34	United States Coast Guard Academy (CT)*	24%
35	Cornell University (NY)	25%
36	University of Southern California	25%
37	Barnard College (NY)	26%
38	University of California–Los Angeles *	26%
39	Haverford College (PA)	26%
40	Flagler College (FL)	26%
41	Tufts University (MA)	27%
42	Johns Hopkins University (MD)	27%
43	University of Notre Dame (IN)	27%
44	Washington and Lee University (VA)	27%
45	United States Merchant Marine Academy (NY)*	28%
46	University of Puerto Rico–Ponce *	28%
47	Wesleyan University (CT)	28%
48	Pepperdine University (CA)	28%
49	Colgate University (NY)	28%
50	Manhattan School of Music (NY)	28%
51	Bard College (NY)	29%
52	Boston College	29%
53	Berea College (KY)	29%
54	Northwestern University (IL)	30%
55	Kendall College (IL)	30%
56	Vassar College (NY)	30%
57	SUNY–Purchase College *	30%
58	New England Conservatory of Music (MA)	30%
59	Philander Smith College (AR)	30%
60	Lane College (TN)	30%
61	Davidson College (NC)	30%
62	Harvey Mudd College (CA)	30%

63	Edward Waters College (FL)	31%
64	CUNY–Baruch College *	31%
65	University of Puerto Rico–Arecibo	31%
66	California Institute of the Arts	31%
67	Delta State University (MS)*	32%
68	LeMoyne-Owen College (TN)	32%
69	Carleton College (MN)	32%
70	Bates College (ME)	32%
71	Emory University (GA)	32%
72	Mississippi Valley State University *	32%
73	Berklee College of Music (MA)	32%
74	College of William and Mary (VA)*	32%
75	La Sierra University (CA)	33%
76	Kenyon College (OH)	33%
77	Bucknell University (PA)	33%
78	Colby College (ME)	33%
79	Myers University (OH)	33%
80	Hamilton College (NY)	33%
81	Rhode Island School of Design	33%
82	CUNY–Hunter College *	34%
83	Carnegie Mellon University (PA)	34%
84	Vanderbilt University (TN)	34%
85	Oberlin College (OH)	34%
86	Colorado College	34%
87	University of North Carolina–Chapel Hill *	34%
88	Webb Institute (NY)	34%
89	Monterrey Institute of Technology and Higher Education–Colima	34%
90	College of the Holy Cross (MA)	34%
91	Emmanuel College (GA)	35%
92	CUNY–Lehman College *	35%
93	Wellesley College (MA)	36%
94	New York University	36%
95	Washington and Jefferson College (PA)	36%
96	Brandeis University (MA)	36%
97	Pitzer College (CA)	37%

98	Babson College (MA)	37%
99	Lafayette College (PA)	37%
100	Spelman College (GA)	37%
101	Atlanta Christian College	37%
102	Kentucky State University *	37%
103	Hampton University (VA)	37%
104	University of Virginia *	37%

*: 주립대학

출처: US World News, 2008

02-5. 유학생이 많은 명문대학

다음의 표에는 유학생을 많이 받아들이는 명문대학 중 대표적인 학교 10개 선정해 보았다. 이들 대학은 유학생들에게 호의적이며 유학생들을 위한 다양한 프로그램을 갖고 있다. 숫자적으로 제일 많은 학교는 USC로 미국이나 한국에 가장 큰 한인 학생 동문회를 가지고 있는 대학으로 유명하다.

	학교	유학생수	전체 학생수	유학생 비율(%)
1	University of Southern California	5,950	29,813	19.9
2	New York University	5,504	37,134	14.8
3	Columbia University	5,116	22,425	22.8
4	Purdue University Main Campus	4,695	37,871	12.4
5	University of Texas at Austin	4,673	50,616	9.2
6	Boston University	4,412	27,767	15.9
7	The Ohio State University	4,302	48,477	8.9
8	University of Illinois at Urbana-Champaign	4,287	37,684	11.4
9	University of Michigan-Ann Arbor	4,149	38,248	10.8
10	University of Florida	3,884	45,937	8.5

출처: Collegeboard, 2008

02-6. 나에게 맞는 학교 정하기

일반적으로 유학시에는 8~9개의 학교에 지원한다. 학교마다 입학사정 기준도 차이가 있고, 학자금 보조에도 여러 차이가 있으니 아래 사항들을 참조하여 정하면 된다.

1. 대학 순위에 근거하기

요사이는 한국도 대학의 숫자가 많아져 이름이 생소한 대학이 많아지고, 또한 정원이 미달되는 대학도 나오는 현실이다.

미국의 경우도 마찬가지로 3~4천 개의 대학이 있다고 하는데, 100위권 밖의 대학에 입학한다면 유학에 대한 기대보다는 실망이 더 클 것이다. 아무리 대학 수준을 낮춘다 하더라도 150권 밖의 대학은 권하고 싶지 않다.

차선책으로는 Community College에 먼저 입학한 다음 100위권 안의 대학으로 편입하는 방법이 있다.

2. 유학생을 선호하는 대학을 찾기

자신에 실력에 맞는 대학들을 정한 다음 유학생을 선호하는 대학을 찾는다. 학교마다 international 학생의 %에 따라 대학이 유학생을 선호하는지, 선호하지 않는지를 알 수 있다. 대부분의 대학들이 3~5%를 넘지 않는다. 7~8%을 넘는다면 유학생을 선호한다고 보면 된다. 유학생을 선호하는 많은 대학들이 학교 내의 자체 장학금을 유학생들에게도 오픈한다. 합격률을 높이기 위해 학자금 보조를 신청하지 않는 것도 한 방법이다.

3. 대학 종류나 환경에 근거하기

한국 사회에서는 대학의 동문을 많이 선호하기 때문에 한국 유학 졸업생들이 많은 대학을 고려해 보는 것도 좋다. USC나 NYU는 한국이나 미국에서도 동문 활동이 매우 활발하다.

두 번째로는 학교의 위치가 한적한 시골에 있기도 하고, 캠퍼스도 없이 도시 한가운데 위치해 있는 경우도 있다. 학생의 생활 습관에 맞춰 정해야 하며, 복잡한 한국에서 생활하던 우리에겐 외로운 미국의 시골 생활을 견디기 힘든 경우가 많다.

세 번째로는 미국의 명문대는 UCLA, UC Berkeley를 빼고는 거의가 사립대학이다. 주립대학은 그 주에 사는 주민들에게 저렴한 학비를 제공하기에 항상 강의실이 만원으로 붐빈다. 그에 비해 사립대학들은 미국 학생에게나 한국 학생에게나 동일한 학비를 적용한다. 물론 미국 학생에게는 주 정부와 연방 정부에서 학비 보조를 제공한다. 학비 부담 때문에 공립학교에 비해 사립학교가 덜 붐비고 학업 환경이 더 좋은 편이다. 같은 비용의 학비를 부담한다면 공립대학보다는 사립대학을 택하는 편이 더 좋다.

Chapter

미 국 대 학 의 학 비

III

01

미국 대학 학비 어느 정도 생각 해야 하나?

미국 대학 학비는 절대 저렴하지 않다. 하지만 그 많은 학비를 부모에게만 다 부담시키지는 않는다. 학비를 포함한 대학을 졸업하기 위해 드는 모든 경비는 4자가 공동으로 책임지는 것을 기본 원칙으로 한다. 4자는 부모, 정부(연방 정부, 주 정부), 대학 그리고 학생 본인이다.

제일 우선해서 고려되는 것은 물론 부모의 재정 능력이다. 부모의 수입이 많고 적음에 따라 정부의 보조 액수가 먼저 결정된다. 정부의 보조 액수도 학비의 액수에 따라 결정된다. 물론 정부 보조는 무상으로 지급된다.

그 다음이 부모의 수입이나, 학생의 학업, 기타 능력에 따라 대학에서 무상으로 보조한다. 학교마다 제시하는 금액이 다 다르므로 여러 대학에 지원해 입학 허가서를 받은 학교들 가운데 서로 비교해 볼 수 있다.

이 밖에도 정부가 보증하는 낮은 이자의 융자 프로그램을 이용할 수도 있다. 이 금액은 졸업 후 직장 생활을 시작하면서 갚아도 되며 세금 혜택도 받을 수 있다. 거의 모든 학생들이 이 융자 프로그램을 이용하고 있다.

마지막으로 work study라는 것이 있는데, 재정적인 도움이 우선적으로 필요한 학생들에게 학교 안에 있는 일을 파트타임으로 할 수 있게 해 주는 것이다. 대부분 쉽고 간단한 일이며 유학생들도 참여할 수 있다.

유학생들은 연방 정부나 주 정부에서 주는 보조금이나 융자는 받을 수 없지만 다행히 많은 사립학교들이 우수 학생 유치를 위해 학교 자체적으로 보조하는 프로그램을 많이 가지고 있다. 미리 알아보고 준비하는 것이 바람직하다.

01-1. 유학생들에게 장학금을 제공하는 대학

많은 대학들이 장학금을 제공할 때 자국 출신 학생과 유학생들 사이에 차별을 둔다. 이것은 어쩌면 당연한 일이다. 그럼에도 정부의 보조 없이 학교 자체적으로 유학생들에게 우호적인 대학들도 많다. 아래에 나열하는 대학들은 유학생에게 전액 또는 일부의 장학금을 제공하는 대학들이다.

1. Need Blind 정책

많은 대학들이 자국 출신의 학생들에겐 학자금 지원 요청에 상관 없이 각 학생의 능력에 따라 입학을 결정한다. 아울러 다음의 학교들은 출신 국가에 상관없이 우수 학생을 유치하기 위해 유학생에게도 같은 방침을 정하고 있다. 일단 입학이 허가되면 부모님의 수입 정도에 따라 전액 장학금을 포함한 책값, 생활비의 일부까지도 받을 수 있다.

Harvard University	Middlebury College
Yale University	Princeton University
Williams College	MIT

2. Merit-based 장학금을 제공하는 대학

Need blind는 아니지만 유학생들에게 재정적으로 아주 관대한 학교들이다. 장학금의 액수는 한정되어 있으나 본인의 학업, 활동 능력에 따라 학비는 물론 생활비까지도 받을 수 있다.

Amherst College	Brown University
Stanford University	Colgate University
Dartmouth College	Duke University
Macalester College	Grinnell College
Carleton College	University of Richmond
Bowdoin College	Swarthmore College
Reed College	Bates College
Pomona College	St. Lawrence University
Kenyon College	Brandeis University
Union College	University of Pennsylvania
Lafayette College	Washington and Lee University
Gettysburg College	Cornell University
Dickinson College	Franklin and Marshall College
Smith College (women)	Mount Holyoke College (women)
Vassar College	Colby University
Wesleyan University	Claremont McKenna College
Cal Tech	Trinity College
Wellesley College (women)	Connecticut College
Hamilton College	Sarah Lawrence College
Occidental College	University of Chicago

3. 학비의 전액 또는 일부를 제공하는 대학

생활비는 아니더라도 유학생들에게 재정적으로 관대한 학교들이다.

Berea College	Earlham College
Trinity University	Lehigh University
Johns Hopkins University	Wabash College (men)
Colorado College	

4. 유학생에게 장학금을 제공하는 120개 대학

다음은 유학생들에게도 장학금을 제공하는 120개 대학 명단이다.

Abilene Christian Univ. (TX)	Lake Forest College (IL)
Albright College (PA)	Lawrence Univ. (WI)
Allegheny College (PA)	Lewis & Clark (OR)
Amherst College (MA)	Liberty Univ. (VA)
Arizona State University (AZ)	Louisiana State Univ. (LA)
Augsburg College (MN)	Luther College (IA)
Augustana College (IL)	Lynn Univ. (FL)
Bard College (NY)	Macalester College (MN)
Barry University (FL)	Maharishi Intl. Univ. (IA)
Bates College (ME)	Marquette Univ. (WI)
Beloit College (WI)	Middlebury College (VT)
Bennington College (VT)	MIT (MA)
Bethany College (WV)	Monmouth College (IL)
Bowdoin College (ME)	Mount Holyoke College (MA)
Brandeis Univ. (MA)	North Park Univ. (IL)
Brown Univ. (RI)	Northeast Louisiana (LA)
Bryn Mawr College (PA)	Oberlin (OH)
California Lutheran (CA)	Ohio Wesleyan Univ. (OH)
CalTech (CA)	Princeton (NJ)
Calvin College (MI)	Principia College
Central College (IA)	Rochester Inst. of Tech. (NY)
Clark Univ. (MA)	Savannah Coll. of Art (GA)
Cleveland Inst. of Music (OH)	Slippery Rock Univ. (PA)
Coe College (IA)	Smith College (MA)
Colby College (ME)	St. Augustine's College (NC)
Colgate Univ. (NY)	St. Johns College (MD)
College of Wooster (OH)	St. Lawrence Univ. (NY)
Columbia Univ. (NY)	St. Olaf College (MN)
Concordia Coll. (MN)	Stanford (CA)
Cornell Univ. (NY)	SUNY Plattsburgh (NY)
Dartmouth (NH)	Swarthmore College (PA)
Denison Univ. (OH)	Taylor Univ. (IN)

Dordt College (IA)	Texas Christian Univ. (TX)
Eastern Michigan Univ. (MI)	Thomas Aquinas Coll. (CA)
Eckerd College (FL)	Trinity College (CT)
Elizabethtown College (PA)	Tri-State Univ. (IN)
Elmira College (NY)	Troy State Univ. (AL)
Florida Inst. of Tech. (FL)	Tulane Univ. (LA)
Franklin & Marshall (PA)	Univ. of Bridgeport (CT)
George Wash. Univ. (DC)	Univ. of Chicago (IL)
Georgia Southern Univ. (GA)	Univ. of Colorado/Bldr (CO)
Gettysburg College (PA)	Univ. of Houston (TX)
Goshen College (IN)	Univ. of Maine (ME)
Graceland College (IA)	Univ. of Miami (FL)
Grinnell College (IA)	Univ. of Oregon (OR)
Gustavas Adolphus Coll. (MN)	Univ. of Pennsylvania (PA)
Hamilton College (NY)	Univ. of Rochester (NY)
Hampshire College (MA)	Univ. of South Florida (FL)
Harding Univ. (AR)	Univ. of St. Thomas (MN)
Harvard (MA)	Univ. of the South (TN)
Hood College (MD)	Univ. of Wisc./Eau Clair (WI)
Houghton College (NY)	US International Univ. (CA)
Illinois Inst. of Tech. (IL)	Vassar College (NY)
Ithaca College (NY)	Wabash College (IN)
Johns Hopkins (MD)	Washington College (MD)
Julliard School (NY)	Washington Univ. (MO)
Kalamazoo College (MI)	Wesleyan Univ. (CT)
Kenyon College (OH)	Western Maryland Coll.(MD)
Knox College (IL)	Wittenberg Univ. (OH)
Lafayette College (PA)	Yale (CT)

01-2. 학자금과 관련된 용어 알기

1. COA(Cost of Attendance)

COA는 '대학을 1년 다니는 데 필요한 비용'이라는 뜻으로, Tuition and Fees(등록금), Room and Board(숙식비), Books and Supplies(교재 및

학습에 필요한 물품), Transportation Expense(교통비), Personal and Miscellaneous(개인 용돈 및 기타) 등이 포함된다. 따라서 어느 대학에서 학비에 대해 말할 때 그것이 COA인지, 아니면 단지 Tuition and Fees(등록금)만을 가리키는지 구분해야 한다.

2. EFC(Expected Family Contribution, 예상 가정 분담금)

미국 대학에서 학자금 지원 여부를 결정하는 데 있어 가장 우선적으로 고려되는 것이 학생과 부모가 부담할 수 있는 액수(EFC)이다. 연방 정부 학자금 지원 신청서(FAFSA)에 기록된 정보에 따라 SAR(Student Aid Report, 학자금 보조 보고서)가 작성되고, 이를 근거로 EFC의 액수가 결정된다.

3. FAFSA(Free Application for Federal Student Aid, 연방 정부 학자금 보조 신청서)

매년 1월 말까지 작성하여 연방 정부로 제출하는 학자금 지원 신청서로 부모의 수입과 재산을 근거로 연방 정부, 주 정부 보조금이 정해지며, 이곳에서 작성된 Student Aid Report(학자금 보조 보고서)가 학생의 지원 대학들로 전달된다.

4. SAR(Student Aid Report, 학자금 보조 보고서)

학생이 제출한 FAFSA의 내용을 근거로 연방 정부에서 작성한 학생 개인의 재정적 상태에 관한 보고서.

5. Independent or Dependent(경제적인 독립 여부)

결혼을 했거나 고아인 경우는 학비 부담금이 학생 본인의 수입에 근거하여 산출된다.

6. CSS

사립대학에 지원할 경우 FAFSA 이외에 CSS를 제출해야 한다. 사립대학의 학비가 주립대학에 비해 비싼 관계로 각 대학에서 학생의 재정적 필요를 판단, 보조하고자 CSS를 요구한다. FAFSA보다 더 구체적인 재정상태를 묻는다.

01-3. 학자금 보조의 종류

미국의 학자금 보조는 수여 근거에 따라 두 가지로 구분된다. 가정 형편에 따라 지급되는 학자금 보조를 Need-Based Aid라고 하고, 이와 달리 성적이나 봉사활동 기록, 리더십 등의 요인에 따라 결정되는 장학금은 Merit-Based Scholarship이라고 한다. 미국 학자금 보조는 여러 가지 형태로 이루어진다. 흔히 보조금이라 번역하는 그랜트(Grant)는 장학금(Scholarship)과 함께 나중에 되갚을 필요가 없다. 다만 그랜트는 가정 형편에 따라 결정되는 경우가 많고, 장학금(Scholarship)은 성적 등을 기준으로 결정되는 경우가 많다. 융자금(loan)은 이자와 함께 되갚아야 하는 학자금 보조이고, Work-Study는 근로장학금으로 주로 학교 내에서 일을 하고, 그에 해당하는 보수를 받는 것이다. 한편, 미국 각 주 정부로부터 예산 지원을 받는 주립대는 해당 주의 주민들에게 학비 할인혜택을 준다. 따라서 주립대의 경우는 등록금(Tuition and Fees)는 거주자(Resident), 비거주자(Non-Resident), 외국 유학생(International Student)의 세 가지로 차이를 둔다.

신입생이나, 재학생 모두는 매년 1월 말까지 FAFSA를 작성하여 연방 정부에 제출해야 하는데, FAFSA에 작성된 부모의 수입과 재산을 근거로 연방 정부, 주 정부 보조금이 정해지며, 또한 이곳에서 작성된 학자금 보조 보고서(Student Aid Report)가 자신이 지원한 대학으로 전달되어, 학교가 학생에게 부담해야 할 지원금을 결정한다.

01-4. 미국 대학 학비, 얼마나 되나?

CollegeBoard에 따르면 2006~2007학년도 1년간 학비는 2년제 주립대학의 거주자인 경우 COA가 평균 10,458달러가, 비거주자인 경우는 14,088달러가 들었다. 비거주자가 거주자에 비해 추가 학비를 3,630달러를 더 지불한 셈이다. 4년제 주립대학은 거주자인 경우 15,783달러가, 비거주자인 경우 26,304달러가 들었다. 비거주자가 거주자에 비해 10,521달러를 더 지불한 셈이다.

유학생의 경우는 비거주자로 분리되며, 사립대학은 거주자나 비거주자의 구분이 따로 없다. 4년제 사립대학의 경우 33,301달러가 들었다. 물론 이 수치는 평균적인 수치이기 때문에 학교에 따라서는 그 구체적인 수치가 달라질 수 있다. 예를 들어 최근 일류 사립대의 경우 1년에 드는 학비가 생활비 포함 4만 달러를 넘고 있다. 아울러 매년 COA가 평균 5~9% 상승하고 있음을 염두해 두어야 한다.

다음은 CollegeBoard에서 발표한 2006~07학년도 학부 평균 일 년 학비이다.

■ Average Undergraduate Budgets, 2006-07 (Enrollment-Weighted)

	Tuition and Fees (학비, 학교에 드는 비용)	Books and Supplies (책, 학업에 필요한 도구)	Room and Board (기숙사)	Transpor-tation (교통비)	Other Expenses (기타 경비)	Total Expenses (총 경비)
Two-Year Public (2년제 공립)						
Resident 통학 안할 경우	$2,272	$850	*	*	*	*
Commuter 통학할 경우	$2,272	$850	$6,299	$1,197	$1,676	$12,294
Four-Year Public (4년제 공립)						
Resident 통학 안 할 경우	$5,836	$942	$6,960	$880	$1,739	$16,357
Commuter 통학할 경우	$5,836	$942	$6,917	$1,224	$2,048	$16,967
Out-of-State 다른 주나 유학생	$15,783	$942	$6,960	$880	$1,739	$26,304
Four-Year Private (4년제 사립)						
Resident 통학 안 할 경우	$22,218	$935	$8,149	$722	$1,277	$33,301
Commuter 통학할 경우	$22,218	$935	$7,211	$1,091	$1,630	$33,085

http://www.collegeboard.com/prod_downloads/about/news_info/trends/trends_pricing_07.pdf

01-5. 미국 대학 학비, 어디서 얼마나 지원하나?

만만치 않은 미국 학비, 그러나 여러 가지 보조금이나 융자 프로그램을 이용하면 그 부담이 줄어든다. 2002~2003학년도의 경우 4년제 사립대학 학생의 75% 이상이 어떤 형태든 학자금 보조를 받고 있는 것으로, 또 같은 기간 4년제 주립대 학생의 60% 이상이 학자금 보조를 받고 있는 것으로 나타났다. 이는 학생들이 조금만 신경을 써서 준비하면 학자금 보조를 받는 것이 그다지 어렵지 않다는 것을 보여주고 있다. 특히 아래 도표에서 보는 것과 같이 유학생들에게도 교육기관 및 기타 보조금(Institutional and Other Grant) 21%와 개인 및 직원 보조금(Private and Employer) 7%를 합친 전체 금액의 28% 정도는 우리 유학생들도 신청 가능하다.

다음의 표는 CollegeBoard가 집계한 2006~2007학년도 학자금 보조 출처별 예상치이다. 참고로 2006~2007학년도에 미국 대학생의 학비를 보조하기 위해 지출된 돈은 총 971억 달러($97.1billion)에 달한다.

■ 2006-2007학년도 학자금 보조 출처별 예상치

제공 내용		액수	%	
연방 정부	융자(Federal Loan)	$39.1 billion	40%	58%
	연방 보조금(Federal Grant)	$3.6 billion	4%	
	연방 보조금 (Pell Grant)	$12.9 billion	13%	
	캠퍼스에 따른 지원 (Federal Work-Study)	$1 billion	1%	
기관 및 기타 보조금 (Institutional and Other Grant)		$20.6 billion	21%	
개인 및 직원 보조금 (Private and Employer)		$7.3 billion	7%	
주 정부 보조금(State Grant)		$7.5 billion	8%	
교육세 크레딧(Education Tax Credit)		$5.1 billion	6%	

http://www.collegeboard.com/student/pay/add-it-up/4494.html

01-6. 비싼 미국 대학 학비, 그러나 실제는?

다음 도표는 CollegeBoard에서 발표한 2007-08학년도 학생들의 실제 부담액이다. 생각보다는 훨씬 적은 금액을 내는 것을 볼 수 있다.

2007-08 대학 평균 비용	실제로는…
4년제 사립대학(Private four-year) $23,712 4년제 공립대학(Public four-year) $6,185	4년제 대학에 재학하고 있는 약 56%의 학생은 경비를 포함한 학비로 매년 $9,000 이하를 지출한다. 4년제 공립대학에 재학하고 있는 약 43%의 학생들은 경비를 포함한 학비로 매년 $6,000~$3,000를 지출한다. 4년제 사립대학의 경우 학비와 경비가 천차만별이지만 약 6%의 학생들만이 경비를 포함한 학비로 매년 $33,000 이상을 지출한다.
2년제 공립대학(Public two-year) $2,361	전체 full-time 학생 중 22% 학생들이 2년제 공립학교에 재학하고 있다. 2년제 full-time 공립학교의 학생들은 가정 수입의 2%가 넘지 않는 금액을 학비로 지급한다.
평균 타 주의 학생이나 유학생이 공립학교를 다닐 경우 그 주의 학생들보다 매년 $10,455의 경비가 더 들어간다.	매년 약 $1300억($130 billion)이 넘는 돈이 학비 보조금으로 지급된다. 약 3분의 2의 학생들이 무상 지원을 받고 있으며 그 평균 액수는 2년제 공립대학 학생이 약 $2,040, 4년제 공립대학 학생이 약 $3,600, 4년제 사립대학 학생이 약 $9,300이다. 액수의 차이는 학비의 규모에 따라 보조받는 금액이 차이가 난다.

01-7. 유학생이 지원할 수 있는 장학금 지원 단체

아이비리그 등 유명 사립대학에 재학하고 있는 유학생들의 대부분이 자체 학교에서 지원하는 장학금을 받고 있다. 또한 한국의 삼성, LG 등 많은 기업이나 단체들, 미국 한인사회의 여러 기관들이 한인 학생들을 상대로 한 여러 장학 재단을 운영하고 있다. 그 외에 부록의 미국 내 우수 유학생을 지원하는 장학 단체들을 적극적으로 참고하길 바란다.

02

학자금에 대한
잘못된 상식

1. 해가 갈수록 학자금에 대한 부담이 늘어난다.

학자금 융자와 관련된 회사들은 갈수록 대학 학비에 대한 부담이 늘어난다고 광고하고 있다. 그렇지만 꼭 그렇다고 말할 수는 없다. 이전 도표에서 보여주 듯 2001~2002년 총 학자금 지원은 890억 달러였다. 2007~2008년 기록을 보면 1,340억 달러가 넘는 것으로 집계됐다. 학비가 해마다 5~9% 늘어나는 것은 물가 상승율에 비하면 정상적인 것이고, 또 그에 따라 학자금 지원 혜택들이 동시에 늘어난다.

2. 학자금 지원을 신청하면 입학에 불이익을 당한다.

전혀 없는 얘기는 아니지만 불이익이 있다고 말하기도 곤란하다. 대부분의 대학들은 Need-Blind Admission 정책을 채택하고 있다. 그 말은 학생의 학비 지원 요청에 상관없이 학생들의 합격 여부를 심사한다는 말이다. 그러나 재정이 충분치 않은 대학의 경우 합격 커트라인에 있는 지원자들을 놓고 심사를 할 때는 학생의 재정지원 여부를 고려하지 않을 수 없다고 사정관들은 말한다. 실제로 유학생들은 정부에서 학비를 보조하는 FAFSA를 신청할 수는 없어도 각 학교마다 있는 학자금 지원서는 신청할 수 있다. 학교마다 학생의 성적과 재정 상태를 고려하여 제시하는 지원금이 다르니, 여러 학교를 비교하는 것이 좋다. 학생이 원하는 학교에 들어가기 위해 최선을 다하는 만큼 대학도 학비 보조에 상관없이 우수 학생을 유치하기 위하여 최선을 다한다.

3. 유학생에게는 무상 장학금(Need based 또는 Grant) 혜택이 없다.

앞에서 언급한 것처럼 현재(2007~2008학년도) 6개의 학교만이 유학생에게 Need Blind 정책을 채택하여 미국 출신의 학생들과 차별이 없으며, 그다음에 열거한 120개 학교에서도 어떤 형태든지 유학생들에게 장학금이 지급되고 있다. 리스트에 없는 대학이라 하더라도 유학생 신분에 상관없이 자기 학교 재학생이라면 지급되는 장학금이 있고, 또한 여러 형태의 장학금 또는 지원금이 반드시 있으니 망설이지 말고 학교 담당자에게 문의하면 친절하게 도움을 받을 수 있다.

4. 학교에 다니며 일하는 것은 공부에 방해된다.

많은 조사에서 적당한 양의 일을 하는 것이 오히려 공부에 더 도움이 된다고 말하고 있다. 실제로 대부분의 미국 학생들은 캠퍼스 안에서 혹은 밖에서 일을 한다. 고등학교를 졸업하면서 정신적, 경제적으로 독립하기 때문에 파트타임으로라도 일을 하는 것을 당연하게 여긴다. 필자의 경험에 비추어보아도, 간혹 한국 학생들 중 일하는 시간에 공부를 더 해야 한다고 생각하는 학생들이 있다. 그러나 실제로 이러한 학생들의 성적이 월등하지는 않다. 오히려 같은 시간에 자신의 적성에 맞는 일을 찾아 한다면, 학비에 도움이 되고, 경험과 경력을 쌓을 수 있으며, 학교와는 다른 유대관계를 맺을 수 있기 때문에 학교 생활에 더 좋다. 대부분의 학교가 캠퍼스 내에서 하는 일을 유학생에게도 동등하게 제공하기 때문에 미리 알아보고 대기자 명단에 올려놓는 것이 좋다. 또한 2학년 이후부터는 전공과 관련된 인턴십을 하는 것이 공부나 사회 진출에 훨씬 도움이 된다.

5. 대학 학비가 너무 비싸다.

빌 게이츠가 마운틴 휘트니(Mt.Whitney) 고등학교 학생들에게 한 인생 충고 중에 대학교육을 받지 않는 상태에서 연봉이 4만 달러가 될 것이라고는 상상 도하지 말라고 한 것처럼 실제로 2005년 기준 대학 졸업자의 연간 평균 수입 은 50,900달러이며 고교 졸업자들은 26,000달러로 나타났다. 35년간 일하는 것으로 기준으로 한다면 1,150,000달러의 차이가 난다. 평생 수입을 고려한다 면 대학 학비가 비싸다고 결코 말할 수 없다.

6. 실제 혜택받을 수 있는 재정 보조는 많지 않다.

실제로 매년 약 1,300억 달러($130 billion)가 넘는 돈이 학비 보조금으로 지급된다. 정부의 무상 지원을 비롯한 저리 융자나 각 기관, 혹은 학교에서 직접 지급하는 장학금이 아직도 많다. 각 대학에서 제공하는 학비 보조 패키지를 잘 알아보며 찾아다녀야 한다.

7. 학비 보조를 받기에는 부모님 수입이 너무 많다.

학생의 재정상태를 결정하는 데는 부모님 수입이 전부가 아니다. 다른 형제가 대학을 다니는 경우라던지, 집 융자금을 상환하는 액수, 부모님의 은퇴연금에 나가는 비용 등 여러 가지 다른 요소가 있다. 많은 가정들이 부모의 많은 수입 에도 불구하고 재정 도움을 받고 있다.

8. 대학 학자금을 위해 부어온 적금 때문에 학자금 보조를 받을 자격이 안 된다.

학자금 보조의 많은 부분이 저리 융자이다. 부모가 부담해야 하는 학비는 대개 부모의 월 수입에 근거하기 때문에 학자금을 위해 모은 돈 때문에 보조를 받을 자격이 없다고 말할 수는 없다.

9. 학업 성적이 뛰어나지 않기 때문에 보조를 받을 수 없다.

물론 성적으로 주는 장학금은 받을 수 없다. 하지만 학자금 보조의 대부분을 차지하는 정부 보조금은 부모님의 수입에 의해 결정되므로 학교 성적하고는 상관없다.

10. 경비를 줄이기 위해 집에서 학교를 다녀야 한다.

물론 집에서 학교를 다니는 것이 돈이 절약된다. 그러나 꼭 그렇지 않을 수도 있다. 통학하는 데 드는 경비, 주차비 등 다른 비용도 생각해야 한다. 학교 내에서 생활하면서 캠퍼스에서 일할 기회, 학업이나 경력에 관계된 다른 이점 등을 놓칠 수 있다.

11. 사립학교는 나에겐 너무 비싸다.

전문가들은 대학을 선택하는 데 있어 제일 먼저 고려해야 할 것을 학업 능력, 전공, 학비의 순으로 결정하라고 권한다. 실제로 사립학교들이 학비 보조의 기회가 많고 보조금 또한 훨씬 많다.

12. 수천만 달러의 장학금이 쓰여지지 않고 있다.

장학금을 찾아주는 업체들이 손님을 유혹하기 위해 내는 광고 문구다. 실제로 청구되지 않는 장학금들의 대부분은 소액의 장학금을 내놓는 소형기관이나 회사의 것이다. 거의 모든 장학금은 정부나 학교로부터 나온다. 허나 소수에게 해당되는 장학금도 찾아보는 것이 바람직하다.

13. 집이 크기 때문에 학비 보조를 위해선 집을 팔아야 한다.

집의 가치는 정부의 학비 보조에는 고려되지 않는다. 사립학교에서 요구하는 CSS 양식에는 집의 가치를 써 놓아야 하지만 다른 재정 요소를 훨씬 더 크게 생각한다. 어느 학교든 자녀의 학비를 위해서 부모가 집을 팔아야 한다고 생각하지는 않는다.

14. 학비 보조에 관한 협상을 대학과 할 수 있다.

대부분의 대학들은 학생 부모의 재정 상태를 자세하고 정확하게 알고 싶어한다. 학교마다 일정 가이드라인을 가지고 학생의 보조 금액을 결정한다. 절대 다른 학교가 그 학생에게 제시한 조건을 가지고 비교하여 결정하지는 않는다.

2 부 SAT/ACT 전략노트

Chapter

S A T 란?

I

01

SAT란?

01-1. SAT의 정확한 명칭은?

교육에 관계된 많은 사람들이 SAT의 명칭을 Scholastic Aptitude Test, Scholastic Achievement Test 또는 Scholastic Assessment Test의 약자로 잘못 알고 있는 경우가 있다. 미국 대학위원회(The CollegeBoard)는 혼동을 막기 위해 SAT는 어느 단어의 약자도 아닌 SAT 자체라고 발표했다.

흔히 말하는 SAT I 과 SAT II의 명칭도 SAT I은 SAT Reasoning Test, SAT II는 SAT Subject Tests로 통일하였다.

01-2. SAT는 어떤 Test인가?

1926년부터 시작된 SAT는 미국 대학위원회와 교육 평가 서비스(ETS-Educational Testing Service)가 공동주관하는 시험이다. 이는 성공적인 대학교육을 받기 위한 고등학교 교육을 받은 학생들의 사고능력(Critical thinking skills)을 묻는 시험으로 미국의 거의 모든 대학에서 입학 평가 자료로 사용하고 있다.

또한 SAT는 개인별, 지역별, 학교별, 인종별로 대학교육에 대한 준비 정도를 비교하는 표준 테스트로도 사용된다.

SAT는 중고등학교에서 배운 것을 바탕으로 한 문제의 해결, 분석 능력 (Reasoning skills)을 평가하는 SAT Reasoning Test와 특정 과목의 학업 능력, 성취도를 묻는 SAT Subject Tests로 구분된다. 다시 말해서, SAT Reasoning Test는 미국 대학 공부에 필요한 적응 능력을 묻는 Aptitude Test라 할 수 있고, SAT Subject Tests는 학업 성취도와 학력 평가를 묻는 일종의 Achievement Test라고 할 수 있다.

시험은 미국에선 학기 중(9월부터 다음 해 6월까지)인 10월 둘째 주 토요일부터 총 7회에 걸쳐 시행되며 미국 외 지역에서는 일 년에 총 6번 치러진다. SAT Subject Tests에서 듣기를 포함한 언어 시험은 일 년에 한 번인 11월 첫째 주 토요일에 치러지며, 대기자(waiting list)로서는 시험을 볼 수 없다. 자세한 정보는 www.collegeboard.com을 참고 바란다.

01-3. SAT Reasoning Test 문제 구성

1. Critical Reading

Critical Reading은 우리에게는 다소 생소한 단어이다. 이것은 단지 학생들의 이해력을 묻는 한국 중고등학교 때 배우던 독해력(Comprehension)보다 훨씬 어려운 논리력, 이성력, 판단력을 묻는 시험이다. Critical Reading에 관한 시험은 SAT에만 있는 것이 아니고, 대학원 시험을 보기 위한 GMAT, GRE, 의대 입학 시험이라 할 수 있는 MCAT, 법대 입학 시험인 LSAT에서도 가장 중요한 section이자 어려운 부분이다. 예를 들어 MCAT 시험의 4 parts(Physical Science, Biological Science, Critical Reading, Writing) 가운데에서도 입학의 성패를 좌우하는 것은 Critical Reading 분야다. 직장에서도 project를 어느 사람에게 맡기느냐에 따라 일을 얼마나 빨리 분석하고 판단하여, 다음 일을 기획할 수 있는 능력은 사람에 따라 확연히 차이가 난다.

Critical Reading은 단순한 영어 공부가 아닌, 다양한 분야의 많은 독서를 통해 빠르고 정확한 비교, 분석, 판단 능력을 기르는 공부이다. 글 가운데 열거된 사실들을 비교, 증거, 유추, 분석하여 글쓴이의 의도를 정확하게 파악할 수 있어야 한다. 학생들은 주어진 글이 어떤 장르의 글인지를 알아야 하며(identify genre), 내용(사실)들이 갖고 있는 연결 관계(relationships among parts of a text), 서로 간의 원인과 영향(cause and effect), 수사학적인 표현(rhetorical devices), 비교 논쟁(comparative arguments)의 능력을 측정받게 된다.

이러한 읽기 능력을 가지고 다음 유형의 문제들을 풀어야 한다.

주제와 그와 연관된 부주제 파악하기(identifying main and supporting idea), 문맥에 맞는 단어의 뜻 찾기(determining the meaning of words in context), 저자의 의도 이해하기(understanding author's purposes), 문장의 기능과 구조 이해하기(understanding the structure and function of sentences) 등.

읽기 본문들은 자연과학, 인문, 사회과학(social sciences), 문학, 논픽션(수필, 리포트) 등 다양한 분야에서 발췌되기 때문에 폭넓은 분야의 많은 양의 독서가 필요하다. 최근엔 고전 연극(classic play)이 출제되기도 했다.

Sentence completion 문제들은 주로 어휘력과 서로 다른 문장들이 어떻게 논리적으로 연결되는가를 묻는다.

문제 유형/내용	문항 수	시간
문제 유형 (Question type)		총 70분
Passage-based reading	48	1st section: 25분
Sentence completions	19	2nd section: 25분
	총 67	3rd section: 20분

내용 (Content)		
Extended Reasoning (사고력)	42-50	
Literal Comprehension (독해력)	4-6	
Vocabulary in Context (문맥상의 어휘)	12-16	
Critical Reading Score	200-800	

2. Mathematics

Mathematics는 산술(Arithematics), 대수(Pre-Algebra, Algebra1, Algebra 2), 기하(Geometry), 확률(Probability), 통계(Statistics), 데이터 분석(Data Analysis) 등을 다룬다. SAT reasoning Math는 단순 계산을 묻기보다는 수학의 개념과 사고력, 분별력을 묻는 시험이다. 문제의 난이도는 중3, 고1 수준 정도이나 학교에서 풀던 문제와 출제 형식이 다르기 때문에 수학 용어를 비롯한 실생활과 관련된 문제들에 적응해야 한다.

문제 유형/내용	문항 수	시간
문제 유형 (Question type)		총 70분
Standard multiple choice (표준 오지선다형 문제)	44	1st section: 25분
Student-Produced Responses (주관식 문제)	10	2nd section: 25분 3rd section: 20분
총 54		
내용 (Content)		
Conceptual and Applied Arithmetic (수의 개념과 응용력)	11-13	
Algebra and Functions (대수와 함수)	19-21	
Geometry and Measurement (기하와 단위, 측정)	14-16	
Data Analysis, Statistics, and Probability (정보, 통계, 확률)	6-7	
Mathematics Score	200-800	

3. Essay Writing

Writing은 표준 문어체 영어를 얼마나 잘 쓰고 있는가를 묻는 시험으로, 첫 section은 항상 논술(essay)로 시작한다. 논술은 25분 안에 주어진 Topic를 가지고 자신의 견해를 얼마나 정확하게 표현하고 전개할 수 있는지의 능력을 본다. 오지선다형 문제에서는 언어를 간결(clear)하고 일관성(coherent)있게 사용하며, 수정(editing)과 개정(revision)을 통해 문장을 향상시키는 능력을 묻는다. 문제 유형은 문장 속에서 틀린 부분을 찾는 문제와 가장 바르게 표현된 문장 또는 문단을 고르는 문제로 나뉜다.

문제 유형/내용	문항 수	시간
Essay (논술)	1	1st section: 25분
Multiple Choice (객관식)	49	2nd section: 25분 3rd section: 10분
	총 50	
내용 (Content)		
Improving Sentence (좋은 문장 고르기)	25	
Identifying Sentence Errors (문장 중 틀린 부분 찾기)	18	
Improving Paragraphs (좋은 문단 고르기)	6	
Writing Score	200-800	
Essay Sub-score (논술 점수)	2-12	
Multiple Sub-score (객관식 점수)	20-80	

01-4. SAT Subject Tests

SAT Subject Tests는 특정 과목에 대한 지식과 능력을 묻는 시험으로 특정 과목에 대한 능력을 보임으로 대학 입학사정할 때뿐만이 아닌 대학에서 과목을 선택하는 데도 사용된다.

문제 출제는 고등학교의 교과과정을 반영하지만 어떤 특정한 교과서나 책에 의존하지 않는다. 또한 같은 과목의 SAT Subject Tests와 AP Tests를 준비할 때 시험 출제 범위가 종종 다르니 주의해야 한다.

SAT Subject Tests는 총 20과목이 있으며 크게 다음의 5가지 분야로 나뉜다.

English	Languages
Literature	Korean with Listening
	Chinese with Listening
History	Japanese with Listening
United State History	French
World History	French with Listening
	German
Mathematics	German with Listening
Mathematics Level 1	Spanish
Mathematics Level 2	Spanish with Listening
	Modern Hebrew
Science	Italian
Biology E/M	Latin
Chemistry	
Physics	

특히, 듣기가 포함된 외국어 시험은 CD player와 earphone을 지참해야 한다.

시험 점수는 200~800점의 분포이며, SAT Reasoning Test는 50 percentile(상대평가 시, 자기보다 낮은 성적을 받은 사람이 50%)의 학생이 대략 500점을 받는 반면, SAT Subject Tests에서는 대략 590~650점까지 받을 수 있다.

과목별 평균 점수는 아래의 도표와 사이트를 참조하면 된다.

http://professionals.collegeboard.com/testing/sat-subject/scores/average

Subject	Mean (평균)	Subject	Mean (평균)	Subject	Mean (평균)
Literature	580	Chemistry	644	German	612
US History	601	Physics	658	German-Listening	604
World History	605	Korean-Listening	764	French	620
Math Level I	605	Chinese-Listening	761	French-Listening	569
Math Level II	649	Japanese-Listening	688	Modern Hebrew	614
Biology Ecological	601	Spanish	644	Latin	619
Biology Molecular	638	Spanish-Listening	644	Italian	663

위 도표는 2010년도 12학년 학생들의 각 과목 평균 성적이다. 시험의 난이도가 매년 비슷하기 때문에 연도별 편차가 적다. SAT Subject Tests는 대부분의 수험생들이 준비없이 보기 때문에 SAT Reasoning Test를 대비하듯 SAT Subject Tests를 준비한다면 쉽게 고득점을 받을 수 있다.

01-5. SAT시험 날짜와 비용

SAT Reasoning test는 일 년에 미국에서는 10월부터 실시하여 일곱 번 치러지며, 미국이 아닌 해외에서는 여섯 번 치러진다.

정규 시험은 토요일에 있으며, 종교적인 이유 때문에 토요일에 시험을 치지 못하는 학생들을 위하여 일요일에 시험을 볼 수도 있다. 일요일에 있는 시험은 우편으로만 신청이 가능하기 때문에 미리 서둘러야 한다.

Language와 World History를 제외한 모든 SAT Subject Tests는 일 년에 여섯 번, SAT Reasoning Test와 같은 날에 치러진다(3월 시험 제외). Language with Listening은 일 년에 한 번 11월에 있으며, World History는 12월과 6월에 있다.

자세한 날짜와 비용은 아래 주소를 참조하면 된다.
http://www.collegeboard.com/student/testing/sat/calenfees.html

01-6. SAT 신청 방법 및 시험 장소

접수는 우편 접수와 인터넷 접수가 가능하나, 신청에서부터 모든 절차를 인터넷으로 하는 것이 분실될 우려도 없고 훨씬 빠르다.

외국 학생의 접수는 다음 주소로 하면 된다.
http://sat.collegeboard.com/register/sat-international-dates

시험 장소 [Cord]	**Busan** Busan Foreign School (65-205) **Gangwon** Korean Minjok Leadership Academy (65-195) **Kyongki-Do** Hankuk Academy of Foreign Studies (65-196) Indianhead International School (65-313) **Pyongteak** International Christian School (65-317) **Songnam** Seoul International School (65-310) **Taejon** Taejon International Christian School (65-346) **Seoul** Daewon Foreign Language High School (65-308) Ewha Girls Foreign Language High School (65-304) Hanyoung Foreign Language High School (65-320) Korea International School (65-323) Seoul American High School (65-302) Seoul Foreign High School (65-305)
문의 전화	한미교육위원, 02-3275-4027(www.fulbright.or.kr) 한미교육위원단 교육평가사무국, 02-3257-4000 서울시 마포구 염리동 168-15 우편번호 121-090
인터넷 등록	http://www.collegeboard.com/ 사이트에서 인터넷 접수 가능. 등록 신청비는 신용카드(Visa, Master 또는 American Express)로 지불한다.
전화 등록	SAT College Board Web Site (http://www.collegeboard.com)에 가서 해 외에서 결제 가능한 신용카드(Mater, VISA, American express)로 응시료를 결 재하면 된다. 1- 609-771-7600에서 전화 등록.
우편 등록	SAT Bulletin 내에 있는 신청서를 안내에 따라 기재한 후, Bank Check를 동 봉하여 SAT College Board로 발송하면 된다. (SAT College Board, 45 Columbus Avenue, New York, NY 10023 College Board/ATP P.O. Box 6200 Princeton, NJ 08541-6200) SAT Bulletin은 마포구 공덕동에 위치한 한미교육위원단에서 받을 수 있다. (서울시 마포구 염리동 168 – 15, 02-3275-4027)

02

SAT가 대학 입시에서 어느 정도 중요한가?

미국 대학은 학생 선발기준이 서로 다르다. 하지만 어떤 시스템이든 상관없이 학교 성적(College Prep Course의 GPA, 체육 등의 과목을 뺀 대학 과목을 준비하기 위한 과목의 평점)과 더불어 우리의 대입 수능 시험격인 SAT 성적은 대학 입학에 가장 결정적인 요소로 작용한다.

전체 대학의 94%가 SAT를 입학사정의 주요 항목으로 꼽고 있고, 신입생의 수가 많은 대학일수록 SAT에 비중을 더 크게 두고 있다. 또한 신입생들의 높은 SAT 평균에 따라 그 학교의 수준을 평가받기 때문에 대학은 지원자의 높은 SAT 점수를 원한다.

또한 SAT 점수는 GPA 이상으로 입학사정에 중요한 역할을 하기도 한다. 미국에는 2만 7천여 개의 공립학교들이 있어 지역마다, 학교마다 수준 차이가 많이 있고, 성적을 주는 기준 또한 다르다. 예를 들어, 학생의 40%를 4.0 이상의 GPA를 주는 학교가 있는 반면에 상위 5%의 학생만이 4.0 이상을 받는 학교도 있다. Grading System 또한 4.0이 만점인 경우가 있고, 4.5 또는 5.0인 경우도 있고, 아예 Pass, Non-pass로 성적을 주는 학교도 있다. 그러한 이유 때문에 GPA만으로는 그 학생의 정확한 능력을 파악하기가 힘든 경우가 발생한다.

만일, SAT Reasoning Test와 SAT Subject Tests에서 평균 750점 이상을 받은 학생이 GPA점수가 낮다면 대학에서는 그 학생은 학교 과목이 도전을 받을 만큼 어렵지 않아 공부에 소홀했다 생각하며 그 학생의 잠재력을 인정할 것이고, 반면에 GPA는 4.0 이상인 학생의 SAT 점수가 낮다면 그 학생의 학업의 우수성보다는 성실한 학생으로 간주할 것이다.

대학은 가능성과 재능을 더 중요시하기 때문에 전자의 학생을 선택할 것이다.

SAT는 미국 대학 입학사정을 위한 시험뿐만이 아닌, 전반적인 사고력과 함께 문제의 지각, 분별, 판단력을 묻는 Test로 전 세계에서 여러 목적으로 가장 널리 사용되는 시험이다.

2006년 10월 NACAC(National Association for College Admission Counseling)에서 각 고등학교의 카운슬러와 대학 입학 담당자들에게 실시한 대학 입학사정에서 고려되는 사항에 대한 설문조사 결과 역시 GPA와 SAT 성적이 입학사정에서 가장 중요하게 고려되는 요소로 조사됐고, 다른 요소인 과외활동, 에세이, 추천서 등은 합격선에 걸려 있는 비슷한 수준의 학생들 가운데 합격자를 가릴 때 중요한 역할을 하는 것으로 나타났다.

03

SAT, 몇 점을 받아야 하나?

미국 전체의 SAT 평균 점수는 개정된 1994년 이래 Critical Reading은 4점, 수학은 14점이 향상되었다. 지난 10여 년간 거의 제자리걸음을 하며 2006년 평균은 2001년 이래로 가장 낮은 점수를 기록했다. 반면에 유명 대학의 평균 SAT 점수는 갈수록 올라가는 현상이 벌어지고 있다. 예를 들어 10년 전 UCLA 신입생의 SAT 평균 점수는 과목당 500점(3과목으로 환산하면 1,500)인데 반해, 5년 전에는 평균 600점(3과목으로 환산하면 1,800), 2007년은 과목당 평균은 670점에 달하고 있다. 미국에서 50위 안에 있는 대학에 들어가고자 한다면 최소한 평균 630선인 총 1,900 이상은 받아야 한다. 우수 대학의 평균 SAT 점수가 오르는 이유는 아래의 두 가지로 정리할 수 있다.

1. 아시아 이민자(한국, 중국, 베트남, 인도, 파키스탄 등)들의 높은 교육열

아시아 이민자들의 높은 교육열은 한국 학부모 이상이다. 소수민족의 이민자로서 백인들과의 경쟁을 위해서는 높은 수준의 교육이 필수이기 때문이다. SAT 시험 자체가 학교 교과과정에 국한하는 시험이 아니기 때문에 대부분의 아시아 학생들은 SAT 시험을 따로 공부하며, 그 결과 우수 대학의 아시아 입학생들이 주를 이루고 있다.

2. 미국 내 경쟁률 상승

미국의 베이비붐 세대의 자녀들이 대학 입학 연령기에 접어들면서 2009년의 미국의 고교 졸업생 숫자는 320만 명에 이를 것으로 전국 공공정책 고등교육 센터(NCPPHE)는 예상한다. 이에 따라 미국의 입시 경쟁은 갈수록 치열해지고 있고 올해(2007년 현재)의 UCLA의 합격률도 23%로 낮아졌다. 아이비리그 등의 사립대학들과, 유명 공립학교에서조차 매년 최고의 경쟁률을 기록하고 있다. 이에 따라 요구되는 GPA, SAT 성적이 날로 높아지고 있다.

■ Average SAT Reasoning Test Scores of 1994–2006

Year	Male (남성)		Female (여성)		All (전부)	
	Critical Reading	Math	Critical Reading	Math	Critical Reading	Math
1994	501	523	497	487	499	504
1995	505	525	502	490	504	506
1996	507	527	503	492	505	508
1997	507	530	503	494	505	511
1998	509	531	502	496	505	512
1999	509	531	502	495	505	511
2000	507	533	504	498	505	514
2001	509	533	502	498	506	514
2002	507	534	502	500	504	516
2003	512	537	503	503	507	519
2004	512	537	504	501	508	518
2005	513	537	505	504	508	520
2006	505	536	502	502	503	518
2006 Writing:	491		502		497	

• 2010 SAT 평균 성적: Critical reading (501), Math (516), Essay writing (492)

04

SAT, 언제, 몇 번 보는 것이 좋은가?

04-1. 시험 횟수

1. SAT Reasoning Test

결론부터 말하자면 시험 보는 횟수는 두세 번이 적당하다. SAT Reasoning Test는 일 년에 일곱 번(1월, 3월, 5월, 6월, 10월, 11월, 12월) 있다.

응시 횟수는 제한이 없으나 고등학교, 즉 9학년(한국으로 중학교 3학년) 이후에 보는 시험은 기록에 남으니, 너무 여러 차례 보면 학생이 고교생활 내에 SAT에만 치중한 것처럼 보여 좋지 않은 인상을 줄 수 있다. 또한 SAT Subject Tests, AP Tests도 봐야 하기 때문에 10학년부터 전체 Test 일정을 같이 잡는 것이 좋다. 다음 도표에서 보듯이 실제 3번 이상 본 학생들의 경우 점수 향상이 그리 많지 않다. 모의시험은 매년 4번(1월 토요일, 5월 토요일, 5월 일요일, 10월 토요일 시험)의 시험이 공개되니 그것을 가지고 연습하거나 CollegeBoard

에서 발간하는 10 Real Tests를 참고하면 된다.

■ Average Scores for Students Who Took the SAT from One to Five Times during Their Junior and Senior Years
(11~12학년 학생 중 1~5번 시험을 치른 학생들의 평균 성적)

	Number of Testings (시험 횟수)	Number of Test-Takers (수험생 수)	1st 시험 성적	2nd 시험 성적	3rd 시험 성적	4th 시험 성적	5th 시험 성적
Critical Reading	1	636,420	485				
	2	542,636	511	526			
	3	195,360	502	517	528		
	4	35,483	482	500	511	520	
	5	6,833	461	481	494	503	512
Math	1	636,420	490				
	2	542,636	522	536			
	3	195,360	524	541	551		
	4	35,483	509	531	543	552	
	5	6,833	499	523	538	547	554

도표에서 보듯 시험을 한 차례만 보는 학생은 전체 학생의 45%이고, 한 차례에서 세 차례까지 보는 학생이 전체의 97%를 차지한다.

2. SAT Subject Tests

SAT Subject Tests는 일 년에 6번(1월, 5월, 6월, 10월, 11월, 12월) 있다. 듣기 시험을 포함한 외국어 시험은 매해 11월에 한 번밖에 없는데, 보는 횟수는 과목당 한두 차례가 적당하다.

04-2. 시험 일정 잡기

1. SAT Reasoning Test

시험을 잘 보았는데, 재시험을 보라는 통보를 받는 경우가 있다. 실제로 필자가 운영하는 학원에서도 있었던 일이다. 여름방학 동안 열심히 준비한 학생의 점수가 그 전에 보았던 두 번의 시험보다 450점이 올라갔다. ETS측에서 이상하게 생각하여 재시험을 요구하는 편지를 보낸 것이다. 그래서 학원의 SAT 교과과정과 학생이 여름 동안에 본 Practice SAT 시험 성적과 Quiz들을 동봉하여 편지를 보내 재시험을 면한 경우가 있다. 성적이 한꺼번에 많이 오르면(보통 300점 이상) 의심을 받는 경우가 있으니, 본인이 목표한 점수가 모의시험을 통해 가까이 나올 때 두세 번을 연이어 보는 것이 좋다.

영어 실력이 부족한 학생은 시험의 시기를 늦추는 것이 좋다. 예를 들어 UC를 포함한 많은 학교들이 입학연도 1년 전(12학년) 12월 시험까지 인정해 주기 때문에 11학년 말 5월이나 6월 시험이나, 12학년 10월, 11월, 12월 시험 중 한두 번을 선택해서 보는 것이 좋다.

일류 대학을 목표로 하는 학생의 경우는 11학년이 AP Tests, 클럽활동 등으로 제일 바쁜 시기이니 10학년까지 SAT Reasoning Test를 끝내는 것이 좋다. 11학년에는 GPA 등 학과별 AP Tests에 중점을 두고 다른 특별활동을 활발히 하는 것이 좋다. 특히 10학년에서 받은 높은 점수는 입학사정관들에게 좋은 인상을 준다.

중학교 시기인 7, 8학년에 보는 경우가 있는데, Johns Hopkins 대학의 CTY(Center for Talented Youth) Program이나 유명 대학에 서머 캠프에 등록하기 위해선 SAT 점수를 제출해야 하며, 특히 Critical reading이나 수학에서 만 13세 이전에 700점 이상 점수를 받은 학생들은 SET(The Study of Exceptional Talent)에 가입할 수가 있고 교육과 진학에 관한 특별 혜택을 받을 수 있다.

2. SAT Subject Tests

보통의 대학들은 두 과목의 성적을 요구하고, 아이비리그 등 학교에 따라 세 과목을 요구하는 학교가 있다. 2~3과목 중 Math Level IIC는 대개 필수로 요구한다. 학교에 따라 전공별로 요구하는 과목이 다르니 희망하는 학교의 요구를 미리 확인하는 것이 좋다.

2011년 입학생부터 UC의 경우 SAT Subject Tests 점수 제출을 필수에서 선택으로 바꿨다. 하지만 다른 유명 대학들이 모두 점수를 요구하고 있으며, UC 역시 좋은 점수를 제출하는 것이 입학사정에 도움이 된다.

학년에 상관없이 지금 학년에서 택하고 있는 Honor 과목이나 AP 과목 중에서 학년말고사를 보는 5~6월이나, AP Tests를 보는 5월을 전후로 해서 같이 보는 것이 좋다.

■ SAT Subject Tests를 세 과목 요구하는 학교

Connecticut College New London, Conn.

Harvard University Cambridge, Mass.

Johns Hopkins University Baltimore, Md.

Massachusetts Institute of Technology Cambridge, Mass.

Stanford University Stanford, CA.

University of Southern California LA, CA.

Yale University New Haven, Conn.

Georgetown University Washington, DC

Princeton University Princeton, New Jersey

05

학업 성취력을 보여주기 위해 SAT Subject Tests와 AP Tests를 공략하라

SAT Subject Tests는 학력 시험이기 때문에 자신의 학업 실력을 보여주기에 좋은 기회이다. 동부의 유명 대학들은 SAT Reasoning Test 점수보다는 AP과 목을 몇 과목을 듣고, 그 과목에서의 AP Tests 점수와 SAT Subject Tests 성적으로 학생들의 학력을 평가한다. 통계적으로도 두 시험에서 높은 점수를 얻은 학생들의 대학 학업 성취도 높게 나옴을 보여주고 있다. 또한 SAT Subject Tests는 SAT Reasoning Test에 비해 단기간의 노력으로 좋은 성적을 올릴 수 있다. 또한 SAT Reasoning Test에서 반가량을 맞추면 500점 가량을 받는 데 비해 SAT Subject Tests에서는 640~680점 사이가 된다. 학교 공부를 착실히 한 학생이라면 단기간의 준비로 700점 이상을 쉽게 받을 수 있다.

아래 표는 SAT Subject Tests 평균 점수이다.

■ 2009 SAT Subject Tests: The Average (Mean) Subject Test Score

Area	Subject	Mean Score
English	Literature	580
History and Social Sciences	United States History	597
	World History	584
Mathematics	Mathematics Level 1	599
	Mathematics Level 2	644
Sciences	Biology – Ecological	593
	Biology – Molecular	630
	Chemistry	635
	Physics	650
Language Tests	Chinese with Listening	763
	French	620
	French with Listening	624
	German	620
	German with Listening	601
	Modern Hebrew	646
	Italian	671
	Korean with Listening	760
	Japanese with Listening	693
	Latin	624
	Spanish	640
	Spanish with Listening	647

출처: CollegeBoard

06
SAT Subject Tests에서 한 국어 시험 선택 의 장단점

SAT Subject Tests의 주 목적은 자기가 지원하는 전공과 관련된 과목에서 높은 점수를 제출함으로써 그 전공에 대한 자신의 능력과 관심을 보여주는 데 있다. Engineering이나 Science를 지원하는 학생들에게 Korean with Listening 성적은 문과를 전공하는 학생에 비해 중요도가 떨어진다. 예를 들어 생물학을 전공하려는 학생이 생물 과목을 SAT Subject Test로 봐야지 Korean with Listening 성적을 제출하는 것은 무리가 있다. 반면 역사학나 경영학 등 문과를 전공하려는 학생에게 외국어 습득은 중요하기에 Korean with Listening을 제출해도 무방하다. 그런 이유로 UC Berkley, Cal Tech 등의 학교에선 전공에 따라 요구하는 SAT Subject Tests의 과목이 다르다.

전공에 관계없이 점수를 올리려는 목적으로 과목을 선택하는 것을 방지하기 위하여 제출한 성적이 그 과목의 평균 점수에서 얼마나 차이 나는가를 보고 평가하는 학교도 있다. 예를 들어 한 학생이 Korean with Listening에서 720 점을 받았고, 다른 학생은 Biology-E에서 680점을 받았다고 하자, 720점의 Korean with Listening 점수는 평균 점수인 760점보다 40점이 낮으며, 680점 의 Biology-E 점수는 평균 점수인 593점보다 87점 가량이 더 높은 것으로 평 가하여 후자의 학생에게 더 큰 점수를 주는 학교가 점점 늘어난다는 것이다. 모든 학교가 다 이렇게 적용하는 것은 아니지만 Korean with Listening을 포 함하여 자기 전공과 연관된 SAT Subject Tests 점수를 준비해야 한다.

07

외국어 과목을 듣는 대신 한국어 시험으로 대신해도 되나요?

한국에서 온 지 얼마 되지 않는 학생들이 고민하는 것 중 하나가 영어도 하기 어려운데, Spanish 등 외국어를 공부하기가 어렵다는 것이다.

또한 UC의 경우 외국어 2년을 필수로 요구하고, 3년을 권장하는데, SAT Subject Tests 외국어 과목에서 650점 이상 받는 경우 그 조항을 면제해 주기 때문에 Korean with Listening으로 대치하려는 학생들로부터 많은 질문을 받는다.

다른 방법이 없는 경우에는 Korean with Listening으로 대치한다고 해도 권장할 방법은 아니다. 이에 관한 필자의 의견은 다음과 같다.

1_모든 학교가 UC와 같은 정책을 갖고 있지 않다.

2_UC하면 Top 15% 안에 있는 학생들이 지원하는데, 다른 학생들에 비해 경쟁력이 떨어진다.

3_ 한국 학생에게 한국어는 외국어가 아니다.

4_ 한국에서 공부하는 학생들도 영어 외에 다른 하나의 제2외국어를 공부한다.

5_ 아이비리그를 비롯한 유명 사립대학에서는 학생들에게 외국어를 2~3개 정도를 기대한다.

6_ 학생들이 외국어를 공부할 수 있는 시기가 고등학교 때가 아니면 나중에 따로 하는 것이 어렵다.

7_ 삶의 자세에 있어 피해 가기보다는 열심히 해서 극복하는 생활태도가 중요하며, 대학에서도 그런 학생을 선호한다.

물론 많은 학생들에게 영어와 외국어를 같이 한다는 것은 어려운 문제이다. 일주일에 수업시간 외에 3~4 시간 정도를 더 노력한다면 한 가지 언어를 배울 수 있으며, 그로 인해 학생들의 견문과 사고가 넓어진다면 그 방법을 택해야 한다고 생각한다.

08

같은 실력이라도 150점은 더 받을 수 있다

학생이 같은 실력을 가지고도 몇 가지만 주의한다면 과목당 50점씩, 추가로 150점은 어렵지 않게 올릴 수 있다. 학생들의 모의시험을 적지 않은 시간을 주관하면서 얻은 몇 가지를 말하고자 한다.

1. 자신감

SAT는 지식을 묻는 시험이 아닌 생각(사고)의 능력을 묻는 시험이다. 거의 모든 경우, 시험을 채점한 후에 틀린 문제를 문제당 1분씩 시간을 주어 다시 풀게 하면 반 이상의 문제를 맞추곤 한다. 그러면서 내가 왜 이 문제를 틀렸는지를 반문하게 된다. 틀린 문제 중 진짜 몰라서 틀리는 문제는 많지 않다는 얘기다.

다시 풀게 하여 맞은 문제를 본인이 처음에 받은 점수에 합하여 이것이 자신이 받을 수 있는 점수라며 자신감을 갖는다. 자신감은 시험에 많은 영향을 준다.

2. 나의 약한 부분 찾아내기

학생들은 틀리는 문제는 항상 틀린다. 5번 정도의 모의시험을 통하여 틀리는 문제들을 왜 틀렸나 체계적으로 분석하다 보면 실수를 줄일 수 있고, 어떻게 하면 점수를 올릴 수 있는지 스스로 파악할 수 있게 된다.

3. 시험에 익숙하기

2005년부터 바뀐 SAT는 3시간 45분으로 길어졌다. 바뀌고 나서의 2006년도 SAT 평균 성적이 6년 만에 최대치로 하락했다. 필자의 생각은 길어진 시험 때문이라 생각한다. 4시간에 가까운 시험에 중간 휴식은 5분씩 두 번밖에 없다. 평소 학교의 수업 중간에 휴식 시간이 5분, 점심시간도 30분밖에 안 되는 학교생활을 하는 미국 학생들에게조차 휴식 시간이 짧다. 장시간 집중할 수 있는 능력을 갖추기 위해선 모의시험을 자주 치러 시험에 익숙해져야 한다.

Chapter
SAT Reasoning Test
준 비 하 기
II

해마다 여름방학이면 한국 학생들을 비롯한 많은 아시아권의 학생들이 마치 한국의 입시생들처럼 SAT 공부에 최선을 다한다. 필자 역시 SAT 프로그램을 도와주기 위해 한국을 방문한 적이 있다. 대학 기숙사를 빌려 합숙하며 공부하는 학생들을 보고 역시 한국의 뜨거운 학구열이 상상을 넘는다는 것을 확인했다. 이런 학구열이 오늘의 발전된 한국을 만드는구나 하는 생각과 아이들의 이런 노력을 어른들이 올바른 방향으로 틀을 잘 잡아준다면 한국의 미래는 지금 이상으로 밝을 것이란 생각이 든다. 그런 면에서 교육 관계자 여러분들의 책임이 막중하다고 생각한다.

필자의 학원에서도 서머 캠프에 하루에 9~10시간을 8주간 매일 SAT 공부를 하는데, 시스템에 맞춰 가르치시는 선생님들 못지않게 열심히 공부하는 학생들을 보면 얼마나 감사한지 모른다. 대부분의 학생들이 처음으로 열심히 공부하는 자신에 놀라고 있다. 한국에 비하면 별일이 아니지만 이곳 미국의 학생들에겐 흔치 않은 일이기 때문이다. 이렇게 열심히 영어 단어를 외우며 영어공부에 노력을 다할 기회가 별로 없는데, 대학에 가기 전에 이런 기회를 갖는다는 것이 본인들에게 행운이기도 하다.

개인적으로도 SAT가 있는 것이 얼마나 다행인지 모른다. 학교에서 좋은 성적을 받으며 본인이 영어를 잘 한다고 생각하던 학생들에게 SAT를 통해 본인의 영어 실력을 가늠해 보며, 대학에서 요구하는 영어 수준이 얼마나 높은가를 스스로 알 수 있기 때문이다.

UC 대학의 경우 입학 원서를 낼 수 있는 자격 조건으로 고등학교에서 영어를 4년간 C 이상의 성적을 받을 것을 요구하는데, 그 요건을 갖추지 못한 학생들은 SAT Critical Reading에서 650점 이상은 받아야 원서 낼 수 있는 자격을 대신할 수 있다. 그 말은 영어 점수가 650점은 되어야 대학에서 제대로 공부할 수 있다고 생각하면 된다.

부모를 떠나 유학하기 전, SAT를 통해 사회생활과 대학 학문에 필요한 영어의

Critical Reading, Essay Writing 등의 능력을 갖추게 하여, 우리 학생들이 사회에 일꾼으로 성공할 수 있는 잠재력을 갖추어야 한다.

01

SAT Critical Reading

01-1. SAT Critical Reading은 어떤 시험인가?

SAT Critical Reading Test는 어느 특정 교과서나 책에 한정해서 출제되는 것이 아니며 학생의 분별 능력과 비판적인 사고력을 묻는 시험이기에 단기간에 준비하기가 힘들다.

어려서부터의 꾸준한 Reading을 통해서만 Reading 속도와 다른 사람의 글에 대한 이해력, 비판력을 기를 수 있다. SAT Critical Reading은 대학 입학을 위해서라기보다는 대학 공부와, 사회생활에 주어지는 많은 양의 자료와 정보들을 어떻게 빨리 읽고 분석, 판단, 올바른 결론에 도달함으로써 일의 처리에 대한 능력을 갖추기 위함이다.

컴퓨터 게임에 쉽게 빠져드는 우리 아이들에게 책을 읽는 습관이 저절로 길러지게 한다는 것은 무리일 것이다. 어려서부터 책 읽는 습관을 가질 수 있도록 부모님의 세심한 관심이 필요하다.

책 중에는 컴퓨터 게임과 다를 바 없이 일차적인 흥미만을 일으키는 책이 있는 가 하면, 단지 어떤 정보를 습득하기 위한 책이 있고, 또 우리를 사고(생각)하게 하는 책이 있다. 학년별, 나이별로 각 주(State)나 기관, CollegeBoard에서 추천하는 도서들이 많이 나와 있다. 읽기를 시작하는 아이들에게 처음에는 이런 종류의 책들이 부담이 되겠으나, 책 읽는 습관이 있는 아이들에게는 오히려 자신의 사고 능력에 맞는 책을 선정하여 주는 것이 아이의 인격과 사고의 발달에 도움이 되며 읽기에 대한 흥미도 배가시킬 수 있다.

독해력을 증진시키기 위해서는 책 외에 참고서로 지문을 읽고 Main Idea(주제 찾기), Topic Sentence(대표할 만한 문장 찾기), Summarizing(요약하기), Visualizing(상황을 마음 속으로 그려보기), Author's Point of View(저자의 견해), Conclusions(결론 내기), Making Inferences(더 깊게 추론하기), Compare and Contrast(비교와 대조하기), Cause and Effect(원인과 결과 찾기), Word meaning in Context(문맥 속에서의 단어 뜻), Applying Meanings (단어 뜻을 적용해 보기)를 훈련시키는 책들을 일 년에 한 권씩은 공부하는 것도 바람직하다.

SAT Critical Reading은 우리가 흔히 오해하는 것처럼 단순한 글을 해석하는 수준이라기보다는 시험 이름 그대로 Reasoning(이성력, 판단력)을 묻는 시험이다. 한국의 영어 시험에서 나오는 독해 수준을 훨씬 넘어서 단지 글을 해석, 이해하는 수준이 아닌 비판, 판단, 예측, 유추, 결론을 말해야 하는 Reasoning을 할 줄 알아야 한다. 더구나 2005년 3월 이래로 시험 이름이 Verbal에서 Critical Reading으로 바뀌면서 더 난해한 Critical Thinking 문제들이 추가되었다. 그렇기 때문에 독해 자체가 어려운 학생에게는 SAT가 힘들 수밖에 없다.

01-2. 고득점을 위한 Reasoning 원리 배우기

SAT Critical Reading 능력은 꾸준한 독서로 길러지거나, SAT 준비를 통해 배워야 한다. SAT 준비는 단지 문제를 푸는 스킬보다는 책(글) 읽는 방법을 배워서 해야 한다. 다시 말해서 문제풀이 위주의 SAT 준비보다는 책(글) 읽는 방법에 대한 원리를 배워야 한다.

SAT Critical Reading Test를 위한 Reasoning의 원리들을 아래에 정리해 보았다.

1. Details

Details은 주제(main idea)를 설명하기 위한 복잡한 정보나 어려운 콘셉트들을 자신에게 익숙한 어휘(terms)로 바꿔서 쉽고 바르게 정리, 요약하는 방법이다. SAT 문제에서는 가장 기본적인 원리이다.

2. Vocabulary in Context

영어 단어는 일반적인 의미 외에 여러 다른 의미로도 사용되며 때로는 모호한 의미를 가지고 있다. 작가들은 때로는 이들 단어를 사용하여 문맥에서 새로운 의미를 만들어내곤 한다. 따라서 단어 자체의 의미보다는 문맥 상황에서의 특별한 의미를 파악할 줄 알아야 한다. 이를 위해선 많은 양의 어휘력이 요구된다.

3. Tone

대화를 할 때 많은 경우 우리는 대화 내용보다도 상대방의 표정이나 태도나 말투를 보고 그 사람의 본의를 파악할 수 있다.

마찬가지로 글에서도 직접 표현되지는 않았어도 글 가운데 숨겨져 있는 감정이나 태도를 읽을 수 있어야 한다. SAT Reasoning Test에서는 문장의 스타일이나 특정한 단어를 통하여 작자의 감정을 읽고 저자의 의도를 알아낼 수 있어야 한다.

4. Purpose

Detail이 저자가 말하고자 하는 주제를 위하여 다양하고 복잡하게 열거된 사실을 요약하는 것이라면, Purpose는 "왜(Why) 저자가 이 사실들을 말했는가?"

를 알아보는 것이다. 또는 "A와 B를 비교한 목적은 무엇인가?"하는 저자의 동기를 파악하는 것이다.

5. Main Idea(Main Point)

에세이는 어떤 정보를 말하기 위한 북 리포트(Book report)가 아닌, 자신의 의도를 독자에게 설득하기 위한 목적으로 쓰여진다.

또한 어떤 토픽(topic)을 논의했냐가 중요한 것이 아니라, 그 토픽에 관해 어떤 의견을 말하고 있는지가 중요하다.

여러 열거된 사실 가운데, 메인 포인트를 찾는 것은 SAT Critical Reading 중에 가장 중요한 요소이다. 자칫 잘못하면 나무는 보는데 숲을 보지 못하는 것처럼, 열거된 사실은 이해하는데 전체 내용에서 보아야 할 관점을 놓칠 수 있다.

Main idea는 글의 서론이나 결론에 직접적으로 나타나 있는 경우도 있지만 문체의 tone이나 사실의 패턴에 의해 암시되기도 하며, 소설 같은 경우엔 주인공의 성격의 특징 가운데서 엿볼 수도 있다.

주어진 시간 안에 글을 읽을 때는 처음에 어떤 관점에서 읽느냐가 중요하다.

6. Inference

학생들은 제한적으로 주어지는 사실들 가운데서 자신만의 추론을 만들어 내야 한다. 어떤 문제들이 추론을 통해서만 답을 구할 수 있는지 알아야 한다.

7. Technique

문학적 기법을 통하여 글은 세련되고, 우아하고, 또는 해학적으로 표현될 수 있다. 학생들은 저자의 의도를 보다 더 잘 이해하기 위해서 그가 어떤 문학적 기법을 쓰고 있나를 알아야 한다. 주로 사용되는 문학적 기법으로는 은유, 비유, 암시, 미사여구, 절제된 표현 방법 등 30가지 정도가 있는 데, SAT에서는 10가지 정도를 공부하면 된다.

8. Assumptions

리딩을 잘 하는 사람은 어떤 논의, 논쟁 가운데 내포되어 있는 "가정"을 인식한다. 그 가정이 진실인지 거짓인지를 판단할 필요는 없다. 다만 어떤 가정을 할 수가 있고, 어떻게 그런 가정을 할 수 있나를 파악할 수 있어야 한다.

9. Application

본문이 두 개가 주어진 문제를 풀 때 필요한 리즈닝(Reasoning) 방법으로, 파악된 주제(Main Idea)를 가지고 새로운 상황에서 어떻게 적용해야 하나에 관한 훈련이다.

10. Evidence

새로운 사실이 어떻게 주제(Main Idea)에 영향을 주는지에 관한 문제이다. Main Idea를 더 강하게 또는 더 약하게 할 수도 있다.

01-3. SAT Critical Reading에 대한 오해

1. 배경 지식은 필요 없다?

과학, 정치, 역사, 경제학, 사회학, 경영학, 심리학, 예술, 문학 등 세상에 대해 많이 알면 알수록 시험은 더 쉬워진다. 종종 지문에 나와 있는 개념이 낯설거나 익숙하지 않기 때문에 시험이 어려울 수 있다.

2. 바뀐 SAT에는 Analogy 문제(단어의 유사 관계 찾기)가 없어졌기 때문에 단어 실력은 중요하지 않다?

실제로 어휘는 매우 중요하다. Sentence Completion 문제뿐만이 아닌, Reading 문제의 지문들을 해석하는 것과 주어진 문제의 선택지들을 이해하기 위해서는 어휘력은 기본이자 필수이다.

3. SAT Critical Reading 점수는 수학(math)와 작문(writing) 영역과 같은 방식으로 점수가 오른다?

SAT Critical Reading 점수는 짧은 기간에 올리기가 쉽지 않다. SAT Critical

reading은 수학의 '확률'이나 '각도' 또는 작문의 '문장의 평행 구조', '주어—동사 일치' 등과 같은 분리된 개념으로 이루어져 있지 않다. Critical Reading 능력은 꾸준하고 지속적이며 여러 장르의 독서를 통해야만 얻을 수 있다. 기본적으로 Critical Reading 능력이 갖추어진 학생들만이 단기간의 훈련으로 원하는 점수로 향상시킬 수 있다.

4. 영어 공부를 해야지 책을 많이 읽는 것은 별로 도움이 되지 않는다?

문학 작품을 읽는 것이 어휘와 독해 속도, 이해력, 그리고 비판적 사고력 향상시키는 데 도움이 된다는 것이 증명되었다. 더하여 문학 작품을 읽는 것은 관용적인 표현과 다양한 주제, 내용을 접할 기회도 준다. 독서에 대한 흥미를 개발하는 것은 SAT에 있어서 매우 중요한 요소가 된다.

01-4. SAT Critical Reading의 채점 방식

1. SAT Critical Reading은 800점 만점이다.

2. 총 67문제의 시험은 만점 67의 원 점수(Raw Score)로 계산되며, 이 원 점수는 800 점 만점의 환산 점수(Scaled Score)로 환산된다.

객관식 문제의 Raw Score:

- Raw Score = 맞은 문제수 − (1/4) × 틀린 문제수
- 만일 실제 점수가 소수점이면 반올림된다.
- 답을 쓰지 않은 문제에 대해 벌점은 없다. (물론, 답을 쓰지 않으면 높은 점수를 받을 수 없다.)
- 정확한 답을 몰라 추측하여 틀린 답을 표시했을 때에는 벌점이 0.25점 주어진다.

3. Scaled Score(환산 점수)

■ 2009년 10월 실제 시험 환산 점수로의 변환 예

원 점수 Raw Score	환산 점수 Scaled Score
67	800
66	800

65	800
64	800
63	780
62	760
61	740
...	...
33	510
32	510
...	
3	300
2	290
0	260
-1	240
-3 and below	200

ⓘ 환산되는 점수는 상대평가로 평가되고 점수 분포도에 따라 배점되기 때문에 순차적으로 진행되지 않는다.

ⓘ 원 점수(Raw Score)를 1점을 더 받았다고 환산 점수(Scaled Score)가 항상 10점 차이가 나는 것이 아니고 분포에 따라서 차이가 없기도 하고 20~30점 차이가 나기도 한다.

ⓘ 2009년 10월 시험의 경우 Raw Score가 0점인 경우(답을 전혀 안 했거나, 맞춘 문제가 있어도 감점 때문에)에도 260점이 됐다. 이 점수 역시 상대평가로 계산되기 때문에 시험이 어려운 경우에는 290점이 나오기도 한다.

ⓘ 아무리 틀린 문제가 훨씬 더 많더라도 200점이 기본 점수로 부과된다.

01-5. SAT Critical Reading의 구성

1. 전체 구성

SAT Critical Reading은 3개의 분야(Section)로 구성되어 있으며, 이 3개의 분야가 전체 점수를 구성한다. (실제 시험에서 3개 분야 외에 한 section이 추가돼 있는 경우가 있는데, 이를 wild section이라 하고 실험적으로 추가된 section으로 이는 점수에 합산되지 않는다.)

■ 분야별 질문의 개수와 유형

	1st Section(2-7)	2nd Section(2-7)	3rd Section(8-9)
문제 수	24문제	24문제	19문제
시험 시간	25분	25분	20분
질문의 유형	8문제 / 문장 완성형 (sentence completion)	5문제 /문장 완성형 (sentence completion)	6문제 /문장 완성형 (sentence completion)
	4문제 / 짧은 지문 2개 (2 short passages)	4문제 / 한 쌍의 짧은 지문 2개 (2 dual short passages)	
	12문제 / 긴 지문 1개 (1 long passage)	15문제 / 긴 지문 2개 (2 long passages)	13문제 / 한 쌍의 긴 지문 1개 (1 dual long passage)
답안 유형	객관식 문제 (A)-(E)	객관식 문제 (A)-(E)	객관식 문제 (A)-(E)
전체	19 문제 / 문장 완성형 sentence completion (객관식) 8 문제 / 짧은 지문 short passage (객관식) 40 문제 / 긴 지문 long passage (객관식)		

2. 질문의 유형

❶ 문장 완성형 문제(Sentence Completion)

지시 사항	Each sentence below has one or two blanks, each blank indicating that something has been omitted. Beneath the sentence are five words or sets of words labeled A through E. Choose the word or set of words that, when inserted in the sentence, best fits the meaning of the sentence as a whole. 요약 : 빈칸을 채울 수 있는 알맞은 단어를 선택하라. ※ 지시 사항을 기억하여 두워 실제 시험에서 이 부분을 읽느라 시간을 낭비하지 말 것.
질문의 예	1. At the family reunion Hiroko found her cousin charming and gentle, the ------- of his formerly rude and overbearing self. (A) remnant (B) antithesis (C) consequence (D) extremity (E) mainstay 2. Hoping to ------- the dispute, negotiators proposed a compromise that they felt would be ------- to both labor and management. (A) buoyed . . irrelevant (B) established . . prominent (C) surrendered . . prolific (D) decried . . cynical (E) categorized . . mundane

❶ 단일 지문으로 구성된 문제 : 짧은 지문, 긴 지문(Single Passage : short, long)

지시 사항	Each passage below is followed by questions based on its content. Answer the questions on the basis of what is stated or implied in each passage and in any introductory material that may be provided. 요약 : 지문의 정보에 근거하여 문장에 답하시오. ※ 지시 사항을 기억하여 실제 시험에서 이 부분을 읽느라 시간을 낭비하지 말라. 지문의 윗부분이나 각주에 있는 이탤릭체로 된 모든 정보를 읽어라.
짧은 지문의 예	[짧은 지문, 약 12줄 정도] … with academia being a crutch to the altar of the … The main idea of the passage is that the author (A) preferred certain academic subjects over others (B) succeeded in speaking many different languages (C) learned many important things in school only (D) valued people more than books (E) loved the tribal activities
긴 지문의 예	[긴 지문, 약 60줄 정도] … Unfortunately, circumstances occasioned by the manner of service rendered by black sailors have made it almost impossible … The passage implies that the people of New Orleans (A) secretly sided with the British in the War of 1812 (B) were the first to establish a regiment of black fighters (C) were reluctant to have the battalion of black men fight for them in 1812 (D) had a population that was predominantly black (E) distrusted Andrew Jackson

❷ 한 쌍의 지문으로 구성된 문제(Dual Passages: short and long)

지시 사항	The passages below are followed by questions based on their content; questions following a pair of related passages may also be based on the relationship between the paired passages. Answer the questions on the basis of what is stated or implied in the passages and in any introductory material that may be provided. 요약 : 어떤 질문은 지문 하나에 관해서 묻는 반면, 어떤 질문들은 지문 두 개를 동시에 묻기도 한다.
짧은 지문의 예	첫 번째 지문(약 12줄 정도) 두 번째 지문(약 12줄 정도) Question: Both authors would agree that the "Estimates" (Passage 1, line 15) are (A) completely unbelievable (B) mostly undocumented (C) overly generous (D) poorly understood (E) racially motivated

첫 번째 지문(긴 지문, 약 40줄 정도)

... Southwest. And finally, a last great wave, first by wagons, then by railroads, to mop up the leapfrogged Great Plains. By 1890 the great movement west was over, ending in a final hurrahing stampede of boomers into Oklahoma Territory, a rush of humanity that created entire towns in an afternoon ...

두 번째 지문(긴 지문, 약 40줄 정도)

... fell into the hands of eastern corporations and mining fever abated, the settlers would perceive the farming and stock-raising possibilities around them or find work on the railroads that were pushing ...
The authors of both Passage 1 and Passage 2 seem to have a common interest in

(A) defining the American dream
(B) political history
(C) mining
(D) American folklore and legend
(E) the social class structure in America

01-6. SAT Critical Reading 전략

1. 일반적인 시험 준비 전략(General Test-Taking Strategies)

❶ 모든 내용을 자신만의 말로 바꾸어 보라.

SAT Critical Reading은 학생들을 혼란스럽게 하여 오답을 선택하도록 의도적으로 만들어졌다. 지문에 나와 있는 내용과 선택지의 내용 등, 모든 것을 자신만의 언어로 바꾸어 보라. 이것이 더욱 쉽게 문제를 이해하고 답하도록 도와줄 것이다. 어려운 정보를 해석하고 이것을 이해하는 능력을 측정하는 것이 실제 시험을 보는 목적이기도 하다.

❷ 시간 분배 : 문장 완성형(sentences completion) 문제와 짧은 지문(short passage) 문제들을 빨리 풀어라.

이 방법이 점수의 배점이 다른 영역보다 높은 긴 지문(long passage)에 많은 양의 시간을 할애할 수 있는 방법이다.

❸ 두 개의 오답을 지울 수 있을 때 추측하라(Guess).

(a) 두 개의 오답을 제거할 수 있으면 세 개의 선택지만 남기에 답을 추측하는 것이 확률적으로 유리하다.

(b) 추측으로 맞힌 한 문제의 점수는 추측으로 틀린 네 개의 문제와 같은 비중이다.

위의 방법이 편하게 생각되면 한 개의 오답만을 제거할 수 있어도 추측해도 된다.

(c) 문제를 풀 때마다 답안지에 표시하지 말라.

한 페이지의 답을 한꺼번에 답안지에 표시해야 시간을 절약할 수 있다.

집중력은 답을 표시하기 위해 매 문제마다 답안지와 질문지 사이를 오가지 않을 때 향상될 수 있다. 물론 답안지에 표시하지 않은 채 많은 시간이 흘러가도록 해서는 안 된다. 만일 시간이 얼마 남지 않은 상황에선 한 문제를 풀 때마다 답안지에 표시하라.

(d) 건너뛴 문제는 동그라미를 쳐놓으라.

질문을 건너뛸 때는 문제 전체에 큰 동그라미를 쳐라. 그래야만 나중에 어떤 질문을 건너뛰었는지를 알아내는데 시간을 낭비하지 않을 수 있다.

2. 질문 유형

① 문장 완성형(Sentence Completion) 전략

지시 사항	For each question in this section, select the best answer from among the choices given and fill in the corresponding circle on the answer sheet. 요약 : 문장의 빈칸에 들어갈 알맞은 단어를 찾으시오.
전략	1. 문장의 의미 안에서 문맥상의 단서(the context clue)를 찾아라. 2. 빈칸 안에 자신만의 단어를 써 보라: 이것은 질문 선택 답안에 의존하기보다, 질문의 내용의 의미를 파악하는 능력을 길러준다. 질문 안에 있는 단어를 가능한 한 재활용하라. 3. 자신이 생각하는 단어와 맞지 않는 선택지를 지워라. 4. 자신이 생각하는 단어의 의미에 가장 잘 맞는 선택지를 선택하라.
문제 푸는 방법의 예	Physical exercise often gives a ------- effect, releasing emotional stress and rejuvenating the mind. (A) condescending (B) cathartic (C) mirthful (D) provincial (E) blasphemous 1. 힌트: 스트레스를 줄이고 치유의 효과를 가진 "영향(an effect)" 2. "relieving"이라는 자신만의 단어를 넣어라. 　(A)와 (E)를 제거하라. 이 단어들은 부정적인 어감을 가지고 있어서 relieving과 맞지 않는다. 3. 가장 가까운 답은 (B)이다. 이 단어의 의미는 "a cleansing of the emotions(감정의 정화)"이다.

ⓘ 단일 지문으로 구성된 문제(Single Passage-based Questions)

지시 사항	Each passage below is followed by questions based on its content. Answer the questions on the basis of what is stated or implied in each passage and in any introductory material that may be provided. 요약 : 지문을 모두 읽고, 지문에 근거를 두어 문제에 답하시오.
전략	1. 자신의 단어로 문장을 바꾸어 보라. 2. 자신의 단어로 답을 생각해 보라. 필요하면 지문을 참고하고 항상 주제를 머리 속에 생각하라. 3. 생각하고 있는 답과 맞지 않는 선택지를 제거하라. 4. 자신의 생각과 가장 잘 맞는 답을 골라라.
문제 푸는 방법의 예	The passage suggests that an area with limestone may be harmed less by acid rain because (A) no rain will run off into lakes and streams (B) streams will be more abundant and faster flowing (C) the limestone may neutralize the acid (D) the limestone will absorb less water than other rocks (E) limestone is a natural by-product of coal burning 1. 문제 요약: 왜 산성비가 석회암을 부식시키지 않았나? (Rephrased: "Why doesn't acid rain harm limestone?) 2. 지문에 따르면, 석회암을 가지고 있는 지역은 산성비를 상쇄시킨다. 따라서 석회암은 손상을 막기 위해 산성비를 상쇄한다. 3. 내용에 맞지 않는 답인 (A), (B), (E)를 제거하시요. 4. (C)가 "canceling out"과 가장 가까운 의미를 가지므로 정답이 된다.

ⓘ 한 쌍의 지문으로 구성된 문제(Dual Passage-based Questions)

지시 사항	The passages below are followed by questions based on their content; questions following a pair of related passages may also be based on the relationship between the paired passages. Answer the questions on the basis of what is stated or implied in the passages and in any introductory material that maybe provided. 요약 : 어떤 질문들은 두 지문의 비교를 요구한다.
전략	1. 단순한 질문으로 바꾸어 보라. 2. 첫째 지문과 둘째 지문 사이에 가장 중요한 차이점은 무엇인가? 3. 작가의 논제가 어디에 중점을 두고 있는가? 4. 적절하지 않은 내용을 다루고 있는 선택지를 제거하라.

Although the author of Passage 2 calls the lake "a natural habitat exhibition" (line 100), how would the author of Passage 1 most likely refer to it?

(A) "a garden of dreams"
(B) "a land of surprise"
(C) "an ocean of monsters"
(D) "a twentieth-century aquarium"
(E) "a vision of despair"

문제 푸는
방법의 예

1. 문제 요약: 첫째 지문의 저자가 "a natural habitat exhibition"을 어떻게 부르겠는가?
2. 첫째 지문의 저자는 '네스호의 괴물(the Loch Ness monster)'이 과학을 약화 시키는 미신이라고 믿는다. 하지만 둘째 지문의 저자는 이 괴물의 존재를 입증하는 충분한 증거들이 많다고 믿고 있다.
3. 첫째 지문의 저자는 주제의 과학적인 추론에 집중하고 있는 반면, 둘째 지문의 저자는 역사적인 근거에 초점을 맞추고 있다.
4. (B), (C), (D)를 제거하라. 첫째 지문의 저자는 네스호의 괴물을 '가짜'이며, 네스호에 생명체가 살고 있지 않다고 생각하고 있다.
5. (A)가 '미신적인 생각'과 같은 선상에 있으므로 답이 된다. 반면 (E)는 부정적인 미래를 표현하므로 답이 될 수 없다.

3. 공부 전략 (How To Study)

❶ 단어를 암기하라.

단어 암기는 기본적으로 해야 한다. 시험에 나오는 단어의 뜻은 문맥에 따라 또는 저자의 의도에 따라 여러 의미로 쓰이곤 한다. 이를 파악하기 위해선 단어의 일반적인 뜻 (Definition)과 함께 어원적인 의미, 단어가 가지고 있는 정서(emotion)을 함께 알아두어야 한다. 아울러 암기와 함께 일상 영어에서 단어들이 어떻게 사용되는지를 이해하기 위해 '빈칸 채워 넣는 연습(fill-in-the-blank exercises)'은 더욱 도움이 될 것이다.

❷ 논리를 공부하라.

논리 능력이 강해질수록, 글 속의 추론이나 작가의 주장을 이해하는 것이 더 쉬워질 것이다.

❸ 문학적 수사법들을 연구하라.

직유, 은유, 과장, 상징 등과 이러한 문학적인 수사법들이 어떻게 사용되는지 공부하라. 이것이 작가의 표현 기법(technique)과 생각(ideas)을 이해하도록 도울 것이다.

❹ 명시적 의미와 함축적 의미를 공부하라.

'명시적 의미'와 '함축적 의미'의 차이점을 알고, 함축적 의미가 작가의 의견을 발전시키는 데 어떻게 사용되었는지 공부하라.

Ⅴ 목적을 가지고 글을 읽어라.

수동적으로 흡수하듯이 글을 읽기보다는 읽기에 몰두하는 것을 배워라. 적극적인 독자가 되기 위해서는 글을 읽으면서 배경 지식을 고려하고, 질문하고, 추론하며, 예측하고, 요약하며, 조직화하며 글의 주제도 함께 찾는다.

Ⅵ 글의 전체적인 그림을 그린다.

어떻게 글의 간략한 윤곽을 잡는지를 공부하라. 이것은 글의 목적과 구조를 이해하는 데 도움이 된다.

Ⅶ 교육과정 전반에 걸쳐 읽기 연습을 하라.

SAT 지문은 역사, 예술, 철학, 심리학, 사회학, 인류학, 경제학, 생물학, 화학, 물리학, 문학 전반에 걸쳐 뿌리를 두고 있다. 여러 분야의 다양한 주젯거리를 읽는 것은 시험에 출제되는 지문의 주제와 문제거리들을 친숙하게 만들어 줄 것이다.

02

**SAT
Reasoning
Math**

02-1. SAT Reasoning Math는 어떤 시험인가?

수학은 미국 정규 교과과정으로 7학년부터 11학년에 해당하는 Arithematics, Pre-Algebra, Algebra I, Geometry, Algebra II에서 출제된다. 한국 수학으로 하면 산술, 대수, 기하, 확률, 통계, 데이터 분석에 해당하며 중학교 과정과 고등학교 1년까지의 과정이라고 볼 수 있다.

Algebra 2(대수2)가 출제된다고 하지만 삼각함수(Trigonometry), 로그(Logarithms) 등이 제외된 그래프가 연관된 함수의 기본적인 문제들이 출제된다.

출제 형식이 어려운 계산보다는 수학적 사고 능력을 묻는 시험이기 때문에 어떤 문제들은 IQ Test 문제와 흡사하다. Word Problem(응용문제)은 대부분이 대수학 I(Algebra I)의 계산력과 실생활과 연관된 문제가 출제되므로 영어 문장에 대한 이해 부족 때문에 문제를 틀리는 경우가 많다. 수학적 용어에 익숙하고 Word Problem을 많이 풀어보고 문제에 익숙해진다면 단기간에 고득점이 가능하다.

02-2. 고득점을 위한 Section별 배우기

SAT Math Test에 포함되는 영역들을 아래에 정리해 놓았다. 각 영역을 이해하는데 도움이 되고자 sample 문제를 중간 이상의 난이도를 가진 문제를 예로 들었다.

1. 수의 개념(Number Sense)

기본적인 계산이 포함된 문제로 많은 경우 문제를 풀기보다는 주워진 보기의 숫자들을 문제에 대입하여 푸는 방법이 더 빠르다. 아울러 수에 대한 기본적인 수학 용어를 익혀야 한다. 예를 들면, prime number(소수), integer(정수), consecutive number(연속되는 수) 등 수학 용어에 익숙해져야 한다.

Question: Which of the following lists all the prime factors of 35^2+35?
(A) 5, 7
(B) 3, 5, 7
(C) 2, 5, 7
(D) 2, 3, 5, 7
(E) 2, 3, 5, 7, 11

2. 산술 개념(Conceptual Arithmetic)

산술 개념에 관한 문제는 수의 법칙(properties)에 관한 문제들이다. 다소 추상적인 문제(abstract ideas)들이 많다. 예를 들면, 0하고 1 사이의 수에 제곱을 하면 더 작아진다. 또는 양수의 분수값을 늘리기 위해선 분자의 수를 크게 하거나 분모의 수를 작게 한다.

Question: Which of the following values of p and q can be used to show that the statement "if p and q are integers and $q \neq 0$, then p divided by q is an integer" is false:

(A) $p = 6, q = 2$

(B) $p = 5, q = -5$

(C) $p = 7, q = 1$

(D) $p = 0, q = 2$

(E) $p = 8, q = 6$

3. 비례와 비율(Ratios and Proportions)

Ratios는 숫자적인 비율과 수식적인 비율로 나누워진다. 학생들은 비율의 관계를 세우는 것뿐만 아니라 equivalent ratios의 법칙을 알아야 한다. 비율의 관계는 dimensional analysis에 관한 문제도 흔히 볼 수 있다.

Question: If p many apples can be bought for c many cents, and b many bananas can be bought for d many dollars, how many apples can be bought if you can buy 5 bananas?

(A) $\dfrac{500dp}{bc}$

(B) $\dfrac{5d}{100c}$

(C) $\dfrac{5bd}{100c}$

(D) $\dfrac{100p}{5d}$

(E) $\dfrac{5dp}{100bc}$

4. 퍼센트(Percents)

Percent에 관한 문제는 단순한 percent 계산부터, 몇 percent가 변화하였나, percent의 변화를 반복적으로 적용되는 문제들이다. 좀 더 도전적인 문제로는 변수로 표시되는 percent 문제들이다.

Question: In a box of 48 pieces of candy, 25% of the candy are lollipops and 75% of the lollipops are apple flavor. How many of the candies in the box are not apple flavored lollipops?

(A) 12
(B) 24
(C) 32
(D) 36
(E) 39

5. 기본 대수(Basic Algebra)

기본 대수는 일차 방정식(linear equations), 절대값(absolute values), 다항식 산술(e.g. multiplying or factoring polynomials)과 지수 법칙(the laws of exponents)에 관한 문제들이다. 기본 대수 문제들은 많은 경우 직접 푸는 방법보다는 돌려서 푸는 방법(lateral approach)이 더 유용하다.

$$3 \, | \, k \, | - 5 = 13$$
$$| \, 3k + 5 \, | = 13$$

Question: Which value of k satisfies both equations above?

(A) –6
(B) –2
(C) 0
(D) 3
(E) 8

6. 고급 대수(Advanced Algebra)

고급 대수에는 정·반비례(direct and indirect proportion), 유리식(rational expressions)과 근(radicals)에 관한 문제들이다. 대개의 경우 2~3단계를 거쳐야 원하는 답을 얻을 수 있다.

Question: If $(x+y)^2=x^2+y^2$, which of the following statements must necessarily be true?

> I. $x = 0$
> II. $(x - y)^2 = x^2 + y^2$
> III. $xy = 0$

(A) none

(B) I only

(C) II only

(D) III only

(E) II and III only

7. 이차식(Quadratic Expressions)

학생들은 이차 방정식의 다양한 형식과 이차 방정식 그래프에 대해 자세히 알아야 한다. 특히 꼭지점(vertex)을 찾는 것과 그 주위의 대칭관계에 대해 잘 알아야 한다.

Question: If the dashed curve in the figure below represents the graph of $y=x^2$, which of the following could represent the graph of the solid curve in the figure below?

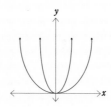

(A) $y = -x^2$

(B) $y = -\dfrac{1}{2} x^2$

(C) $y = \dfrac{1}{2} x^2$

(D) $y = 2x^2$

(E) $y = x^3$

8. 다변수 대수(Multi Variable Algebra)

연립 방정식에서의 변수의 값을 찾거나, 좌표 평면(coordinate plane) 안에서 방정식들의 교차점을 찾는 문제들이다.

$$5x + 2y + 3z = 19$$
$$-2x + y + z = 8$$

Question: What is the value of $x+y$ for the system of equations above?

9. 고안된 함수 기호(Invented Function Symbols)

이상한 기호와 정의들이 포함된 문제들이다. 이 문제들은 학생들의 지식을 묻기보다는 문제에서 요구되는 수학적 표현들을 얼마나 잘 이해하고, 질문의 방향을 잘 따라오는 능력을 묻는 문제들이다.

Question: Let $r \otimes s = sr + s - r - 1$ for integers r and s. If $r = 1$ and $r \otimes s = 6$, then $s =$

(A) –1
(B) 0
(C) 2
(D) 3
(E) 4

10. 함수와 그래프(Functions and Graphs)

학생들은 $y=f(x)$로 주워지는 함수에 대한 개념을 잘 알아야 한다. 함수 값을 찾고, 해석하고, 함수들을 합성할 수 있어야 하며 합성된 함수를 이해해야 한다. Domain이나 Range 같은 용어에 관한 문제는 없으나 함수가 어떻게 사용되는가에 대한 개념을 알아야 한다.

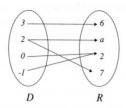

Question: The diagram above represents the function whose domain is the members of set D and whose range is the members of set R. Which of the following could be the value of *a*?

(A) 2

(B) 7

(C) 11

(D) 14

(E) 16

11. 조합(Combinations)

순열과 조합의 기본적인 경우를 숙지하며 배열의 순서(order of arrangement)들이 어떻게 작용되는지를 분별해야 한다.

Qusetion: Marty has four pairs of pants, three jackets, and five shirts to choose from. How many different outfits can Marty put together?

(A) 30

(B) 60

(C) 120

(D) 3!4!5!

(E) 30!

12. 확률(Probability)

학생들은 전체 가능한 사건의 수와 원하는 사건의 총 횟수에 대한 비율로 확률의 의미를 알아야 한다. 또한 상호 배타적 사건의 개념(the concept of mutually exclusive events)을 잘 알고 적용할 수 있어야 한다.

Question: If four coins are tossed simultaneously, what is the probability of getting at least two heads?

---

13. 통계(Statistics)

통계는 산술 평균(arithmetic mean, average), 중앙값(median)과 mode에 관한 것이며 SAT에는 표준 편차(standard deviation)는 다루지 않는다. 평균값을 구하기보다는 그것을 이용해 거꾸로 전체 수를 찾는 문제는 출제된다. 어려운 문제로는 미지수(unknown)로 답하거나 미지수 간의 관계를 이용하여 답을 해야 하는 것들이 있다.

Question: The average height of four members of a six person volleyball team is 175 centimeters. What does the average height in centimeters of the other two players have to be if the average height of the entire team equals 180 centimeters?
(A) 175
(B) 180
(C) 185
(D) 190
(E) 200

14. 수열, 유형, 논리(Sequences, Patterns, and Logic)

등차 · 등비수열(arithmetic and geometric sequences)에 대한 공식을 외울 필요는 없지만 공식을 이해하고 있는 것이 도움이 된다. Pattern을 세우고, 이용하여 pattren에 따라 일반적인 결론을 만들어 낸다. Sequences, Patterns, and Logic을 통해 논리적 정확성을 평가한다.

Question: A group of people stand in a circle so that if one of the persons chosen is given the number 1, and counting clockwise from that person, the person with the number 13 is opposite the person with the number 37, how many people are standing in the circle?

(A) 23

(B) 46

(C) 47

(D) 48

(E) 49

15. 응용 word 문제(Applied Word Problems)

Applied word problems는 인위적인 상황을 문제로 만들어 숫자적인 답을 해야 한다. 계산에 대한 중요성보다는 처음 식을 어떻게 세우느냐가 중요하다. 대개 시간, 속도, 동전, 나이 등 일상생활에 관련된 문제가 나온다.

Question: Meredith drove from City A to City B at a rate of 60 miles per hour and took 2 hours for the trip. On the way back she drove at a rate of 40 miles per hour. What was her average rate for the whole trip?

(A) 48

(B) 50

(C) 52

(D) 60

(E) 65

16. 개념적 Word 문제(Conceptual Word Problems)

Conceptual word problems는 미지수(unknown)로 방정식을 먼저 세워 문제를 풀어야 하며, 답 또한 숫자로 나오는 것이 아닌 변수(variable)나 미지수(unknown)로 표현된다.

Question: Ida owes her parents x dollars. Last month she paid them $\dfrac{1}{6}$ of the amount she owed. This month she paid them $\dfrac{1}{6}$ of the remaining amount. In terms of x, how much does she still owe?

(A) $\dfrac{1}{3}x$ (B) $\dfrac{5}{9}x$ (C) $\dfrac{25}{36}x$

(D) $\dfrac{8}{9}x$ (E) $\dfrac{17}{18}x$

17. Data 해석(Data Interpretation)

그래프에 의해 주워진 서로 다른 많은 정보들을 해석해야 한다. 그래프의 종류는 막대 그래프(bar chart), 선 그래프(line graph), 산포도(scatter plot), 원 그래프(pie chart) 등이 있다. 그래프를 읽기 위해서는 퍼센트, 통계, 선의 경사도, 원형 기하 등이 사용된다.

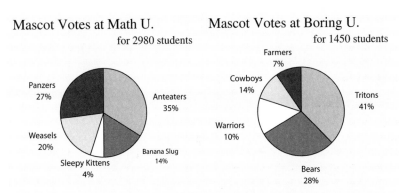

Question: The two graphs above show the distribution of votes in recent elections at two different Universities for what their mascots should be. Which of the following statements is (are) true:

    I.   More students voted for Weasels than for Bears

    II. More students voted for Tritons than for Anteaters

    III. More students voted for Cowboys than for Sleepy Kitties

(A) I only

(B) III only

(C) I and II only

(D) II and III only

(E) I and III only

18. 좌표 기하학(Coordinate Geometry)

Coordinate geometry는 기하학 문제를 좌표 위에서 풀게 되어 있다. 단순히 기울기를 계산하는 것이 아니고 XY 좌표 위에 삼각형을 설정하고 빗변의 기울기를 이용해 높이를 구하는 문제 등이 출제된다. 계산은 단순한 숫자보다도 여러 미지수(unknowns)를 포함한다.

Question: Circle O is tangent to the x – axis and has center at (0, 3). What are the coordinates of point A?

(A) (3, 0)

(B) (0, 3)

(C) (–3, 0)

(D) (0, –3)

(E) (–3, 3)

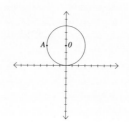

19. 선과 각(Lines and Angles)

대표적으로 선들이 교차할 때 생기는 각들과, 평행선에 선이 교차할 때 형성되는 각에 관한 문제들이다. Alternate interior angles과 같은 용어가 중요하기보다는 교차선들이 만들어 내는 기본 속성을 아는 것이 중요하다. 예를 들면 vertical angles are congruent, that the sum of the angles all the way around is 360이다.

Question: Lines l_1 and l_2 in the figure below are parallel. What is the value of a?

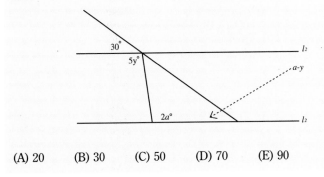

(A) 20   (B) 30   (C) 50   (D) 70   (E) 90

20. 삼각형(Triangles)

삼각형의 기본 속성, 예를 들면 the triangle sum formula, the sum of two sides is greater than the third side and the largest side of a triangle is opposite the largest angle를 비롯하여, 여러 종류의 삼각형(isosceles and equilateral triangles) 등의 속성을 알아야 한다. 특히 직각 삼각형에 대한 문제가 많이 출제되는데, Pythagorean theorem를 비롯하여 $30° - 60° - 90°$ 와 $45° - 45° - 90°$ 의 특별 삼각형과 Pythagorean triplets(3-4-5 and 5-12-13 triangles)을 공부해야 한다.

Question: What is the value of $x + y$ in the figure below?

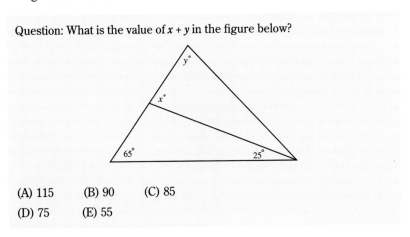

(A) 115   (B) 90   (C) 85

(D) 75   (E) 55

21. 다각형(Polygons)

대부분의 다각형 문제는 사각형(직각 사각형, 사다리꼴, 마름모)에 관한 것으로 넓이에 관한 공식들을 외우고 있어야 한다. 또한 다각형에서 빗금친 부분의 넓이를 구하는 문제들이 출제된다.

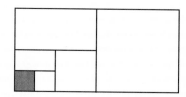

Question: The figure above consists of six non–overlapping rectangles. The two smallest rectangles have the same area. Each of the other rectangles has an area twice the area of the next smaller rectangle. What fraction of the entire figure is shaded?

(A) $\dfrac{1}{128}$ (B) $\dfrac{1}{64}$ (C) $\dfrac{1}{32}$

(D) $\dfrac{1}{16}$ (E) $\dfrac{1}{8}$

22. 원(Circles)

부채꼴을 포함한 원의 원주 길이와 넓이를 계산할 수 있어야 하며, 원에 접근선에 대한 속성도 알아두어야 한다.

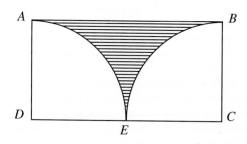

Question: In rectangle ABCD above, arcs AE and BE are quarter circles with centers at D and C respectively. If the radius of each quarter circle is 1, what is the area of the shaded region?

(A) $1 - \dfrac{\pi}{4}$　　　(B) $2 - \dfrac{\pi}{2}$　　　(C) $2 - \dfrac{\pi}{4}$

(D) $\dfrac{\pi}{4}$　　　(E) $\dfrac{2}{4}$

23. 입체 기하학(Solid Geometry)

대부분은 각기둥(prisms (including circular based prisms—e.g. cylinders)), 구(spheres)와 원뿔(cones)의 부피와 표면 면적을 구하는 문제들이다. 입체 표면을 연결하는 선 길이에 관한 문제들도 주의해야 한다.

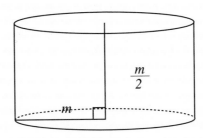

Qusetion: Which of the following has the same volume as the cylinder shown above with radius m and height $\dfrac{m}{2}$?

(A) A sphere with radius $\dfrac{m}{2}$

(B) A cylinder with radius $\dfrac{m}{2}$ and height $2m$

(C) A cube with side edge $\dfrac{m}{2}$

(D) A rectangular solid with edges m, $2m$, and πm

(E) A rectangular solid with edges $2m\pi$, ,m and $\dfrac{m}{2}$

02-3. SAT Reasoning Math에 대한 오해

1. 미국 수학은 쉽다?

그렇지 않다. 미국은 중학교에서부터 학생 각자의 능력에 맞는 과목을 신청하여 반을 옮겨다니며 공부한다. 그 말은 같은 학년이라도 다른 수준의 공부를 할 수 있다는 말이다. 참고로 미국의 수학 과정을 7학년부터 12학년까지 순서대로 나열하면 Intro Pre-Algebra, Pre-Algebra, Algebra I, Geometry, Algebra II, Pre-Calculus, AP Calculus AB/BC, AP Statistics, AP Linear Algebra로 해서 총 8~9단계의 수학 과목이 있다. 각 과목은 1년 과정으로 보통 수준에 있는 학생들은 7학년에 Intro Pre-Algebra로 시작하여 12학년에 Algebra II를 끝내고 고등학교를 졸업한다. 보통 수준이라는 말은 중간 정도나 그 이하를 말한다. 하지만 상위권 대학에 가는 학생들은 7학년에 Algebra I이나 Geometry를 시작하여 12학년까지 대학 과목인 AP Calculus AB/BC, AP Statistics, AP Linear Algebra 중 두세 과목을 공부할 수 있다. 한국 학생들과 중간 수준의 학생들의 수준을 비교하면 미국의 수학이 확실하게 쉽지만 상위권 학생들과는 차이가 없다.

2. SAT Reasoning Math의 만점은 한국 학생이면 누구나 쉽게 받을 수 있다?

그렇지 않다. 문제 수준은 쉬워도 시험은 영어로 치르기 때문에 모르는 용어나 표현 때문에 한두 문제를 틀리는 경우가 많다. 경험이 충분하지 않으면 실수로 틀릴 수도 있고, 한 section에 한두 문제는 항상 까다롭게 출제된다. 두세 문제를 틀리면 690~710점 사이의 어이없는 점수가 나올 수 있기 때문에 수학을 잘한다고 준비를 소홀이 해서는 안 된다.

3. SAT Reasoning Math는 MATH Level IIC보다 쉽다?

SAT Reasoning Math의 출제 범위는 Algebra II까지이고 SAT Subject Math IIC인 경우는 Pre-Calculus까지이기 때문에 문제 수준은 쉬울 수 있으나, 고득점 받기는 어렵다고 할 수 있다. Math IIC는 원 점수 50점 중 43~44점이 나오면 800점이 나오지만 SAT Reasoning Math는 54문제 전부를 맞아야 만점이 나오고 한 문제만 틀려도 750~760으로 내려가곤 한다. SAT는 상대평가로 점수가 나오기 때문에 쉬운 시험에서 오히려 고득점 받기가 어려운 경우이다.

4. 학교 수학을 잘하는 학생은 SAT Reasoning Math 준비할 필요 없다?

SAT Reasoning Math는 이름처럼 Reasoning 시험이기 때문에 학교에서 풀던 수학 문제하고는 다른 점이 많다. 더구나 어떤 문제들은 IQ Test문제와 흡사하기 때문에 만점을 위해선 철저한 준비가 필요하다. 특히 쉬운 문제라도 자꾸 연습하여 문제 유형을 익혀 푸는 시간과 실수를 줄여야 한다. 다음은 학교 시험과 SAT가 같은 종류에 문제를 다르게 접근하는 예이다.

학교 ①   Find the midpoint between the points (3, 8) and (–2, 0).

SAT ❶   The midpoint between (a, b) and (2, 1) is (4, –1). What is the value of a – b ?

학교 ②   Calculate the slope between the points (3, 6) and (–1, 8).

SAT ❷   The slope of line k is the median value of the slopes of the lines in the diagram below. Based upon the diagram, what could be the slope of line k ?

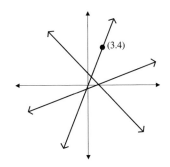

(3.4)

(A) $-\dfrac{4}{3}$ (B) $-\dfrac{1}{3}$ (C) 0   (D) $\dfrac{1}{3}$ (E) $\dfrac{4}{3}$

5. SAT Reasoning Math는 Algebra II를 끝내고 치러야 한다?

출제 범위가 Algebra II까지지만 Algebra II에서 출제되는 범위는 함수에 제한되어 있다. 그것도 기본적인 함수의 성질과 2차 방정식과 2차 함수를 SAT

를 통해 배울 수 있기 때문에 Geometry만 끝내도 시험에서 고득점 받는 데 지장 없다.

6. 미국 유학을 계획하는 데는 영어 공부만 준비하면 된다?

미국 조기 유학을 계획하는 학생들이라면 당연히 영어를 철저히 준비해야 하지만 수학 또한 그에 못지않게 열심히 준비해야 한다. 학생들은 학교 입학에 앞서 공부할 과목의 수준을 정하기 위해 영어와 수학 시험을 본다. 수학을 잘함에도 수학 용어를 모르거나 미국 수학 과정에 준비가 안 돼 있어 시험을 망치곤 한다.

한번 반이 정해지면 나중에 바꾸기가 어렵거나 아예 불가능하다. 특히 수학은 정해진 순서대로 과정을 마쳐야 하는데 쉬운 과목을 계속 들어 수학에 대한 흥미마저 잃게 되는 경우가 많다. 미리 준비하여 수학에서는 가장 어려운 반을 들을 수 있도록 해야겠다.

02-4. SAT Reasoning Math의 채점 방식

1. SAT Reasoning Math는 800점 만점이다.

2. 총 54문제의 시험은 만점 54점의 원 점수(Raw Score)로 계산되며, 이 원 점수는 800점 만점의 환산 점수(Scaled score)로 환산된다.

ⓘ Raw score = 맞은 문제 수 − (1/4) × 객관식 문제의 틀린 문제 수

ⓘⓘ 만일 Raw score가 소수점이면 반올림한다.

ⓘⓘⓘ 답을 쓰지 않은 문제에 대해 벌점은 없다. (물론, 답을 안 쓰면 높은 점수를 받을 수 없다.)

ⓘⓥ 틀린 주관식에 대한 벌점은 없다.

ⓥ 객관식 문제에 틀린 답을 표시했을 때는 0.25점의 벌점이 주어진다.

3. Scaled score(환산 점수)

ⓘ 원 점수의 환산 점수로의 변환의 예

Raw Score 원 점수	Scaled Score 환산 점수
54	800
53	770
52	750
51	730
50	710
49	700
48	690
...	...
27	510
26	500
25	500
...	
3	280
2	270
1	250
0	230
-3 and below	200

ⅱ 환산되는 점수는 상대평가로 평가되어 99 percentile(상위 1%) 그룹에 만점(800점)이 부과된다. 특히 Math 시험이 쉬운 관계로 54문제 전부를 맞는 학생이 많기 때문에 한 문제만 틀린다 하더라도 percentile의 차이가 커져 점수 분포도의 배점이 순차적으로 진행되지 않는다.

ⅲ 원 점수(Raw Score)를 1점 더 받았다고 환산 점수(Scaled Score)가 항상 10점 차이가 나는 것이 아니고 분포에 따라서 차이가 없기도 하고 20~30점 차이가 나기도 한다.

ⅳ 2009년 10월 시험에서는 원 점수에 54점 만점에 중간인 27점을 받은 경우 510점의 환산 점수를 받았다.

ⅴ 2009년 10월 시험에서는 원 점수가 0점인 경우 230점이 주어졌고, 기본 점수는 어느 시험이나 마찬가지로 200점이다.

02-5. SAT Reasoning Math의 전체 구성

1. 전체 구성

SAT Reasoning Math는 3개의 분야(Section)로 구성되어 있으며, 이 3개의 분야가 전체 점수를 구성한다. (실제 시험에서 3개 분야 외에 한 section이 추가된 경우가 있는데, 이를 wild section이라 하며 실험적으로 추가된 section으로 이는 점수에 합산되지 않는다.) 처음의 두 section 중 한 Section은 객관식 문제만 20문제가 나오고, 다른 한 section은 객관식 8문제와 단답형 주관식 10문제가 출제되며, section의 순서는 상관없다.

■ 분야별 질문의 개수와 유형

	1 또는 2번째 Section(2-7)	1 또는 2번째 Section(2-7)	3번째 Section(8-9)
문제 수	20문제	18문제	16문제
시험 시간	25분	25분	20분
질문의 유형	오지선다형 객관식 20문제 (Multiple-choice)	오지선다형 객관식 8문제 (Multiple-choice) 주관식 단답형 10문제 (Student-Produced response)	오지선다형 객관식 16문제 (Multiple-choice)
답안 유형	객관식 문제 (A)-(E)	객관식 문제 (A)-(E) 주관식 문제 (Grid-in)	객관식 문제 (A)-(E)
전체	44문제 / 오지선다형 객관식(Multiple-choice) 10문제 / 주관식 단답형(Student-Produced responses)		

2. Grid-in 문제의 유형

주관식 단답형(Student-Produced response)이 10문제 출제된다.
주의할 점은 아래와 같다.

❶ 틀린 문제에 대한 감점은 없다.

❷ 답을 고르는 객관식이 아니기 때문에 계산 실수를 막기 위해서 계산기 사용이 바람직하다.

❸ 채점은 맨 윗줄에 쓴 답이 아닌 그 다음 줄의 동그라미에 칠한 답이 채점되니 Grid-in 연습을 충분히 해야 한다.

ⓘⓥ 답은 기재할 수 있는 칸이 4개이며 4자리 수를 넘으면 안 된다.

ⓥ 계산한 답이 음수(negative number)이거나 무리수라면 틀린 답이다.

ⓥⓘ 답은 어느 칸부터 시작해도 상관없으나 첫 칸부터 채우는 것이 실수와 시간 낭비를 줄일 수 있다.

ⓥⓘⓘ 분수 답은 소수점으로 써도 상관 없으나 분수로 쓰기를 권한다. 예를 들어 1/3를 소수점 답으로 쓰고자 한다면 .333로 써야지 0.33으로 표기할 수 없고 .33을 쓰면 정확하지 않은 답이기에 오답으로 처리된다. 하지만 1/3를 2/6나 3/12로 써도 상관없다.

7/9은 .77이나 .78로 쓰면 틀리며 .777이나 .778로 써야 한다. 하지만 14/18은 칸이 모자라기 때문에 쓸 수 없다.

ⓥⓘⓘⓘ 3 1/2같이 대분수(mixed number)는 쓸 수 없고 7/2 같이 가분수로 써야 한다.

ⓘⓧ 가능한 답이 여러 개 있으면 그 중 하나를 택하여 쓰면 된다.

02-6. SAT Reasoning Math 전략

SAT Reasoning Math를 치른 많은 학생들이 쉬웠다고 얘기하며 800점을 기대하고 있다가 실수로 자기도 모르게 두세 문제를 틀림으로 인해 700점 초반의 점수를 받고 실망하는 경우를 많이 봐왔다. 특히 수학에서 고득점을 받기 위해선 실력과 아울러 시험 전략을 잘 세워야 한다.

1. 시간 단축을 위한 단거리 질주

❶ 쉬운 문제를 많이 연습하자.

쉬운 문제라고 우습게 여기지 말고 충분히 훈련하여 실수와 시간을 줄이고 Section 끝 부분의 어려운 문제를 위하여 시간 여유를 가져야 한다. 예를 들면 20문제에 25분의 시간이 주어지는데, 처음 15문제를 10~12분 안에 풀어야 나머지 5문제에 10분을 쓰고, 나머지 3~5분을 전체 점검하는 시간으로 가질 수 있다.

❷ 한 문제당 일 분이 배당되었다고 생각하면 잘못이다.

모든 문제에 난이도는 1부터 5까지 있지만 배점은 모두 같기 때문에 어려운 문제에 시간을 많이 빼앗겨서는 안 된다.

ⅲ **어려운 문제를 수학적 방법에 의거해 멋지게 풀 필요가 없다.**
문제 풀이 방법은 보통 두세 가지가 있으니 연습을 통하여 멋있는 방법보다는 가장 빠른
방법을 습득해야 한다.

ⅳ **건너뛰는 것을 주저하지 말자.**
모든 문제가 길어야 1분 안에 풀 수 있게끔 만들어져 있기 때문에 30초 안에 답을 구하
지 못한다면 다음 문제로 건너뛰는 것을 주저하지 말자.

2. 고득점을 위한 6가지 big idea

ⅰ **Know Your Content(공부하자)**
무엇보다도 SAT 수학 내용을 모르면 풀 수가 없다. 아무리 좋은 전략도 알아야 하는 지
식을 대신할 수는 없다. 특히 수학 용어와 외워야 하는 공식은 외워야 한다.

ⅱ **Think Laterally(측면으로 생각할 줄 알아야 한다)**
그야말로 SAT 수학은 Reasoning 시험이다. 계산적인 방법 외에 수학적 감각(Math
sense)을 사용하는 방법이 쉽고 빠른 경우가 많다.

ⅲ **Plug in numbers(숫자를 직접 대입해 보자)**
복잡해 보이는 문제들도 숫자를 대입하여 쉽게 풀 수 있는 방법을 이용하자.

ⅳ **Use the Answer Choices(보기의 답을 대입해 보자)**
많은 문제가 보기의 답을 이용해 거꾸로 풀어 답을 찾거나 보기를 줄일 수 있다.

ⅴ **Watch for Traps(함정을 조심하자)**
X에 답을 찾았는데, 문제는 3X의 답을 구하는 것이라 생각치도 못한 실수를 하기 쉽다.
이런 함정이 항상 한두 개 있으니 조심하자.

ⅵ **Establish and Follow Patterns(형식을 세우고 이용하자)**
복잡한 문제라도 간단한 경우의 형식을 먼저 찾아 놓고 복잡한 경우에 적용하면 쉽게 풀
수 있다.

3. 수학 문제에 나오는 도형이나 그래프에 "the figure is not drawn to

scale"이란 말이 없으면 그 모양을 통해 치수를 짐작하여 답을 구하는 데 활용할 수 있다.

4. 난이도가 높은 문제라고 풀기 어려운 문제는 아니다.

SAT 수학에는 크게 어려운 문제가 없다. 남들이 어렵다고 해서 반드시 나도 어렵지는 않으니 모든 문제를 다 풀어 보자.

5. 시험지 여백을 잘 활용하여 생각하는 것을 모두 쓰는 습관을 갖자. 실수도 줄일 수 있으며, 효율적이다.

6. 문장을 수식으로 바꿔 보자.

ⅰ A number increased by five $\rightarrow x + 5$.

ⅱ What is 10% of 200 $\rightarrow x = (10/100)200$

ⅲ What % of 20 is 300 $\rightarrow (x/100)20 = 300$

ⅳ 5 less than a number $\rightarrow x - 5$

ⅴ Senven times the sum of a number and three $\rightarrow 7(x + 3)$

ⅵ A number y exceeds four times a number x by ten. $\rightarrow y = 4x + 10$

ⅶ The product of x and 6 is greater than 3. $\rightarrow x \times 6 > 3$

ⅷ The sum of x and 14 is less than 21. $\rightarrow x + 14 < 21$

ⅸ The sum of a number x and four is at least nine. $\rightarrow x + 4 \geq 9$

ⅹ The difference between a number x and 7 is at most 9. $\rightarrow x - 7 \leq 9$

7. 수학 용어에 익숙해지자

수학은 우리나라에서 나온 학문이 아니기에 한국말로 번역한 용어들이 이상한 경우가 많다.

더구나 미국에서 공부를 하고자 한다면 용어를 익혀야 하는 것은 가장 기본적인 것이다. 영어로 된 수학 용어는 전세계가 공통적으로 쓰고 있으니 한국 대학에서 공부를 하더라도 반드시 알아야 한다.

03

SAT Writing Test

Writing은 우리 마음 속의 생각을 글로 나타내는 작업이다. 삶에서 직접 얻은 경험, 또는 독서나 다른 미디어를 통해 얻은 지식과 가치관을 자신의 글로 표현하는 것이다. Essay Writing 시험은 자신의 생각을 정리하고 그것을 글을 통하여 효과적으로 표현할 수 있는 기회를 갖게 해 준다. 또한 writing을 통하여 올바른 어휘의 선택과 타당한 논리로 다른 사람의 생각에 효과적으로 다가갈 수 있는 능력을 기를 수 있게 된다. 게다가 다른 사람의 writing을 읽을 때 그 사람이 자신의 생각을 어떤 표현 방법과 어휘를 사용하여 글을 전개했는가를 알 수 있는 시야를 가질 수 있게 되어, 글의 표현 속에서 글을 쓴 사람의 생각을 읽을 수 있는 Critical Reading Skill (비판적 읽기 능력)도 기를 수 있다.

03-1. SAT Writing Test는 어떤 시험인가?

SAT Writing Test는 영어의 Grammar(문법), Usage(관용적 표현)와 Essay

Writing(에세이 쓰기)을 통하여 자신의 논리를 얼마나 효과적이며 정확하게 표현할 수 있는가를 묻는 시험이다.

SAT Writing은 1개의 에세이와 총 3종류의 객관식 문제로 구성되어 있다.

전체 시험 시간은 60분이며, 처음 25분 동안 먼저 에세이 시험을 본다. 그 다음 25분 동안에는 3가지 종류로(Sentence Improvement, Error Identification, Paragraph Revision) 구성된 35개의 객관식 문제를 풀고, 마지막 10분 동안은 14개의 Sentence Improvement 문제를 푼다. Sentence Improvement 문제는 두 개의 섹션에 걸쳐 총 25문제가 출제된다.

	Section 1	Section 2-7	Section 10
문제 수	1문제	35문제	14문제
시간	25분	25분	10분
문제 유형	에세이	Sentence Improvement (11문제) Error Identification (18문제) Paragraph Revision (6문제)	Sentence Improvement (14문제)
답안의 유형	두 쪽 분량의 에세이 쓰기	5개의 선택에서 답을 고르는 객관식	5개의 선택에서 답을 고르는 객관식
합계	Essay (1문제, 주관식) Sentence Improvement (25문제, 객관식) Error Identification (18문제, 객관식) Paragraph Revision (6문제, 객관식)		

03-2. SAT Writing Test에 대한 오해

SAT Writing 시험을 어렵게 생각하는 학생들이 많은데, 이 시험에 대한 잘못된 오해들을 해결해 가면서 효율적인 시험 전략을 세워 보도록 하자.

1. 나는 작문을 잘하지 못해 SAT Writing Test 점수를 잘 받을 수 없다?

흔히 에세이 성적이 SAT Writing Test 전체 비중의 절반 이상을 차지한다고 생각한다. 사실은 작문 점수의 총 비중은 800점 만점 중 180점밖에 되지 않는다. 더구나 작문 점수 중 1점 차이는(예를 들어 10점과 11점) 실질 점수에 10~20

점 차이밖에 나지 않는다. 이 점수는 일반 객관식 두 문제 정도의 차이다.

2. 대학입학 자격을 평가할 때 나의 에세이 점수를 본다?

대학이 학생을 선발할 때는 SAT의 Critical Reading, Math, Writing 성적 전체를 보고 평가하며, 에세이 점수 하나만을 따로 보고 평가하지는 않는다.

3. 영어가 모국어가 아니라 작문에서 좋은 점수를 받을 수 없다?

작문 시험은 말을 잘 하는지를 묻는 시험(speaking test)이 아닐 뿐더러 많은 관용 구문(many idiomatic constructions)을 묻는 시험도 아니다. 그러므로 문법적인 요소들을 집중적으로 공부하면 좋은 점수를 받을 수 있다.

4. 좋은 성적을 위해선 배워야 할 것이 끝이 없어 보인다?

시험에 출제되는 문법은 그리 많지 않고, 그 내용은 전략적인 학습과 연습을 통해서 단기간에 완성할 수 있다.

5. 작문(essay writing)은 내가 원하는 대로 쓸 수 있다?

물론 내가 원하는 대로 논리를 정리해 나갈 수 있다. 그러나 채점자들이 점수를 매길 때 중요하게 보는 에세이 형식(formats)을 따르는 것이 좋은 점수를 받을 수 있는 방법이다. 즉, 형식에 따라 자신의 생각을 전개하여 글을 쓰는 연습을 통해 좋은 점수를 받을 수 있다.

03-3. SAT Writing Test의 채점 방식

1. SAT Writing Test의 총점은 800점이다.

2. 에세이와 객관식 두 개의 부속 점수(sub-scores)가 합해져 원 점수(raw score)를 결정하며, 상대평가(percentile)에 의해 환산 점수(scaled score)가 주어진다.

객관식(multiple choice)에서 원 점수(raw score) 계산하기

Raw score = 정답의 수 − (1/4) × 오답의 수

생략(omitted)한 문제에 대한 감점은 없으나, 풀지 않은 문제가 많다면 좋은

점수를 받을 수 없다.

3. 에세이(Essay)

2명의 채점관이 대략 3분 이하의 시간에 글을 채점한다.

각각의 채점관이 전체적인 관점(holistically : 조건별로 점수를 주는 것이 아닌 전체적인 인상에 의해)에서 0~6 사이의 점수를 부여한다.

Score (점수)	Development of Position (글의 전개)	Organization (글의 구조)	Use of Language (언어의 사용)	Sentence Structure (문장의 구조)	Grammar and Word Usage (문법과 어법)
0	Off-topic: 주제와 관계가 없을 때	N/A	N/A	N/A	N/A
1	No plausible position is taken on the topic; severely lacking in examples, reasons and/or evidence	Disorganized; little or no focus; incoherent	Contains fundamental vocabulary mistakes	Severely flawed sentence structure	Grammar and word usage are so poor that they interfere with meaning; very poor mechanics (like punctuation)
	받아들여질 만하지 않은 견해; 뒷받침 할 만한 예나 이유 나 증거 결여	초점과 조직성이 없음; 생각의 앞뒤 가 맞지 않음	기본 단어들의 실 수가 있음	심각하게 결점이 많은 문장 구조	매우 빈약한 문법 과 용법으로 의미 전달이 안 됨; 매우 빈약한 구두법
2	Position on topic is unclear or extremely limited; inappropriate examples or reasons; insufficient evidence	Poorly organized; lacks focus; problems with coherence or flow of ideas	Poor use of language; indicates very limited vocabulary and poor word choice	Frequent problems with sentence structure	Grammar and word usage mistakes are frequent and interfere with meaning; poor mechanics
	정확하지 않으며 극히 제한된 견해; 걸맞지 않는 이유 나 증거 부족	초점과 조직성의 빈약; 생각의 흐름 과 일관성 결여	언어 사용의 빈약 함; 제한적인 단어 실력과 맞지 않는 어휘 선택	결점이 많은 문장 구조	문법과 용법 실수 가 잦아 의미 전달 이 방해됨; 빈약한 구두법

3	Position on topic demonstrates critical thinking skill applied inconsistently; inadequate examples, reasons or evidence	Limited in organization and focus; demonstrates lapses in coherence or flow of ideas	Displays developing use of language; contains indications of weak vocabulary and poor word selection	Some problems with sentence structure; lacks a variety of sentence structures	Contains many mistakes in grammar word usage and mechanics
	창조적 사고가 때 때로 적용된 견해; 부적당한 이유나 증거	초점과 조직성이 제한적일 때; 생각 의 흐름과 일관성 에 실수가 있음	충분치 못한 언어 사용; 어휘 실력의 부족함과 선택의 빈약함	결점이 있는 문장 구조; 단조로운 문 장 구조	문법과 어법과 구 두법의 잦은 실수
4	Position on topic demonstrates competent critical thinking skill; example, reasons and evidence are adequate	Generally organized and focused; demonstrates some coherence and attention to the flow of ideas	Displays adequate, but inconsistent, use of language; vocabulary used is generally appropriate	Good sentence structure; demonstrates some variety of sentence structure	Contains some mistakes in grammar, word usage and mechanics
	적당한 창조적 견 해; 만족수준의 이 유와 증거를 보여 줄 때	받아들여질 만한 수준의 초점과 구 성; 일관성이 있는 편이고 주의를 끌 만한 생각의 흐름 이 있음	일관되진 않아도 적당한 언어력: 적 당하게 사용된 어 휘력	좋은 문장 구조; 문 장 구조의 다양성 이 약간 보임	문법과 어법과 구 두법의 약간의 실 수

5	Position is effectively developed through strong critical thinking skill; examples, reasons and evidence are generally appropriate	Well organized and focused; demonstrates coherence and ideas flow well	Displays competent use of language; uses appropriate vocabulary	Good sentence structure; demonstrates variety in sentence structure	Generally free of mistakes in grammar, word usage and mechanics
	강한 창조적 사고로 견해를 효과적으로 전개해 나감; 딱 맞는 예와 이유와 증거를 보임	초점과 구성이 잘 짜여짐; 일관성 있게 생각의 흐름을 잘 나타냄	적절한 언어력; 적당한 어휘력	좋은 문장 구조; 다양한 형태의 문장 구조를 사용	이렇다 할 문법과 어법과 구두법의 실수가 없음
6	Position effectively and insightfully developed through outstanding critical thinking skill; examples, reasons and evidence are clearly appropriate	Well organized and clearly focused; clearly coherent and ideas flow seamlessly	Displays skillful use of language; vocabulary is accurate and varied; words are appropriately and skillfully chosen	Good sentence structure; demonstrates meaningful and skilled variety of sentence structure	Free of most mistakes in grammar, word usage and mechanics
	뛰어난 창조적 사고로 견해를 효과적으로 통찰력 있게 전개해 나갈 때; 명확하고 정확한 예와 이유와 증거를 보일 때	초점과 구성이 명확함; 일관성과 생각의 흐름이 선명함	능란한 언어력; 다양하고 정확한 어휘력과 능숙한 어휘 선택력	좋은 문장 구조; 의미있고 능숙하게 여러 문장 구조를 사용	문법과 어법과 구두법의 실수가 전혀 없음

Essay sub-scores는 두 사람(한 사람이 1~6점 사이의 점수를 줌)의 채점관이 준 점수를 합하여 0~12 사이의 점수를 받는다.

0점은 off-topic(주제와 전혀 다른 글을 쓸 때)일 때만 받는다. 가령, "정치"에 관한 essay를 요구했는데, "경쟁 사회"에 관해 논했을 때.

1점은 받을 수가 없다. off-topic이 아닐 경우 한 채점자에게 1점은 받을 수 있기 때문에 2점이 기본이 된다.

두 채점자가 1점 이상의 차이가 날 경우(예를 들어 한 사람은 3점을 주고 다른 사람은 5점을 줄 경우)에는 제삼의 채점자가 결정한다.

위에 제시한 SAT주관기관(College Board)의 점수 지침 1~6(score guide-line 1-6)은 다소 모호한 면이 있다. 아래는 저자가 생각하는 보다 실제적인 의미의 점수 지침이니 참고하기 바란다.

		Qualities (작문 수준)
Essay Sub-score	0	Completely off-topic or blank essay. 전혀 다른 주제이거나, 백지로 제출했을 때
	2-3	Mentions the topic in a sentence. 주제에 대해 한 문장 이상의 언급이 있을 때
	4-5	Has an intro with a thesis. 자신의 논지가 있는 한 단락의 서문이 있을 때
	6-7	Has an intro, thesis, 1 body paragraph with an example that somewhat makes sense. 자신의 논지를 포함한 서론과 예문이 있는 본론이 있을 때. 성적 "C"를 받는 학생의 수준 정도이다.
	8-9	Complete essay, adequate examples. 적당한 예문이 포함된 서론, 본론, 결론의 형식을 전부 갖추었을 때. 성적 "B"를 받는 학생의 수준 정도이다.
	10-11	Complete essay, very strong examples, some complexity, some style, and fills up most of the lines given. 강한 인상을 주며, 난해하고(단순한 예가 아닌), 흥미 있게(지루하지 않게) 쓰여진 예문과 함께 주워진 두 면을 알차게 활용했을 때. 성적 "A"를 받는 학생의 수준 정도이다.
	12	Complete essay, complex and original examples, strong style, and fills up most of the lines given. 11 점수가 요구하는 것을 포함한 논술에 창의력이 돋보일 때.

4. 평가점수 환산표 (The Scaled Score)

환산점수(Scaled score)는 essay sub-score와 객관식 raw score의 단순 비례에 의해 계산되지는 않는다.

점수 계산은 다음의 주어진 표에 의해 계산되는데, 주어진 essay 점수에 객관식 점수를 비교해서 산출한다.

Essay Subscore												
	12	11	10	9	8	7	6	5	4	3	2	0
Raw Score 49	800	800	800	800	780	770	750	730	720	710	690	680
48	800	800	800	800	780	760	740	730	720	700	680	680
47	800	800	790	770	750	730	720	700	690	670	660	650
46	800	780	770	750	730	710	690	680	660	650	630	620
45	780	760	750	730	710	690	670	660	650	630	610	610
44	760	750	730	710	690	670	660	640	630	610	600	590
...	...	...	...	...	...	...	...	...	...	...	...	...
1	360	350	330	310	290	270	260	240	230	210	200	200

표에서 보듯이 에세이에서 자신의 생각을 담은 서론, 본론의 형식만 갖춰 쓴다 해도 6점을 받는데 11점을 받은 학생과 비교해도 50~90점밖에 차이가 나지 않는다. Essay를 잘 쓰지 못한다 하더라도 문법 공부에 충실하면 높은 점수를 받을 수 있다.

03-4. SAT Writing Test의 영역 – 에세이(Essay)

- **시간**: 25분
- **분량**: 52줄이 쳐진 답안지 2장
- **방법**: 직접 써서 작성(handwriting)
- **점수**: 0점 ~12점

1. 에세이 문제의 예

Directions	The excerpt appearing below makes a point about a particular topic. Read the passage carefully, and think about the assignment that follows.
General quote	From the time people are very young, they are urged to get along with others, to try to "fit in." Indeed, people are often rewarded for being agreeable and obedient. But this approach is misguided because it promotes uniformity instead of encouraging people to be unique and different. Differences among people give each of us greater perspective and allow us to make better judgments.
Assignment	Is it more valuable for people to fit in than to be unique and different? Plan and write an essay in which you develop your point of view on this issue. Support your position with reasoning and examples taken from your reading, studies, experience, or observations.

■ 다른 Assignments 예:

"Is honesty the best policy? Plan and write an essay in which you develop your point of view on this issue. Support your position with reasoning and examples taken from your reading, studies, experience, or observations."

"Can anyone escape living a life of contradictions?" Plan and write an essay in which you develop your point of view on this issue. Support your position with reasoning and examples taken from your reading, studies, experience, or observations."

"Are heroes born or are heroes created? Plan and write an essay in which you develop your point of view on this issue. Support your position with reasoning and examples taken from your reading, studies, experience, or observations."

"Is it best to have low expectations and to set goals we are sure of achieving? Plan and write an essay in which you develop your point of view on this issue. Support your position with reasoning and examples taken from your reading, studies, experience, or observations."

2. 시험 준비 전략

❶ 좋은 에세이란?

(a) 형식(Formatting): 서론, 본론, 결론의 형식을 가지고 있으며, 분명한 주제문(thesis statement)을 가지고 있다.

(b) 예문들(Examples): 글의 주제를 뒷받침할 만한 근거가 있고 각 문단마다 설득력 있는 예문들을 적절하고 다양하게 사용한다.

(c) 문법(Grammar): 주어 동사의 일치, 올바른 대명사나 완전한 문장, 구두법 등을 사용한다.

(d) 독창성(Originality): 논리(reasons)와 예(examples)가 창의성 있게 글의 주제를 뒷받침한다.

(e) 복잡성(Complexity): 자신의 견해를 세부적으로 설명하여 너무 단순하지 않고 더

수준 있게 주제를 뒷받침한다.

(f) 스타일(Style): 올바른 구두법과 수준 있는 적절한 단어 및 다양한 문장 구조로 글을 쓴다. 또한 글이 처지는 수동태형보다는 능동태형의 문장을 더 많이 사용한다.

ⅱ 에세이 쓸 때의 유의점

(a) 길이: 좋은 에세이는 주어진 문제에 대한 자신의 생각을 어법에 맞고 올바른 영어로 이유와 예를 들면서 논리적이고 설득력 있게 전개하는 것이다. 무조건 길게 썼다고 점수가 좋은 것은 아니다. 주어진 2페이지 이상을 넘지 않도록 하자. 채점자는 주어진 시간과 답안지 분량 안에서 효과적으로 글을 쓰기를 바라기 때문이다.

(b) 시간: 정해진 시간을 넘지 않도록 평소에 연습하자. 25분의 시간이 부족할 것 같다고 해서 바로 에세이 쓰기를 시작하지 말고, 적어도 처음 5분 간은 글을 어떻게 쓸 것인지 계획하라. 그 다음 20분 간은 계속해서 글을 써라. 그러면 2페이지를 다 채울 수 있을 것이다.

(c) 주제문(Thesis Statement): 글의 주제는 너무 광범위하고 피상적이지 않아야 한다. 좋은 주제문일수록, 그 범위를 좁히고 글에 깊이가 있게 한다.

(d) 예문(Examples): 예문을 무조건 많이 썼다고 좋은 글이 되는 것은 아니다. 논지를 뒷받침해 줄 만한 적절한 몇 개의 예를 가지고 상세하고 구체적으로 쓰는 것이 좋다. 또한 같은 종류의 비슷한 예문을 문단마다 반복해서 쓰지 말고, 다양한 다른 종류의 예문들을 사용하여 글에 다양성과 창의성을 준다. 예들은 개인의 경험, 관찰, 문학, 예술, 역사, 과학 등 여러 영역을 포함할 수 있다.

ⅲ 에세이 공부 방법 (How to study essay writing)

(a) 에세이의 형식을 완전하게 익힌다.

(b) 에세이 쓰는 연습을 많이 하고 쓴 글을 보다 좋게 고쳐 본다.

에세이 쓰기를 향상시키는 가장 좋은 방법은 많이 써 보는 것이다. 많은 연습은 폭넓고 깊이 있는 글을 쓸 수 있도록 여러분을 도와줄 것이다. 그리고 주위에 글을 잘 쓰는 사람이 있다면 자신이 쓴 글에 대해 평가를 받아 보는 것이 좋다. 비평을 통해 글쓰기의 약점과 단점을 보완할 수 있는 기회를 가질 수 있게 될 것이다.

에세이를 쓰고 나면 반드시 쓴 글을 다시 읽어 보고, 문법이나 논지 부분을 보완하여 더 좋은 글이 되도록 고쳐 본다. 이러한 수정과 퇴고의 단계를 거치면, 본인이 자주 범하는 실수나 약점을 알 수 있게 되어 점차적으로 더 나은 글을 쓸 수 있는 능력을 가지게 된다. 많이 쓰는 것도 중요하지만 쓴 글을 평가하고 되돌아보는 과정도 역시 중요하다.

(c) 찬성과 반대의 양측을 가질 만한 문제들을 가능한 많이 적어 놓고 생각을 전개해 보자. 예를 들면, "천재성은 광기와 통한다(All genius borders madness)."와 같은 문제들은 개인에 따라서 찬성(support) 또는 반대(oppose)할 수 있는 양면성을 가질 수 있다. 이러한 문제들을 찬성할 만한 이유들과 그에 따르는 예들, 반대할 만한 이유들과 그에 따르는 예들을 함께 나열해 보라. 이 연습은 실제 에세이를 쓰지 않아도, 생각에 논리와 유연성을 주며, 본인의 논지를 뒷받침하는 좋은 예들을 생각해 내는 훌륭한 연습이 될 것이다.

⓸ 에세이 형식 (Essay format)

서론 문단 (Introduction)		글의 topic 소개 글의 주제문(thesis statement)
2~3개의 본론 문단 (Body)	본론 1	문단의 소주제문(Topic Sentence) – 주제문을 뒷받침 예(examples) – 소주제문을 뒷받침
	본론 2	문단의 소주제문(Topic Sentence) 예(examples)
	본론 3	문단의 소주제문(Topic Sentence) 예(examples)
결론 문단 (Conclusion)		주제문을 다시 쓰기(Restating the thesis statement) 본론의 주요 소주제문들을 요약(Summarizing topic sentences) 글을 마감하는 문장(Writing closing insights and comments)

03-5. SAT Writing Test의 영역-객관식 문제(Multiple-Choice Questions)

1. 객관식 문제(Multiple-Choice Questions) 구성

	Section X (2-9)	Section 10
문제 수	35문제	14문제
시간	25분	10분
문제 유형	Sentence Improvement (11문제) Error Identification (18문제) Paragraph Revision (6문제)	Sentence Improvement (14문제)
합계	총 49개의 객관식 문제	

ⓘ 객관식 문제가 묻는 것은?

　　문장을 향상시키는 능력을 평가한다.

　　문법적인 실수를 알아내는 능력을 평가한다.

　　주어진 에세이 안에서 문단을 더 낫게 고치는 능력을 평가한다.

ⓘ 객관식 문제는 A~E까지 5개의 선택 예문 중에서 하나의 정답을 고르는 것이다.

ⓘ 객관식 점수는 전체 SAT Writing Test에서 에세이보다 더 큰 비중을 차지한다: 만일, 에세이에서 만점을 받고 객관식 문제를 다 틀렸다면 800점 만점에서 380점을 받게 된다. 하지만 그 반대의 경우, 객관식을 다 맞고 에세이를 0점 받았다면 680점을 받게 된다.

ⓘ Section X의 경우 Paragraph Revision이 가장 많은 시간이 많이 걸리므로, Error Identification까지 가능하면 빨리 풀어 시간을 확보하도록 한다.

ⓥ 문제를 풀면서 한 문제씩 답안지에 표시하지 말고, 문제를 모두 푼 후에 한꺼번에 답안지에 답을 표시하도록 한다. 그렇게 함으로서 집중력을 흐트러트리지 않을 수 있다.

ⓥⓘ 만일 풀지 못하고 넘어간 문제가 있다면 시험지 위에 문제 전체에 동그라미 쳐 놓아 눈에 잘 띄게 한다. 그래야 나중에 바로 찾을 수 있어서 문제 푸는 시간을 더 확보할 수 있다.

2. 객관식 문제의 유형별 문제 풀이 전략

아래에서 객관식 문제의 세 가지 유형인 Sentence Improvement, Error Identification, Paragraph Revision의 실제적인 예와 문제를 푸는 전략에 대해 하나하나 살펴보도록 하자.

ⓘ Sentence Improvement

- Section X에서 11문제, Section 10에서 14문제가 출제된다.

- 문제에 주어진 문장의 가장 좋은 형태를 예문에서 선택한다.

(a) Sentence Improvement의 예

Directions: The following sentences test correctness and effectiveness of expression. Part of each sentence or the entire sentence is underlined; beneath each sentence are five ways of phrasing the underlined material. Choice A repeats the original phrasing; the other four choices are different. If you think the original phrasing produces a better sentence than any of the alternatives, select Choice A; if not, select one of the other choices. In making your selection, follow the requirements of standard written English; that is, pay attention to grammar, choice of words, sentence construction, and punctuation. Your selection should result in the most effective sentence—clear and precise, without awkwardness or ambiguity.

EXAMPLE

The Iroquois Federation was a loose association of tribes, <u>they rarely bargained or cooperated as a united entity</u>.

(A) The Iroquois Federation was a loose association of tribes, they rarely bargained or cooperated as a united entity.
(B) The Iroquois Federation was a loose association of tribes, who they rarely bargained or cooperated as a united entity.
(C) The Iroquois Federation was a loose association of tribes. Because they rarely bargained or cooperated as a united entity.
(D) The Iroquois Federation was a loose association of tribes; they rarely bargained or cooperated as a united entity.
(E) The Iroquois Federation was a loose association of tribes, of course being that they rarely bargained or cooperated as a united entity.

[정답] D

(b) 문제 풀이 전략

- 한 문제당 1분 이상을 사용할 수 없기 때문에 문장 전체를 자세히 읽을 수 없다.

- 주어진 문제의 밑줄 그어 있는 부분을 자세히 보라.

- 아래의 주어진 선택지를 보지 말고, 먼저 밑줄 그은 부분에서 잘못된 곳을 찾아 보라.

- 어떻게 그 잘못된 곳을 고칠 것인지 생각해 보라.

- 아래의 선택지를 빠르게 훑어보며, 고쳐야 할 곳만 찾아보라. 문장 전체를 읽지는 말라.

- A~E 중 잘못된 곳을 올바르게 고치지 않은 답안은 먼저 지워라.

- 남아 있는 선택지에서 가장 표준 영문법을 따르는 문장을 골라라.

- 좋은 영어는 간결하고 간단하기 때문에 일반적으로 가장 짧은 문장이 정답일 경우가 많다.

ⓘ Error Identification

- Section X에서 18문제가 출제된다.

- 문제에 주어진 문장 안에서 잘못된 부분을 찾아낸다.

(a) Error Identification의 예

Directions: The following sentences test your ability to recognize grammar and usage errors. Each sentence contains either a single error or no error at all. No sentence contains more than one error. The error, if there is one, is underlined and lettered. If the sentence contains an error, select the one underlined part that must be changed to make the sentence correct. If the sentence is correct, select Choice E. In choosing answers, follow the requirements of written English.

EXAMPLE

The effect of galactic interactions <u>on the gas</u> clouds, contained in galaxies,
                                 A

<u>are</u> rather different <u>from</u> the way the constituent stars <u>are affected</u>. <u>No error</u>
 B   C   D   E

[정답] B (are → is)

(b) 문제 풀이 전략

- 먼저 문제의 잘못된 부분을 찾으려고 노력한다.

- 잘못된 부분이 보이지 않으면, 오답으로 가장 흔하게 나타나는 다섯 가지 영역을 생각하며 문제를 푼다. 즉, 주어 동사 일치, 올바른 대명사 사용, 비교급, 평행 구조 (parallel structure), 동사의 시제 등을 살펴본다.

- 18문제 중 2~4개는 No error가 정답이 될 수 있으므로, 정답을 표시할 때 No error가 2~4개 정도인지 확인한다.

(c) 시험에 자주 출제되는 문법 영역

- 주어와 동사의 수는 일치해야 한다. – 즉, 단수 주어는 단수 동사와 일치해야 한다.

- 대명사와 명사의 인칭, 성, 수는 일치해야 한다.

- 대명사가 지칭하는 명사가 문장 안에 반드시 존재해야 한다.

- 문장의 평행 구조는 잘 맞아야 한다.

- 수식하는 수식어들은 가능한 수식을 받는 단어 가까이에 위치해야 한다.

- 비교급에서 비교되는 대상은 같은 종류(the same type)여야 하며, 적절한 비교급 형태의 단어를 사용해야 한다.

- 수동태와 능동태를 올바르게 사용한다. SAT에서 행위자(performer)가 주어로 나와 있는 수동태는 오답이므로 행위자가 주어로 나오는 문장은 능동태로 바꾸어야 한다.

- 한 문장 안에 있는 동사의 시제는 동일한 시간 선상에 있을 때 같아야 한다.

- 주어나 동사가 없는 문장은 완전하지 않으므로, 완전한 문장에는 항상 주어와 동사가 있

어야 한다. 또한 두 절이 연결될 때는 적절한 접속사나 구두법을 사용하여 연결해야 한다.

- 이중 부정(double negation)은 하나의 부정으로 고쳐야 한다.
- 문장의 불필요한 부분의 반복(redundancy) 은 간략한 형태로 바꾸어야 한다.
- 영어의 관용어구(idiom)는 적절한 형태로 쓰여져야 한다.
- 형용사와 부사는 적절한 위치에서 올바르게 꾸며주어야 한다.

ⓘ Paragraph Revision

- Section X에서 6문제가 출제된다.
- 학생의 에세이가 지문으로 나오며, 그 지문을 바탕으로 더 나은 에세이가 되도록 문단에서 문장의 순서를 재배열하거나, 적절하게 문단과 문단을 연결하거나, 불필요한 부분을 없애거나, 더 좋은 문장들로 고치는 문제이다.
- 푸는 데 시간이 가장 많이 걸리는 문제이므로 먼저 시간을 확보해둔다.

(a) Paragraph Revision의 예

Directions: The following passage is an early draft of an essay. Some parts of the passage need to be rewritten. Read the passage and select the best answers for the questions that follow. Some questions are about particular sentences or parts of sentences and ask you to improve sentence structure or word choice. Other questions ask you to consider organization and development. In choosing answers, follow the requirements of standard written English.

EXAMPLE

(1) Few other foods have been taken up by so many people in so many places so quickly like the chili pepper. (2) The chili pepper was known only in the Americas. (3) When Columbus ran into the chili pepper, he mistakenly thought it was related to black pepper, which was widely traded in Europe. (4) Once Columbus introduced the chili pepper to Europe, it spread quickly. (5) Within years, it would not only infuse southern European cooking with bold new flavors but also revolutionize India, China and Thailand. (6) When the traditional land and sea routes to Asia were cut off by the rise of the Ottoman Empire, European traders looked for new ways to India and the lands beyond. (7) Columbus headed west, certain he would find a new route to the East Indies. (8) The remarkable spread of the chili is a piquant chapter in the story of globalization. (9) Within a half-century of chilies arriving in Spain, they were being used across much of Asia, along the coast of West Africa, through the Maghreb countries of North Africa, in the Middle East, in Italy, in the Balkans and through Eastern Europe as far as present-day Georgia. (10) In terms of keeping billions of people fed, the chili can hardly compare to rice or corn or even potatoes, of course.

Type 1: Sentence Revision: fix the sentence to make it grammatically correct or more accurately fit the author's intended meaning. (문법적으로 더 바른 문장을 만들거나, 더 정확하게 작가의 의도를 나타내기 위해 문장을 고치기.)

In context, which is the best version of sentence 5 (reproduced below)?
Within years, it would not only infuse southern European cooking with bold new flavors but also revolutionize India, China, and Thailand.

(A) (As it is now)
(B) Within years, it would not only infuse southern European cooking with bold new flavors and also revolutionize India, China, and Thailand.
(C) Within years, it would not only infuse southern European cooking with bold new flavors but also revolutionize India, China, and Thailand as well.
(D) Within years, it would not only infuse southern Europe with bold new flavors but also revolutionize the cooking of India, China, and Thailand.
(E) Within years, it would not only infuse southern European cooking with bold new flavors but also revolutionize cooking in India, China, and Thailand.

Correct answer: (E) correctly compares southern European cooking to cooking in Asian countries.

Type 2: Clarification: revise words, phrases, or sentences to clear up confusion or transition from one sentence to the next. (한 문장에서 다음 문장으로 넘어갈 때 혼란을 없애기 위해 단어, 구, 절을 다시 고치기.)

Which is the best replacement for "ran into" in sentence 3?

(A) encountered
(B) met up with
(C) observed
(D) confronted
(E) got hold of

Correct answer: (A) "ran into" is imprecise and therefore incorrect because Columbus did not literally collide with the chili pepper. Rather, he discovered the chili for the first time.

Chapter

SAT Subject Tests
준 비 하 기

III

SAT Subject Tests에 대한 일반적인 궁금증

1. SAT Subject Tests란?

SAT Reasoning Test가 학생들의 논리력, 판단력, 이성력을 묻는 시험인 것에 반해 SAT Subject Tests는 각 과목의 학생들의 학업 능력을 묻는 시험으로 AP Tests 성적과 함께 대학 입학 시 학생의 학력 평가에 중요한 자료로 사용된다.

2학기가 시작되는 2~3월부터는 5월 초에 있을 AP Tests 준비와 더불어 5월과 6월 첫째 주 토요일에 있는 SAT Subject Tests를 준비해야 한다. 더구나 2010년 3월 시험부터 SAT Subject Tests에도 CollegeBoard의 스코어 초이스가 적용되기 때문에 5월, 6월 시험을 두 번 연이어 보기를 권장한다.

2. SAT Subject Tests은 언제 봐야 하나?

시험 보는 시기는 학년에 관계없이 해당 과목을 택하고 있는 2학기 말인 5월이나 6월에 보는 것이 좋다. 더구나 학년말 시험과 AP Tests를 같이 준비할 수 있기 때문에 한 가지 공부로 3개의 시험을 치를 수 있다. 예를 들면 학생이 AP Chemistry를 듣고 있다면 5월에 AP 시험을 보고, 5월과 6월에 SAT Chemistry Subject 시험을 보고, 6월 말에 있는 학년말 시험을 보면 된다.

예외적으로 Math Level IIC 시험은 Pre-Calculus를 택하는 학년말에 보면 되고, Literature 시험과 Spanish 시험 등 외국어 시험은 가능하면 시험 보는 시기를 늦춰 11학년 말에 보는 것이 좋다. 한국어 시험을 택할 경우 한국에서 온 유학생이라면 9학년이라도 상관없이 언제든 자신있을 때 보면 된다.

3. 한국 학생들에게 SAT Subject Tests가 더 유리하다.

우리 한국 학생들에겐 SAT Reasoning Test보다는 SAT Subject Tests에서 좋은 성적을 받기가 유리하다. SAT Reasoning Test는 학업 능력을 묻는 시험이라기보다는 이성, 논리력을 묻는 시험이기에 정확한 시험 범위가 없고 단기간에 준비한다는 것이 어렵다. 반면에 SAT Subject Tests는 학교 과목의 성적과 직결되며 시험 범위가 한정되어 있고, 질문 형태가 모호하지 않고 명확하다. 또한 수학과 과학 과목에서 높은 점수받기가 쉽기 때문에 상대적으로 수학과 과학을 잘하는 우리 한국 학생들에겐 더 유리하다. 예를 들어 Math Level IIC의 경우 50문제 중 반 정도를 맞아도 630~640점의 점수를 받을 수 있어 단기간의 준비로 700~750점 이상의 점수를 쉽게 받을 수 있다.

4. SAT Subject Tests과 AP Tests를 더 공략해야 하는 이유는?

통계적으로 SAT Subject Tests와 AP Tests의 성적이 좋은 학생들이 대학에서 좋은 성적을 거두는 것으로 나타나고 있다. 때문에 많은 유명대학들이 대학 입학사정 시 SAT Reasoning Test보다도 SAT Subject Tests와 AP Tests 성적을 중요시하는 추세이다. 학생들이 대학에서 낙오없이 좋은 학업 성적을 받기 위해선 높은 학업 능력이 요구된다.

5. SAT Subject Tests는 몇 과목을 보아야 하나?

대학에서 요구하는 과목 수는 보통 2과목이며 유명 사립대학의 경우에는 3과목이다. 그러나 Common Application에 SAT Subject Tests 성적을 쓰는 난은 6개이기 때문에, 대학 지원 시 6개의 난에 다양한 과목의 700점 이상의 점수를 모두 기재하여 넣는다면 학업적으로 사정관들에게 강한 인상을 심어줄 수 있을 것이다.

자신이 보여줄 수 있는 학업 우수함을 SAT Subject Tests와 AP Tests를 통해 최대한 보여주어야 한다. 참고로 아이비리그를 지원하는 학생들이 응시하는 평균 과목 수는 5과목으로 나타나고 있다.

6. UC에서는 더이상 SAT Subject Tests 점수를 요구하지 않는데 그래도 시험을 봐야 하나요?

SAT Subject Tests는 100위권 안에 있는 상위권의 대학에서 2과목에서 3과목을 요구하고 있다. UC가 아닌 다소 경쟁력이 떨어지는 다른 주립대학에서는 예전에도 SAT Subject Tests 점수를 요구하지 않았었다. UC에서도 2012년 신입생부터 SAT Subject Tests 점수 없이도 지원할 수 있게 정책을 2009년에 발표했다. 하지만 아직도 제출한 점수를 고려하겠고, 전공이나 캠퍼스에 따라 성적 제출을 권장하겠다는 내용이다. 다음은 UC에서 발표한 본문의 일부이다.

Still, under the new eligibility policy, students will have the choice to submit their subject tests scores as part of their credentials to be considered during the campus-level admission process, and subject tests also might be recommended for some majors at some campuses.

위에 내용을 본다면 SAT Subject Tests에 관한 정책을 사실상 변한 것이 없다고 봐야 한다.

UC를 제외한 상위권의 대학들이 아직도 필수로 요구하고 있고, UC에서조차도 경쟁력을 높이기 위하여서는 제출하는 것이 좋다.

7. SAT Subject Tests는 어떤 과목을 보아야 하나?

학생이 볼 수 있는 과목은 모두 보는 것이 좋다. 단 700점 이상 받을 수 있는 과목을 선정하여 준비하는 것이 좋다. SAT Subject Tests 범위는 과목의 전체 내용이 일정 범위가 정해져 있기 때문에 단기간의 집중 공부로 고득점이 가능하다. 어떤 학생들이 어떤 시험을 볼 수 있나를 아래 도표에 정리해 보았다.

SAT Subject Tests	평균 점수	Recommendation
Literature	580	English 3 Honor, AP Composition 또는 AP Literature Class를 택하고 있고, Critical Reading 에 자신있는 11학년 학생
United State History	601	AP 또는 Honor US History를 택하고 있는 학생
World History	605	AP 또는 Honor World History를 택하거나 AP Euro History를 택하고 있는 학생
Mathematics Level 1	605	Algebra 2 이상을 택하고 있는 학생
Mathematics Level 2	649	Pre-Calculus 이상을 택하고 있는 학생
Biology E/M	Ecological: 601 Molecular: 638	AP 또는 Honor Biology를 택하고 있는 학생
Chemistry	644	AP 또는 Honor Chemistry를 택하고 있는 학생
Physics	658	AP 또는 Honor Physics를 택하고 있는학생
Korean with Listening	764	9학년 이상 시험이 준비된 학생
Spanish, Chinese, Japanese, French, German with Listening	Spanish (654), Chinese (761), Japanese (688), French(569), German(604)	Level 3 이상을 택하고 있는 학생
Spanish, Italian, French, German	Spanish (644), Italian (663), French (620), German (612)	Level 3 이상을 택하고 있는 학생

- 2010년 12학년 학생들의 평균 성적
- 각 과목의 평균 점수는 해마다 근소한 차이를 보이고 있다. 최근 정보는 아래의 website를 참고하면 된다.
  http://professionals.collegeboard.com/testing/sat-subject/scores/average

Engineering School뿐만이 아닌 많은 대학에서 2~3과목의 SAT Subject Tests
과목 중 Math Level IIC를 필수로 요구하고 있다. 특히 이과 계통(Engineering
이나 Science)을 전공하려는 학생들은 SAT Subject Tests를 Math Level IIC
로 봐야 한다.

Math Level IIC는 SAT Reasoning Math와는 달리 학교 공부에 충실한 학생
들이 적은 준비로 잘 볼 수 있는 시험이다. SAT Reasoning Math 문제가 명칭
대로 계산보다는 Reasoning의 비중이 높기 때문에 다소 IQ Test 문제처럼 보
이는 데 반해 Math Level IIC 문제는 학교 교과서의 문제들과 거의 흡사하다.

02-1. 어떤 학생들이 Math Level IIC를 택해야 하나?

Algebra II Honor Class나 Pre-Calculus에서 B 이상을 받고 있는 학생이라면

누구라도 권하고 싶다. 특히 한국 학생들에겐 다른 과목에 비해 쉽게 높은 점수를 받을 수 있다.

시험 범위는 학교에서 배우는 Geometry, Algebra II와 Pre-Calculus에서 나온다. SAT I은 학교 성적과 다소 상관이 없이 SAT I을 많이 준비한 학생들이 좋은 성적을 받지만, Math IIC는 학교 교과과정에서 다루는 문제 형식들이 그대로 출제되기 때문에 보통 학교 성적이 좋은 학생들이 높은 Math IIC 점수를 받는다.

시험 보는 시기는 Algebra II Honor, Pre-Calculus Class를 듣고 있는 학생들이 보면 된다. 시험 문제에 20% 정도는 Pre-Calculus에서 나오지만, 그 내용은 Algebra II Honor에서도 다뤄지는 내용이기 때문에 조금만 신경 써서 준비하면 상관없다.

성적은 50문제 중 원 점수(raw score)를 25점만 받아도 630~650점이 나오기 때문에 조금만 신경써서 준비한다면 750점 이상의 고득점을 받을 수 있다.

02-2. 시험 내용과 형식(Contents and Format)

시험을 준비하기 위해서는 Geometry, Algebra II와 Pre-Calculus 내용 중 아래의 개념들을 집중해서 공부해야 한다.

Topics	시험 내용	출제 문항 수
Number and Operations	operation, ratio and proportion, complex numbers, matrices, sequences, series, vectors	5-7문제
Algebra and Functions	Range and domain of functions, equations, inequalities, expressions, linear, piecewise, polynomial, rational, exponential, logarithmic, trigonometric, parametric functions	24-26문제
Coordinate Geometry	line, parabolas, circles, hyperbolas, ellipses, transformation, polar coordinates	5-7문제

Three-dimensional Solids	Surface area and volume of cylinders, cones, pyramids, spheres, prisms	2-3문제
Trigonometry	Right triangle, identities, double angle formula, radian measure, law of sine, law of cosine,	6-8문제
Statistics, Probabilities Data Analysis	Mean, median, mode, range, standard deviation, graphs and plots, counting, probabilities	3-5 문제

02-3. 시험 준비 방법(Preparation)

시험은 총 50문제로 처음 35문제는 비교적 간단하게 풀 수 있는 문제이나 그 다음의 15문제는 다소 시간이 소요된다. 3분의 2의 문제 중 3분의 2가 계산 기를 사용해야 하며, 그중 많은 문제들이 계산기 사용만으로도 풀 수 있기 때문에 적절히 계산기를 사용하는 것이 필수적이다. 권할 만한 계산기로는 HP Ti-89이 적합하며, 시험 전에 사용 방법을 충분히 익혀야 한다.

특별히 주의할 것은 시간의 적절한 안배이다. 시험의 난이도에 상관없이 같은 점수가 주워지기 때문에 모르는 문제에 시간을 많이 소비해서는 안 된다. 2번 이상 읽어서 이해가 되지 않으면 skip하고 나중에 돌아와 다시 시도해 보는 것이 좋다. 처음 35문제 가량은 Algebra II에서 B 이상 받는 학생이라면 모르는 문제는 없기 때문에 2-3번 시도한다면 쉽게 풀 수 있다.

필자 역시 주기적으로 실제 Math Level IIC 시험을 보고 있다. 시험 범위는 3년의 교과과정이지만 항상 나오는 범위에서 출제되고 있다. 따라서, 연습 문제를 통해 자신의 약한 부분을 파악하고, 그 부분에 대한 공식을 외우며 집중 준비하는 것이 좋다.

800점 만점을 위해선 모의시험을 통한 충분한 연습과 숙련된 계산기 사용이 필요하다. 난이도가 쉬운 처음 35문제를 20~25분 사이에 정확하고 빨리 풀고, 다음의 15문제에 충분한 시간을 가져 원 점수를 50점 중 44점 이상을 받을 수 있으면 된다. 수학을 잘하는 한국 학생들은 어렵지 않게 받을 수 있는 점수이니 도전해 보기를 바란다.

03

Chemistry

Engineering, Science를 전공하려는 학생들은 과학의 SAT Subject Tests 세 과목(Chemistry, Biology E/M, and Physics) 중 한 과목을 선택하게 된다. 그중 Chemistry에 대해 알아보도록 하겠다.

대부분의 고등학교에서는 과학 과목 중 Biology를 제일 먼저 택하며, Chemistry, Physics 순으로 교과과정이 짜여져 있다. Chemistry를 SAT Subject Tests로 보는 학생들은 10학년이나 11학년이라 할 수 있다.

시험 시기는 학년말 시험이 있는 6월로 정하면 되며, 시험 범위는 다른 과목과 달리 고등학교 Chemistry 교과 과정 topics과 일치하므로 학교에서 AP/IB Chemistry course를 듣는 것이 도움은 되지만 Honors Chemistry course를 택하는 정도로도 준비는 충분하다고 생각된다.

03-1. 어떤 학생들이 Chemistry를 택해야 하나?

Science 과목 중 어떤 과목을 택해야 하느냐는 질문을 자주 받는다. 우선 Engineering을 전공하려는 학생들은 대학에서 Chemistry와 Physics를 필수 교양과목으로 택해야 하기 때문에 Biology보다는 Chemistry나 Physics를 봐야 한다.

Chemistry는 Physics에 비해 topic 간에 개념들이 연관성이 적기 때문에 시험을 준비하기가 Physics보다는 상대적으로 쉽다. Biology와 비교해서는 수학적인 개념과 계산이 더 필요하며, Biology 실험에서 요구되는 critical thinking question이 적기 때문에 수학을 잘하나 영어가 약한 학생들에게는 Chemistry가 더 유리하다고 볼 수 있다.

참고로 Chemistry의 평균 성적은 630점으로 647점의 Physics보다는 낮고, E-Biology의 589점보다는 높다.

03-2. 시험 내용(Contents)

시험 문제는 총 85문제로 60분 동안 치러진다. 시험에서 다루는 분야는 아래와 같다.

Atomic structure

Molecular Structure

Bonding

Gases

Liquids and Solids

Solutions

Acids and Bases

Oxidation-Reduction

Precipitation

Mole Concept

Chemical Equations

Equilibrium Systems

Rates of Reactions

Thermochemistry

Descriptive Chemistry

Laboratory

03-3. 시험 형식(Format)

출제 문제는 전부 multiple choice로 이루어져 있으며, 시험은 A, B, C의 세 분야로 나뉘어져 있다. 각 part 문제의 예와 형식은 다음과 같다.

Part	Questions	Question Format	Example
A	24	Classification. the same five answer choices for 3-5 questions. Each answer choice can be used more than once.	(A) 1s (B) 2s (C) 3s (D) 3p (E) 3d 14. Contains up to ten electrons 답: E 15. Contains up to six electrons 답: D
B	15	Relationship Analysis: Two concept statements given. Mark true or false for Statement I. Mark true or false for Statement II. Mark CE if both statements are true and Statement II correctly explains Statement I.	(Statement I) The water molecular is polar BECAUSE (Statement II) the radius of an oxygen atom is greater than that of a hydrogen atom. 답의 형식: T/F, T/T and T/T/CE
C	46	Five-Choice Completion: standard multiple choice questions, usually involving calculations	If 0.20 mol of H2 (g) is formed according to the reaction represented above, approximately how much heat is given off? (A) 10 kJ (B) 30 kJ (C) 45 kJ (D) 80 kJ (E) 124 kJ

Part A_화학의 주요 개념을 이해하고 원리를 적용할 수 있는 능력을 묻는 문제가 출제된다.

Part B_실험과 관찰 또는 실험 data를 통해 결과를 추론, 예측하는 능력을 물으며 문제는 순수 영어 문장으로만 되어 있다.

Part C_학교 교과과정에 나오는 간단한 대수 문제와 이와 연관된 word 문제들로 구성되어 있다.

많은 학생들이 Part B를 힘들어 하는 반면에 Part C를 제일 쉬워한다.

03-4. 시험 준비 방법(Preparation)

앞에서 언급한 바와 같이 Chemistry Test는 각 Topic별 개념을 이해하는 것이 중요하다. Test를 준비하는 가장 좋은 방법은 자신에게 부족한 부분을 찾아 집중해서 공부하는 것이다. 예를 들어 stoichiometry(화학양론)에 대한 개념이 부족하다면, 그 부분에 대한 개념을 공부한 후에 연관된 문제들을 집중적으로 푸는 것이다. 부족한 개념에 대한 충분한 이해 없이 문제만 많이 푸는 것은 시간 낭비일 수도 있다. 다행히도 학교 교과서가 SAT Subjects Test의 시험 범위를 충분히 cover하기 때문에 학교 공부와 같이 병행하면 된다. 부족한 부분을 충분히 보강한 후, 주기적인 연습시험을 통하여 자신의 실력을 점검하면 된다. 시험 문제 전체를 복습하기보다는 약한 부분에 관련된 문제만을 집중 점검해야 한다.

04

Biology

Biology Subject Tests는 3개의 과학 시험 중에 하나로 biological science 나 그와 관련 된 전공, 즉 Bacteriology/Microbiology, Biochemistry, Bioengineering, Biomedical Engineering, Biophysics, Biochemistry, Cell Biology 등을 공부하려는 학생들이 봐야 하는 시험이다. 시험 보는 시기는 다른 시험과 마찬 가지로 6월에 학년말 시험이나 5월의 AP 시험과 같이 준비를 해야 한다. Biology시험은 molecular biology와 ecological biology으로 나뉘어 있다.

04-1. 어떤 학생들이 Biology를 택해야 하나?

Biology는 다른 과학 시험과는 달리 암기하는 것을 좋아하는 학생에게 적합한 시험이다. Physics는 물리학적 원리나 개념에 대한 이해가 중요하고, chemistry는 논리적인 수학적 계산과 적용, 응용하는 능력이 필요한 반면,

biology는 작고 세밀한 부분에 집중하며, 연구하는 공부 습관을 가진 학생들에게 유리하다. 700 이상의 높은 점수를 받기 위해선 College Prep Biology course 이상의 내용들이 출제되기 때문에 Rigorous Biology or AP biology course를 B 이상으로 마친 학생들에게 권한다.

많이 하는 질문으로 Biology-E와 Biology-M 중 어느 시험을 봐야 하느냐이다. 일반적으로는 Molecular Biology(Biology-M)는 분자, 세포, DNA 등 외워야 하는 것들이 많고, 전체적인 아이디어나 개념보다는 한 가지 지식에 대한 깊은 지식과 연구 과정들에 관한 공부이다. Ecological Biology(Biology-E)는 환경, 생태계, 생태학에 관한 공부로 큰 그림을 이해하며 동식물을 분류하는 많은 양의 지식이 필요한 공부이다. 하지만 가장 정확한 답은 평소에 본 모의시험에서 더 편하고, 더 점수가 잘 나오는 시험으로 택하면 된다.

어느 시험을 보든 시험의 첫 번째 60문제는 두 분야에서 출제되기 때문에 두 분야 모두 열심히 준비해야 한다.

04-2. 시험 내용(Contents)

시험을 준비하기 위해서는 아래의 개념들을 공부해야 한다.

Cell structure

Mitosis

Photosynthesis

Cellular Respiration

Enzymes

Energy flow

Nutrient Cycles

Populations & Communities

Ecosystems & Biomes

Meiosis

Genetics

Population Genetics

Organ System Structure

Development

Plant and Animal Behavior

Origin of Life

Evolution

Speciation

Classification

04-3. 시험 형식(Format)

시험은 한 시간 동안 총 80문제의 객관식 문제가 주어지며 시험은 두 부분으로 나뉘어져 있다.

시험의 첫 번째 부분은 Molecular Biology와 Ecological Biology의 개념을 묻는 60문제로 되어 있으며 Biology E나 Biology M에 상관없이 공통적으로 봐야 한다.

두 번째 부분의 20문제는 각 Biology E/M에 집중된 문제가 주워지며 시험 당일에 학생이 선택할 수 있다.

Title	Questions	Description
Biology E/M	#1-60	Covering all concept areas
Biology-E	#61-80	Emphasis on Ecological Biology
Biology-M	#81-100	Emphasis on Molecular Biology

다음의 도표는 각 type의 예와 형식이다.

Type	Questions	Description	Example
Classification	17	The same five answer choices for 3-5 questions. Each answer choice can be used more than once.	(A) Monera (B) Protista (C) Fungi (D) Plantae (E) Animalia 9. Contains organisms without membrane-bound organelles such as nuclei (A) 10. Contains all the protozoa and most of the algae (B)
Completion	63	Standard multiple choice questions	16. Nitrogen fixation is the conversion of atmospheric nitrogen into (A) (A) ammonia (B) protein (C) urea (D) carbon dioxide (E) DNA

Classification 문제는 용어에 대한 정확한 지식이 요구되며, Completion 문제는 용어에 대한 정의를 비롯해서 실험과 과정에 관한 문제가 출제된다.

04-4. 시험 준비 방법(Preparation)

Biology에서 요구되는 가장 중요한 skill은 암기이다. 물론 다른 시험과 마찬가지로 개념 역시 중요하지만 특별히 많은 양의 용어와 필요한 것들, 정의들을 숙지해야 하며, 어떤 개념을 공부할 때 반드시 연관된 용어와 진행 과정의 순서, 정의들을 같이 공부해야 한다.

또한 생물학의 중요한 개념을 이해하며, 그 원리들을 실험 실습에 적용하는 능력이 필요하다. 수학의 수준은 간단한 대수의 이해와 비율 및 정비례, 반비례 등이 포함된 간단한 응용문제들이 나온다. Biology 시험에서 가장 어렵다고 여겨지는 부분은 실험에 관한 문제들인데, 실험과 관측에 의해 얻어지는 자료들을 정리, 해석하거나, 주어진 도표나 그래프를 통해 결과를 유추하거나, 이끌어내는 능력이 요구된다.

시험 대비 방법으로 모의시험을 계속 보기보다는 한 시험을 통해 밝혀진 부족한 부분의 개념들을 한데 묶어서 공부하는 방법이 좋다. 예를 들면 photosynthesis(광합성)에 관한 개념이 부족하다면 cellular respiration(세포 호흡)의 개념 역시 energy에 관련된 공통 개념이므로 함께 공부한다. 같은 개념으로 설명되는 분야를 연이어 공부한다면 시간을 절약할 수 있다. 또 하나의 예를 든다면 proteins(단백질)에 관련된 transcription, translation, and enzyme structure를 같이 공부하는 방법이다.

05

Physics

명문 대학에서 Engineering을 전공하려는 학생들이 제출하는 SAT Subject Tests 과목은 보통 Math Level IIC와 Physics이다. 그중 Physics에 관하여 알아보겠다.

고등학교 교과과정의 과학 과목 중에서 Physics는 제일 나중에 택하게 된다. 때문에 Physics를 SAT Subject Tests로 보는 학생들은 대부분 11학년이라 할 수 있다.

시험을 보기 적당한 시기는 학년말 시험이 있는 6월로 정하면 되며, 다른 과학 과목에 비해 난이도가 높기 때문에 College Prep Physics or Honors Physics를 택하고 있는 학생보다는 AP Physics를 하는 학생들이 훨씬 유리하다.

05-1. 어떤 학생들이 Physics를 택해야 하나?

Physics는 다른 과학 시험과는 달리 얼마나 원리와 개념을 이해하고 있냐가 중요하다. Chemistry가 수학적 계산이 중요시되고, Biology는 외워야 하는 양이 많다. 수학적 계산력이나 암기력보다는 개념과 원리에 대한 이해가 빠른 학생들에겐 Physics가 유리하다. 또한 다른 과목보다는 난이도가 훨씬 높기 때문에 명문 대학에서 Engineering을 전공하려는 학생들은 5월 둘째 주엔 AP Physics를 6월 첫째 주 토요일엔 SAT를 보아야 한다.

05-2. 시험 내용(Contents)

시험을 준비하기 위해서는 아래의 개념들을 공부해야 한다.

Kinematics

Forces

Energy

Momentum

Circular Motion and Rotation

Simple Harmonic Motion

Gravity

Electric Fields, Forces, Potentials

Circuit Elements

Magnetism

Wave Properties

Reflection and Refraction

Optics

Heat and Thermodynamics

Quantum Phenomena

Atomic Spectra

Nuclear and Particle Physics

Relativity

Contemporary Physics

05-3. 시험 형식(Format)

시험은 한 시간 동안 총 75문제의 객관식 문제로 이루어져 있다.

다음의 도표는 각 type의 예와 형식이다.

Type	Questions	Description	Example
Classification	12	The same five answer choices for 3-5 questions. Each answer choice can be used more than once.	(A) Coefficient of Linear Expansion (B) Latent Heat of Fusion (c) Latent Heat of Vaporization (D) Specific Heat (E) Coefficient of Thermal Conductivity 9. The temperature at which a 0.5 centimeter gap between 1.0 meter concrete slabs in a sidewalk will close up completely. (A) 10. The time required for 100 joules of heat to pass through a copper rod of length 2 meters and cross-sectional area 0.5 square meter that connects two objects at different temperatures (E)
Completion	63	Standard multiple choice questions	16. An electric current in a copper wire is the result of the motion of which of the following? (A) Copper atoms (B) Copper oxide molecules (C) Protons (D) Electrons (E) Neutrons

Classification은 용어나 개념에 대한 정의를 묻는 12문제로 구성되어 있으며 3~5문제가 5개의 같은 선택지(same five answer choices)를 사용한다.

Completion은 63문제의 일반적인 객관식 형식의 문제로 개념에 대한 정의와 더불어 계산 문제들이 포함되어 있다. 계산 문제들은 대부분 간단하지만 1~2분이 소요되는 계산 문제라도 개념을 충분히 이해하고 있으면 계산 없이 풀 수 있다.

05-4. 시험 준비 방법(Preparation)

700점 이상의 점수를 얻고자 하면 College Prep나 Honors 수준의 Physics만을 가지고서는 난이도가 높은 문제를 풀기가 쉽지 않다. Honor Class에 있는 학생이 이 시험을 보고자 하면 선생님의 지도가 반드시 요구된다. AP Class를 듣고 있다 하더라도 다른 과학 시험과는 달리 별도의 준비가 필요하다. 시험이 힘든 만큼 자신의 학업 성취도를 보여주기 좋은 시험이다.

다른 과학 과목에 비해 단순 계산이나 암기보다는 왜 이런 결과와 현상이 일어났나에 대한 물리적 개념과 원리에 대한 이해와 실험적인 경험이 요구된다. 수학적인 개념은 Algebra II와 Trigonometry가 요구되지만 60분에 75문제의 많은 양을 풀어야 하기에 복잡한 계산이 요구되는 문제는 없으며, 있다 하더라도 개념에 대한 이해만으로도 계산하지 않은 채 문제를 풀 수 있다.

Physics의 Topic들은 서로 연관되어 있기 때문에 여러 개념들을 통합하여 이해할 수 있는 능력이 요구된다. 예를 들어 rotational motion에 대한 공부를 하기 위해선 rotation에 관한 문제를 풀고 그와 연관된 magnetic forces에 관한 개념에 적용할 수 있어야 한다.

단언컨데, Engineering에 관심이 있는 학생이라면 AP Physics와 Physics SAT Subject Tests에 도전 의식을 가지고 대학 입학과 대학 학업을 준비해야 한다고 말하고 싶다.

U.S. History

문과를 지망하는 대부분의 학생들은 인문계통의 3과목인 English Literature, World History, or United States History 중 한 과목을 택해야 한다. 특히 정치(political science), 법률(law school), 경제(economics)를 공부하고자 하는 학생에겐 United States History Subject Test에서 높은 점수가 요구된다.

06-1. 어떤 학생들이 U.S. History를 택해야 하나?

700점 이상의 고득점을 기대한다면 이 시험은 College Prep level의 코스를 듣고 있는 학생이 아닌 AP US History나 Honors level US History course를 택하는 학생들에게 유리하다.

World History Test가 넓고 다양한 분야에 많은 지식이 요구되는 반면에 US History 시험에서는 지식의 넓이보다는 깊이와 이해도가 요구된다. 특히 사회적, 정치적 제도나 상황에 대한 이유와 역사적 개념에 대한 원인과 그 영향과의 관계 등 어떤 사건이 왜 중요하며 어떤 결과를 초래했는지를 이해하며 판단할 수 있어야 한다.

이 시험은 평소에 미국 역사를 비롯한 역사에 대한 관심이 많은 학생이나 정치, 경제에 대한 이해도가 높고 시사에 관해 평소 독서량이 많은 학생들에게 유리하다. 문제들이 긴 예문을 가지고 있기 때문에 빠른 Reading speed와 높은 어휘력이 요구된다.

06-2. 시험 내용(Contents)

시험을 준비하기 위해서는 아래의 개념들을 공부해야 한다.

Colonial America

The Revolutionary Era

Federalism

The American System

Jacksonian Democracy

Westward Expansion

The Civil War

Reconstruction

Industrial Revolution

The Gilded Age

Imperialism

Progressivism

World War I

The Great Depression

World War II

The Cold War

06-3. 시험 형식(Format)

US History는 총 객관식 90문제로 한 시간이 주어진다. 문제는 3가지 다른 형태의 문제들로 구성되어 있으며, 그 형식은 아래와 같다.

Reason (Majority of Questions)	Standard multiple choice questions. Find the reason that events occurred or identify situations.	46. "Rosie the Riveter" was a nickname given during the Second World War to (A) (A) American women who did industrial work in the 1940's (B) American women who cared for soldiers wounded in battle (C) a machine that increased the speed of construction work (D) a woman who was a popular radio talk-show host of the 1940's (E) a woman who broadcast Japanese propaganda to American troops
Picture (~10% of questions)	Interpret the picture and relate the picture to a historical event	The cartoon suggests that President Ronald Reagan supported the point of view that (B) (A) there should be an end to all federal and state social programs (B) the role of the federal government had grown too large (C) the federal government should raise taxes (D) Franklin D. Roosevelt's New Deal programs should continue (E) supply side economics would cost more to implement than Roosevelt's New Deal
Chart/ Graph (~6% of questions)	Recognize the statistical data in relation to historical event.	DISTRUBUTION OF TOTAL PERSONAL INCOME AMONG THE UNITED STATES POPULATION 1950-1970

DISTRUBUTION OF TOTAL PERSONAL INCOME AMONG THE UNITED STATES POPULATION 1950-1970

Year	Poorest Fifth	2nd Poorest Fifth	Middle Fifth	2nd Wealthiest Fifth	Wealthiest Fifth
1950	3.1%	10.5%	17.3%	24.1%	45.0%
1960	3.2%	10.6%	17.6%	24.7%	44.0%
1970	3.6%	10.3%	17.2%	24.7%	44.1%

33. The chart above supports which of the following statements? (A)

(A) Federal antipoverty programs in the 1960's had little impact on the national distribution of income.
(B) Between 1950 and 1970, children tended to remain in the same socioeconomic groups as their parents.
(C) The wealthiest people earned about the same amount of money in 1970 as they earned in 1960.

(D) The increased number of women in the labor force in the 1970's had little effect on the amount of total family income.
(E) The number of people in the "poorest fifth" remained about the same from 1950 to 1970.

06-4. 시험 준비 방법(Preparation)

시험에선 학교 교과서를 충실히 공부하여 풀어야하는 역사적인 개념과 사건들을 올바로 판단, 비교할 수 있는 능력을 묻는 73~76문제가 출제된다.

10문제 정도의 역사적인 사건의 사진이나 풍자만화를 해석하는 문제와 5~6문제의 역사적 사건과 연관된 통계적인 자료를 해석하는 문제에도 대비해야 한다.

학생들은 미국 역사 안에서 한 시대가 다음 시대를 위해 어떤 여건을 만들며, 서로의 시대가 어떤 원인과 결과로 연관되어 있는지를 알아야 하며, 관련이 있는 2~3세대를 한꺼번에 묶어 공부해야 한다.

학생들은 또한 경제적인 정책들이 역사적인 사건들에 어떻게 영향을 주며, 정치적인 단합들이 국내외에 어떤 영향을 미치는가에 대한 깊은 이해가 필요하다.

시험은 90문항의 많은 문제와 문제마다 긴 예문들을 읽어야 하기에 한 시간으론 부족하다. 정치, 경제, 역사에 관한 관심과 많은 양의 독서와 어휘력이 요구된다.

과거의 역사를 공부하며, 올바로 이해하려 노력하며 고민할 때, 우리 학생들의 생각과 판단의 능력은 더욱 깊어질 것이다.

07

World
History

문과를 지망하는 대부분의 학생들은 인문계통의 3과목인 English Literature, World History, or U.S. History 중 한 과목을 택해야 한다.

우리가 흔히 말하는 Global(세계적)이란 개념은 1970년대 이후 미국을 중심으로 일어난 신개념으로 인류 공동의 문제는 각 나라와 문명들 간에 상호 협력하는 가운데서만 해결될 수 있다는 생각으로 세계를 하나의 시스템(system)으로 보며 그 안에서 각 나라가 서로 의존하는 관계라는 사실을 근거로 모든 것을 이해하려는 운동이다.

이러한 관점에서 국제관계나 사회, 역사에 연관된 전공을 배우고자 하는 학생들에겐 높은 점수가 요구된다. 이들 전공을 위해서, 대학에선 학생들의 Global에 관계된 이해도(Understanding), 파악하는 능력(Competency)와 세계적인 시각(Perspective)을 갖춘 학생들을 원한다.

07-1. 어떤 학생들이 World History를 택해야 하나?

US History에서는 지식의 넓이보다는 깊이와 이해도가 요구되는 반면, World History는 넓고 다양한 분야의 많은 지식이 요구된다.

문제의 비중이 European History에 비중이 많은 관계로 AP European History나 AP World History를 듣는 학생들이 상대적으로 유리하며, 최소한 World History Honor Level를 듣고 있는 학생들에게 권하고 싶다.

시험에서는 전 지역과 전 시대에 관한 광범위한 내용을 다루기 때문에 많은 사실을 외워야하는 암기력이 필요하다.

US History와 마찬가지로 상대적으로 역사적 용어, 원인과 영향 간에 관계 (cause-and-effect relationship), 주요 역사적인 발전(developments)을 이해하는 데 필요한 자료들에 익숙해야 한다. 깊은 이해도가 요구되는 US History 보다는 고득점 받기가 쉬운 편이다.

07-2. 시험 내용(Contents)

시험을 준비하기 위해서는 아래의 분야들을 공부해야 한다.

	Topics	출제 비중
Chronological (연대순)	Prehistory and Civilizations to 500 Common Era	25%
	500-1500 Common Era	20%
	1500-1900 Common Era	25%
	1900 Common Era - Present	20%
	Cross-chronological	10%
Geographical (지리학적)	Global or Comparative	25%
	Europe	25%
	Africa	10%
	Southwest Asia	10%
	South and Southeast Asia	10%
	East Asia	10%
	The Americas	10%

출제 문제들은 아래의 지식을 요구한다.

중요한 역사적 정보에 대한 지식

사회과학에서 자주 사용되는 용어의 숙지

원인과 영향(cause-and-effect relationship)에 대한 이해

주요 역사적 발전을 이해하는 데 필요한 지리학적 지식

역사적 분석에 필요한 개념 파악(grasp)

풍자만화, 그림, 사진에 대한 해석 능력

연설, 문서, 인쇄물의 인용구들에 대한 이해 능력

지도, 도표(graph), 차트(chart)를 통한 역사적 지식 활용

07-3. 시험 형식(Format)

시험은 총 객관식 95문제로 한 시간이 주어진다. 문제는 3가지 다른 형태로 구성되어 있으며, 그 형식의 아래와 같다.

Reason (Majority of Questions)	Standard multiple choice questions. Find the reason that events occurred or identify situations.	3. The monastic ideal developed among the early Christians as a means of counteracting (A) Government interference (B) heresy (C) competition from Eastern religions (D) worldliness (E) persecution
Picture (~10% of questions)	Interpret the picture and relate the picture to a historical event	5. The painting above is most closely associated with (A) The Napoleonic Wars of Europe (B) The Fall of the Ching Dynasty in China (C) The Conquest of England by William the Conqueror (D) The Discovery of the New World by Columbus (E) Peloponnesian War fought Athens and Sparta

Chart/Graph (~6% of questions)	Recognize the statistical data in relation to historical event.	33. In the map above, the numbered dots correspond to cities. In the eighth century, which cities were near the easr-west limits of the Islamic world? (A) 1 and 7 (B) 1 and 9 (C) 2 and 6 (D) 2 and 8 (E) 5 and 7

07-4. 시험 준비 방법(Preparation)

시험은 정치, 외교, 문화, 문명, 사회, 경제에 관하여 선사시대(Prehistory)로 부터 현대에 이르기까지 세계 전 지역에 걸친 방대한 양의 사실들을 다룬다. 최소한 일 년의 College Prep Course가 요구되며, Honor, AP Class를 듣고 있다면 더 유리하다. 시험 문제 출제가 일정 학교 교과서에 국한되지는 않지만 교과서가 가장 좋은 준비 교재이다.

평소에 세계 역사와 문화, 지역에 관한 다양한 독서와 관심을 가지고 있는 학 생에게 유리하며 모의시험을 통하여 자신이 약한 지역이나 시대를 찾아내어 전체적인 시대 흐름에 비춰 집중 공부해야 한다. 연대표(Timeline)를 사용하 는 것이 전체의 흐름을 파악하는 데 도움이 된다.

우리 학생들이 세계의 역사, 문명, 문화에 대한 관점을 한국인으로서 또는 미 국인으로서의 민족적, 종교적 편견을 갖지 않고 세계인의 한 사람으로 Global 시대에 올바른 세계관을 갖기를 희망한다.

Chapter

A C T

IV

01

ACT란?

SAT와 함께 미국 대학진학 시험으로 크게 이용되고 있는 ACT는 최근 10년 간 응시자 수가 급증하면서 서서히 SAT의 아성을 위협할 정도의 위치를 점 유하고 있다. 1959년 American College Testing이란 이름으로 아이오와 시 티에서 태동한 이 시험은 1996년부터 ACT라는 현재의 명칭으로 변경되었 다. 2005년 현재 세계 12개국 38개 도시에서 외국 학생들을 위한 지부가 운영 되고 있으며 한국 내에도 3개 학교(Seoul Foreign School, Taegu American School, Osan American High School)에서 시험이 치러친다. SAT 점수를 요 구하는 미국내 대다수의 대학들은 ACT 점수를 제출할 경우 동등한 방식으로 입학심사에 이용하고 있다.

http://www.act.org/aboutact/history.html

http://www.actinternationalservices.com

ACT와 SAT 응시자들은 지역별로 큰 차이를 보인다. SAT는 주로 미국 동·서부 학생들이 선호하는 반면, ACT는 미국 중·남부의 학생들이 이용하고 있다. 일반적으로 SAT 응시자의 수가 ACT보다 월등히 많은 것으로 알려져 왔으나 2005년 SAT가 개정된 이후로 동부를 중심으로 ACT 응시자 수가 급격히 증가, 점차 총 응시자 수에서 격차가 줄어드는 추세다. 더구나 2005년 SAT의 채점 실수 인해 4,000여 명의 학생이 피해를 본 사건으로 인해 2006년에는 SAT 지원자 수가 1만 명이 감소한 반면, ACT 응시자 수는 거꾸로 2만 명이나 늘어나기도 했다.

진한색: SAT 응시자가 ACT 응시자 보다 많은 지역
열은색: ACT 응시자가 SAT 응시자 보다 많은 지역

다음은 미국 주별 SAT 또는 ACT 지원자 현황이다.

■ 2001년과 2006년 졸업생 SAT, ACT 응시자 비율 현황(%)

	SAT		ACT	
	2001년	2006년	2001년	2006년
Alabama	9	9	69	79
Alaska	51	51	34	25
Arizona	34	32	28	18
Arkansas	6	5	75	75
California	51	49	12	14
Colorado	31	26	62	100
Connecticut	82	84	4	12
Delaware	67	73	4	5

D.C.	56	78	26	30
Florida	54	65	40	45
Georgia	63	70	19	30
Hawaii	52	60	19	17
Idaho	17	19	59	57
Illinois	12	9	71	100
Indiana	60	62	20	20
Iowa	5	4	67	65
Kansas	9	8	78	75
Kentucky	12	11	72	76
Louisiana	7	6	80	74
Maine	69	73	6	10
Maryland	65	70	11	12
Massachusetts	79	85	8	13
Michigan	11	10	69	67
Minnesota	9	10	66	67
Mississippi	4	4	89	93
Missouri	8	7	70	70
Montana	23	28	55	57
Nebraska	8	7	74	76
Nevada	33	40	39	27
New Hampshire	72	82	7	12
New Jersey	81	82	4	8
New Mexico	13	13	64	60
New York	77	88	14	17
North Carolina	65	71	13	14
North Dakota	4	4	80	80
Ohio	26	28	63	66
Oklahoma	8	7	71	72

Oregon	55	55	11	13
Pennsylvania	71	74	8	9
Rhode Island	71	69	5	8
South Carolina	57	62	28	39
South Dakota	4	4	70	75
Tennessee	13	15	79	93
Texas	53	52	33	29
Utah	5	7	69	69
Vermont	69	67	9	19
Virginia	68	73	10	15
Washington	53	54	17	15
West Virginia	18	20	61	64
Wisconsin	6	6	68	68
Wyoming	11	10	64	71

http://www.usatoday.com/news/education

ACT에 대한
새로운 인식

그동안 비판적 사고력(Critical Thinking)에 치중하던 미국내 교육 시스템에서 점차 특정 분야의 지식이나 특정 과목의 학습 능력에 대한 중요도가 새롭게 인식되고 있는 추세다. 이를 대변하듯 기본적 사고 능력보다는 학습 능력을 평가하는 ACT 시험에 관심을 보이기 시작하면서 2008에는 콜로라도, 일리노이, 미시건, 켄터키 등에서 ACT를 11학년 대상 표준 학력시험으로 채택했다. 대학 입학사정관들도 ACT의 과목별 성적이 대학 1학년의 학업 성적을 예상할 수 있다고 말하고 있다.

특히 경쟁률이 높은 대학일수록 입학심사 시 SAT Reasoning Test 점수보다는 각 과목별 학습 능력을 평가하는 SAT Subject Tests와 AP Tests 점수에 더 비중을 두고 있는 추세이며 SAT Reasoning Test와 SAT Subject Tests를 ACT로 대체하는 대학들도 생겨나고 있다.

■ ACT와 SAT 비교 차트

	ACT	SAT
과목, 시간	영어(75문제): 45분 수학(60문제): 60분 읽기(40문제): 35분 과학(40문제): 35분 　　　　　총 2시간 55분	Critial Reading(67문제): 70분 Math(54문제): 70분 Writing(1 essay + 49문제): 60분 1 wild section: 25분 　　　　　총 3시간 45분
시험이 요구하는 능력	고등학교 교과과정 수준의 지식(knowledge)을 묻는 시험 (Acheivement Test)	지식보다는 지적 능력과 잠재력, 비판적 분석 비교 능력을 묻는 시험 (Aptitude Test)
질문 형태	less ambiguous and more knowledge-based (덜 모호하며, 지식 위주)	more ambiguous and more reasoning-based (더 모호하며, 사고력 중심)
시험의 목적	대학 수준의 과목을 위한 학업 능력을 갖 게 함	대학을 성공리에 마치기 위한 사고 능력을 준비하기 위함
성적을 채택하는 기관	거의 모든 대학	대학을 비롯한 각종 단체 및 회사
작문 시험	선택으로 30분간	필수
감점제도	틀린 답에 대한 감점이 없음	객관식에서 틀린 문제 하나당 0.25점 감 점
2005년 응시자 수	120만 6455명	146만 5744명
시험 기록	원하는 기록만 선택해서 보낼 수 있음	Stanford, Cornell, Pomona, Univ. of Penn. USC, Yale을 제외한 모든 대학은 원하는 기록만 선택하여 보낼 수 있음
선호 지역	미국의 중남부 지역	미국의 동서부 지역
역사와 지역 기반	1959년 미 중부 Iowa City에서 시작	1926년 미 동부 New York에서 시작

03

ACT 출제 유형

Section	문항 수/ 시간	평균 점수	시험 범위 범위별 평균 성적/만점
English	75/45	20.6	Usage / mechanics (관용법,구조 법칙): Puncutuation (구두법): 13% Grammar and Usage (문법, 관용법):16% Sentence Structure (문장 구조): 24% rhetorical skills (수사법): 바르고 효과적인 표현으로 고치기: Strategy (표현 방법):16% Organization (조직):15%
			Usage/mechanics: 10.3/18 Rhetorical Skill: 10.7/18

Mathematics	60/60	20.8	pre-algebra (기초 대수): 23% elementary algebra (대수 I): 17% intermediate algebra (대수 II): 15% coordinate geometry (좌표 기하): 15% plane geometry (평면 기하): 23% trigonometry (삼각함수): 7%
			pre/elementary algebra: 10.9/18 intermediate algebra/coordinate geometry: 10.4/18 plane geometry/trigonometry: 10.5/18
Reading	40/35	21.4	총 4 Passages가 다음에 순서대로 출제됨 Prose fiction passage (산문체 소설): 25%,10문제 Social Science passage (사회과학): 25%,10문제 Humanities passage (인문): 25%,10문제 Natural sciences (자연과학): 25%,10문제
			social studies/sciences: 10.8/18 arts/literature: 11/18
Science	40/35	20.9	Biology(생물학), Chemistry(화학), Physics(물리학), Earth Sciences(지구과학)에 관한 시험으로 지식을 묻는 시험이 아닌 Reasoning(이해력)을 묻는 시험으로 다음의 형식으로 출제됨 Data interpretation(정보 해석): 38% Research Summaries (연구 요약하기): 45% Conflicting Viewpoint (다른 의견에 대한 견해): 17%
			20.9/36
Optional Writing Test	1 Essay /30	7.7	Writing skills
			7.7/12

04

ACT 시험 일정

ACT 시험은 매년 2월 둘째 주, 4월 둘째 주, 6월 둘째 주, 10월 네째 주, 12월 둘째 주 토요일 다섯 차례에 걸쳐 시행되며 애리조나, 캘리포니아, 플로리다, 조지아, 일리노이, 인디애나, 메릴랜드, 네바다, 노스 캐롤라이나, 펜실베이니아, 사우스 캐롤라이나, 텍사스, 워싱턴 주에서는 9월 셋째 주 토요일에 시험이 있다. 뉴욕에서는 2월 시험이 없다. 시험일과 등록 마감일은 아래 웹사이트를 참조하면 된다.

http://www.act.org

05

ACT/SAT
점수 대조표

아래의 표는 공식적인 것은 아니지만 SAT 시험 주관처인 CollegeBoard에서 1994~1996년 사이에 총 10만 525명의 응시생의 점수를 기초로 만든 대조표로서 현재 University of California 계열 대학을 비롯한 미국 내 대부분의 대학에서 사용하고 있다.

대략의 대조 방법은 과목당 ACT 점수에 20을 곱하고 70~80점을 더하여 두 과목일 때는 2를 곱하고, 3과목일 때는 3을 곱하면 된다.

SAT (Prior to Writing Test Addition)	SAT (With Writing Test Addition)	ACT Composite Score
1600	2400	36
1560-1590	2340-2390	35
1520-1550	2280-2330	34

1480-1510	2220-2270	33
1440-1470	2160-2210	32
1400-1430	2100-2150	31
1360-1390	2040-2090	30
1320-1350	1980-2030	29
1280-1310	1920-1970	28
1240-1270	1860-1910	27
1200-1230	1800-1850	26
1160-1190	1740-1790	25
1120-1150	1680-1730	24
1080-1110	1620-1670	23
1040-1070	1560-1610	22
1000-1030	1500-1550	21
960-990	1440-1490	20
920-950	1380-1430	19
880-910	1320-1370	18
840-870	1260-1310	17
800-830	1200-1250	16
760-790	1140-1190	15
720-750	1080-1130	14
680-710	1020-1070	13
640-670	960-1010	12
600-630	900-950	11

06

최근 ACT 응시자가 증가하는 이유

1_ 개정 SAT에 Essay Writing 시험이 추가되어 총 시험 시간이 3시간 45분으로 늘어나면서 길어진 시험 시간에 대한 부담.

2_ 바뀐 SAT에 어려워진 Critical Reading 부분과 추가된 Writing 시험에 부담을 갖는 학생들이 Writing 시험이 선택인 ACT를 선호함.

3_ 많은 대학들이 Essay Writing Part가 Writing을 Test하기에 부적합하다고 판단하는 학교가 늘어나며, 아예 입학사정에 Essay Writing 점수를 고려하지 않는 대학들이 생김에 따라 Essay Writing이 선택인 ACT 선호.

4_ 2005년 SAT 채점 실수로 4,000명의 학생들이 영향을 받았다. 그에 따른 SAT에 대한 불신감이 고조.

5_ACT는 2회 이상 응시했어도 가장 높은 점수만 따로 대학에 보낼 수 있고, 시험에 대한 기록이 남지 않기에 연습 삼아 보는 학생들이 늘어남.

5_SAT가 틀린 답에 0.25점의 감점을 부과하는 반면, ACT는 틀린 답에 대한 감점 제도가 없는 것이 학생들의 부담을 덜어줌.

6_고등학교 대학 입학 담당 카운슬러들이 SAT, ACT 두 시험 모두 응시할 것을 권장하는 추세임.

7_SAT는 고액의 학원비를 들여 미리 공부하는 학생들이 많아지면서 경쟁이 심해진 반면, 상대적으로 ACT는 준비 없이 보는 학생들이 많아 경쟁이 약하다는 생각이 작용함.

8_SAT가 개정된 이후 평균 점수가 낮아지며, SAT가 어려워졌다는 인식이 있는 반면, ACT의 평균 점수는 오히려 올라가면서 점수 받기가 쉽다고 생각함.

9_SAT는 영어 비중이 3분의 2인 반면, ACT는 Writing이 영어 비중의 반이고, Writing 시험을 요구하지 않는 대학에 지원할 경우 영어의 비중이 3분에 1로 줄어들기 때문에 영어에 자신 없는 학생들이 선호하는 추세임. 하지만 분명한 것은 대학 공부를 제대로 하려면 SAT를 통해 충분히 영어 실력을 향상시켜야 한다.

07

ACT에 대한 일반적인 궁금증

1. ACT가 더 유리한가?

SAT를 열심히 준비해도 성적이 잘 오르지 않는 경우 ACT에 도전할 것을 권한다. 사전에 아무런 준비 없이 시험에 응시했다면 ACT 점수가 더 잘 나오는 학생들이 많다.

Critical Reading이 약한 학생들은 ACT의 Reading 문제가 SAT의 Critical Reading 문제보다는 상대적으로 쉬운 편이니 ACT를 보는 것이 유리하다.

SAT Writing 점수를 요구하지 않는 대학에 지원할 경우 Writing이 선택사항인 ACT에 응시하는 것이 유리하다. 특히 상대적으로 영어 비중이 3분의 2인 SAT보다 3분의 1인 ACT가 한국 학생들에게는 유리하다.

아직까지는 ACT를 준비해서 보는 학생들이 많지 않으니, 시간이 없어 SAT를 준비하지 못한 학생들에겐 반드시 ACT를 보기를 권한다.

ACT는 과학의 비중이 4분의 1이다. 과학을 잘하는 학생들에게 유리하다.

SAT Witing 시험에서 Essay Writing의 비중이 크진 않지만 Essay Writing에 전혀 자신이 없는 학생은 Essay Writing이 선택 사항인 ACT가 유리하다.

학교 교과 과목을 충실하게 이수하고 있는 학생들에게 학습 능력을 묻는 ACT 가 유리하다.

2. ACT를 보니까 SAT를 볼 필요가 없는가?

이미 ACT에 응시했다 해도 SAT에도 도전할 것을 권한다. 많은 고등학교들이 해마다 10월 셋째 주에 SAT를 대비해 전체 학생들에게 PSAT에 응시하도록 한다. 이는 장학생 선발 과정, 혹은 영재 학생들을 위한 별도의 프로그램 심사 에 이용될 수 있기 때문이다. 미국이 아닌 다른 나라에서 또한 영어의 능력 평 가로 SAT 점수를 요구하는 경우가 많다. 또한 단편적인 지식을 물어보는 시험 이 아닌 분별, 판단력을 묻는 시험이기에 대기업에서도 신입 사원을 채용할 때 사용한다.

3. ACT 준비는 언제부터 해야 하나?

ACT는 여러 번 봐도 기록이 남지 않으므로 늦어도 9학년(중3)부터는 시험 을 치러 자신의 현재 학습 능력을 파악하는 것이 학생 자신에게 도움이 된다. ACT 성적의 결과가 분야별로 나오니 자신의 부족한 부분을 미리 파악하고 목 표와 학습의 방향을 정하는 것이 좋다. 실제 시험을 정기적으로 치루면서, 대 입에 관한 긴장감을 유지하는 한편 점점 나아지고 있는 영역과 오히려 점수가 떨어지는 영역을 파악할 수도 있다. 또한 시험에 익숙해질 수도 있다. 목표한 점수를 가능하면 일찍, 늦어도 11학년(고2) 6월까지 받아두어야 여유있게 대 학 지원서를 작성할 수 있다.

4. ACT 몇 점을 받아야 하나?

전국 상위 30위권 대학을 말하는 소위 '명문대'에 지원하려면 SAT는 2,000점,

ACT는 그에 상응하는 30점 이상은 받아야 한다. SAT의 기본 점수가 과목당 대략 200~230점, 수학, 영어, 작문을 합치면 약 700점이듯이, ACT 역시 14점 정도가 된다. 만약에 처음 본 시험에서 23점을 받았다면 자기 실력으로 받은 점수는 7점밖에 안 된다. 30점을 받기 위해서는 7점을 더 받아야 하는데, 그러기 위해선 자기 실력으로 받은 7점의 두 배를 받아야 한다. 그 말은 두 배로 실력을 늘려야 한다는 얘기다. 꼭 그렇지는 않지만 23점에서 30점으로 올리는 것이 쉽지만은 않다는 말이다. 누구나 목표를 세우고, 결심을 하지만 성공하는 사람은 많지 않다. 목표를 향한 끊임없는 노력과 효율적 시간관리가 함께 이루어져야만 성공의 열쇠를 손에 넣을 수 있는 것이다.

Chapter

SAT에 대한 질문

V

SAT에 대한
질문

1_ SAT Subject Tests 과목은 어떤 것들이 있나요? 과목 중 한국 학생들이 많이 보는 과목은 어떤 과목인가요?

2_ 미국 대학에 가려면 SAT는 언제 보는 것이 좋을까요?

3_ SAT Subject Tests는 몇 과목을 봐야 하나요?

4_ SAT Subject Tests의 한국어는 인정받을 수 있나요?

5_ 영어도 어려운데, 외국어 과목을 하나 더 하자니 어렵습니다. 한국어로 외국어 과목을 대체할 수 있나요?

6_ 수학과 과학에 소질 있으면, SAT Subject Tests 중 어떤 과목이 유리한가요?

7_SAT와는 등록 없이 당일에 접수하고 시험을 볼 수 있나요?

8_SAT 점수는 누적되나요?

9_SAT는 몇 번 정도 보는 것이 좋을까요?

10_SAT Reasoning Test와 SAT Subject Tests를 같은 날에 볼 수 있나요?

11_SAT 시험을 망쳤는데, 취소할 수 있나요?

12_SAT Reasoning Test와 SAT Subject Tests 중 어느 것이 더 중요한가요?

13_SAT를 준비하려면 무엇부터 시작하면 좋을까요?

14_SAT Subject Tests 과목을 시험 당일에 바꿀 수 있나요?

15_SAT Subject Tests 보는 것마다 기록이 남고 대학에 알려야 하나요?

16_ 한국 학생들에게 SAT Subject Tests 중에서 한국어를 제외하고 유리한 과 목들은 무엇이 있나요?

17_ Biology E와 Biology M 중에 어떤 과목을 봐야 하나요?

18_ Math Level IC는 점수 깎이기도 쉽고, IIC보다 쉬워서 대학에서 별로 안 쳐준다고 하는데 정말 그런가요?

19_SAT 시험을 보면 언제 결과가 나오나요?

20_SAT Subject Tests 시험은 하루에 한 개만 볼 수 있나요?

21_SAT 없이, TOEFL만으로 대학에 갈 수는 없나요?

02

SAT에 대한 답변

1_SAT Subject Tests 과목은 어떤 것들이 있나요? 과목 중 한국 학생들이 많이 보는 과목은 어떤 과목인가요?

Literature, U.S History, World History, Math Level I, Math Level II, Biology Ecology, Biology Molecular, Chemistry, Physics, Chinese with listening, French, French with listening, German, German with listening, Spanish, Spanish with listening, Modern Hebrew, Italian, Latin, Japanese with listening, Korean with listening이 있다. 한국 학생들은 사회과학(social science)보다는 영어의 의존도가 낮은 수학이나 과학 과목을 주로 선택한다. 한국어도 많이 선택하지만 공대나 과학 계통을 전공하려 할 때는 피하는 것이 좋다.

2_미국 대학에 가려면 SAT는 언제 보는 것이 좋을까요?

SAT Subject Tests는 해당 과목의 학교 학년말 시험과 AP Tests, IB Test를 한

꺼번에 보는 것이 좋다. 미국의 학기제로는 매년 6월 학년이 끝난다. AP Tests와 IB Test 또한 매년 5월 전후이고, SAT Subject Tests 또한 5월과 6월에 있으니 같이 준비하여 보는 것이 좋다. 예를 들어 AP Physics 과목을 택하였을 때, 5월 첫째 주나 둘째 주에 있는 AP Tests나 IB Test를 택하며, 5월과 6월 첫째 주 토요일에 실시하는 Physics SAT Subject Tests를 두 번 연이어 보고, 6월 말에 학년말 시험까지 끝내는 것이 좋다. 주의할 것은 같은 과목이라도 AP Tests, IB Test, Subject Tests 등 시험마다 출제 경향과 범위가 조금씩 다르니, 그에 맞춰 준비해야 한다는 것이다. 듣기 능력이 포함되는 한국어를 포함한 외국어 시험은 매년 11월 첫째 주 토요일에만 실시된다.

SAT Reasoning Test의 경우, 상위권 5% 학생은 대개 10학년 안에 끝낸다. 이유는 11학년부터는 학교의 각종 활동과 AP Tests, SAT Subject Tests들로 가장 바쁜 시기이기 때문이다. 그러려면 시험 준비는 9학년부터 시작해야 하고, Critical Reading은 어려서부터 꾸준한 독서습관으로 준비해야 한다.

3_SAT Subject Tests는 몇 과목을 봐야 하나요?

여러 명문대학들은 3과목을 요구하며 그 외에 상위 100위권 대학들은 2과목을 요구한다. 하지만 400여 유명 대학에서 사용하는 공통 대학 입학원서(Common Application)에 보면 SAT Subject Tests 점수를 기재하는 난이 6개가 있다. 30위권 안에 있는 대학을 지원하려면 경쟁력을 높이기 위해서라도 이 6칸을 다 채우는 것이 바람직하다. 권하고 싶은 과목은 우선 영어, 수학이 입시에 가장 중요한 과목이니 English Literature, Math Level IIC를 택하고 History에서 한 과목, Science에서 한 과목, 외국어에서 한 과목을 보는 것을 추천한다. 하지만 무엇보다도 자신이 잘 하는 과목을 보는 것이 우선이다. 그리고 상위권 대학의 공대를 가기 위해선 AP Calculus BC와 SAT Math IIC의 점수를 제출해야 한다. 자세한 과목 수와 종류는 학교마다 조금씩 다를 수 있으니 직접 알아보아야 한다. 100위권 이하의 대학 중에는 SAT Subject Tests 점수를 요구하지 않는 대학도 많다.

4_SAT Subject Tests의 한국어는 인정받을 수 있나요?

대학의 어떤 정책도 한국어 점수를 인정하지 않는다는 조항은 없다. 그러나 상식적으로 공대나 과학 계통의 전공을 지원할 경우 그 계통의 과목에서 자신의 학업 능력을 보여주어야 한다. 보통 대학에서 SAT Subject Tests에서 2~3과목을 요구하는데, 상위권 대학을 지원하는 학생들은 4~6과목을 제출한다. 한국어를 2~3과목의 요구하는 과목으로 제출하는 것보다는 자신의 외국어 능력을 보여주기 위한 방법으로 또는 다른 학생들과의 경쟁력을 높이려는 목적으로 Extra 과목 속에 포함시키는 것이 좋다. 특히 명문대의 문과 계통을 지원할 경우 여러 외국어를 구사할 수 있다는 것은 큰 강점으로 작용한다. 그 얘기는 한국말을 잘한다 하더라도 외국어 한두 가지를 더 필수적으로 해야 한다.

5_ 영어도 어려운데, 외국어 과목을 하나 더 하자니 너무 어렵습니다. 한국어를 외국어 과목으로 대체할 수 있나요?

대학에서는 외국어를 2년은 필수, 3년을 권장하고 있다. 학교에 한국어 과목이 외국어로 개설되어 있으면 그것을 택하면 되지만 그렇지 않은 경우에는 고등학교 졸업을 하기 위해 다른 과목이라도 외국어를 택해야 한다. 하지만 대학에 따라서 입학 자격의 기준을 삼을 때, 외국어 학점은 없어도 SAT 외국어 시험의 성적으로 대치하곤 한다. 참고로 UC에서는 SAT 외국어 시험에서 650 이상을 받으면 외국어 필수 조항을 면해 준다.

6_ 수학과 과학에 소질 있으면, SAT Subject Tests에서 어떤 과목이 유리한가요?

수학과 과학 과목은 Math Level I, Math Level II, Biology Ecology, Biology Molecular, Chemistry, Physics가 있다. 수학은 한국 학생들에게는 어렵지 않은 과목이고, 많은 학교가 Math Level II 점수를 요구한다. 과학의 경우 전공에 따라 선택하면 되는데, 공대를 전공하려면 Physics를 보는 것이 좋다. 참고로 과학 과목 중에선 Physics의 평균 점수가 제일 높다.

7_ SAT는 등록 없이 당일에 접수하고 시험을 볼 수 있나요?

SAT I, SAT II 모두 대기자로 당일에 시험을 치를 수 있다. 단, 여유분의 시험지가 있을 경우이다. 간혹 대기자가 많을 경우 시험을 보지 못하는 경우도 있고, 한국어 시험처럼 Listening이 포함된 외국어 과목은 대기자로 시험을 볼 수 없다.

8_ SAT점수는 누적되나요?

9학년(한국으로 중학교 3학년) 이후로 본 시험은 모두 기록이 남아 있으나, 2009년 3월 이후에 시험에 대해서는 Stanford, Cornell, Pomona, Univ. of Penn. USC, Yale은 제외하고 원하는 점수만 대학에 통보된다.

9_ SAT는 몇 번 정도 보는 것이 좋을까요?

SAT Reasoning Test(SAT I)는 2~3번, SAT Subject Tests는 과목별로 한두 번

이 적당하다. 보는 횟수에 제한은 없지만 통계에 따르면 많이 본다고 성적이 올라가는
것은 아니다. 오히려 학교 4년 내내 시험에만 매달렸다는 인상을 줄 수 있으니 시간을
끌기보다는 기간을 정해놓고 열심히 준비하여 빨리 마치는 것이 좋다.

10_SAT Reasoning Test와 SAT Subject Tests를 같은 날에 볼 수 있나요?

두 시험이 시작하는 시간이 같기 때문에 SAT Subject Tests를 한 과목만 본다고 하
더라도 SAT Reasoning Test와 같은 날 볼 수는 없다.

11_SAT를 망쳤는데, 취소할 수 있나요?

시험을 취소하는 데는 두 가지 방법이 있다.

첫째. 고사장을 나오기 전에 Cancel Test Scores Form을 감독관에게 요구하여 취
소할 수 있다.

둘째. 시험을 치른 후, 돌아오는 수요일 자정 11:59분(미국 동부시간)까지 우편을 받
을 수 있도록 다음의 사항을 포함하여 아래의 주소로 보내야 한다.

1) Your name(이름), address(주소), sex(남성/여성), birth date(생년월일),
   social security number(선택사항임), registration number(등록넘버), Test
   date(시험 일자), Test center number(고사장 번호), Name of test you are
   canceling(취소하고자 하는 시험 이름), Your signature(서명)

2) **보낼 주소:**   **Attention:** SAT Score Cancellation,
   SAT Score Cancellation
   P.O. Box 6228, Princeton,
   NJ 08541-6228
   USA

3) **속달일 경우:** **Attention:** SAT Score Cancellation
   SAT Score Cancellation
   225 Phillips Boulevard
   Ewing, NJ 08618
   USA

시험을 취소할 경우 그날 본 시험 전체가 취소된다. SAT Subject Tests 세 과목을
보았다고 가정했을 때, 그중 한 과목을 망쳤다고 해서 그 과목만을 취소할 수는 없고,
취소하면 세 과목 전부 취소된다. 단 예외 조항으로 Listening Test가 포함된 외국어

시험일 경우 CD 플레이어가 망가졌거나, Math Test인 경우 계산기에 문제가 생겼을 경우엔 개별 과목의 취소가 가능하다.

12_ SAT Reasoning Test와 SAT Subject Tests 중 어느 것이 더 중요한가요?

상위권 학교일수록 점차적으로 SAT Reasoning Test보다 SAT Subject Tests와 AP Tests에 비중을 더 두고 있다. 학력에 더 중점을 둔다는 뜻인데, 한국 학생들에게 는 더 유리하다. 허나 SAT Reasoning Test만을 요구하는 대학들도 많으니 소홀히 해선 안 된다.

13_ SAT를 준비하려면 무엇부터 시작하면 좋을까요?

시험 범위는 7학년 이상의 과정부터 출제된다. 한국의 수능과는 달리 영어와 수학에 한두 과목의 선택 과목으로 이루어지니 준비 자체가 복잡하지는 않다.

그러나 SAT Reasoning Test의 Critical Reading의 경우 시험 범위가 정해져 있지 않고 꾸준한 독서습관이 필요하니, 7학년부터는 다양한 장르의 독서가 요구된다. 책 은 CollegeBoard에서 선정한 대입 학생들을 위한 100권의 추천도서를 부록에 정리 해 놓았다.

14_ SAT Subject Tests 과목을 당일 날 바꿀 수 있나요?

가능하다. SAT Subject Tests 시험지는 모든 SAT Subject Tests가 포함된 커다 란 책자로 되어 나온다. 자신이 지원했던 과목이 아닌 다른 과목으로 변경해서 봐도 된다. 뿐만아니라 한 과목을 지원하고 다른 과목을 더 보고 싶을 경우 총 3과목까지 볼 수 있으며 그 금액을 나중에 지불하면 된다. 하지만 3과목을 지원하고 1과목만 본다 해도 안 본 과목에 대한 환불은 없다.

답을 가능하다고 말한 이유는 변경이 실질적으로는 가능하나 공식적인 CollegeBoard의 의견이 없기 때문이다. 아마도 공식적인 허가가 있을 경우 너무 많 은 학생들이 변경하여 혼란을 초래할 수 있기 때문인 것 같다.

15_ SAT Subject Tests는 보는 것마다 기록이 남고 전부 대학에 알려야 하나요?

2009년 3월 이후 시험부터는 본인의 요청에 의해서만 대학에 통보된다.

16_ 한국 학생들에게 SAT Subject Tests 중에서 한국어를 제외하고 유리한 과 목들은 무엇이 있나요?

아무래도 영어의 비중이 적은 수학과 과학 과목들이다.

17_ **Biology E와 Biology M 중에 어떤 과목을 봐야 하나요?**

Biology E(Ecological)은 생태군락, 숫자, 서식지의 환경에 의한 진화 등 생태계에 관한 것이고, Biology M(Molecular)는 DNA, 바이러스, 유전학에 관한 문제로 구성되어 있다. 두 시험이 처음 부분은 공통 부분으로 같고, 마지막 20문제만 다르다. 시험 과목을 정할 때는 학교에서 다루는 과목이 어느 쪽에 가까운지를 먼저 알아보고 정하면 된다. 만일 교과과정에서 두 가지 다 중점을 두고 있다면 모의시험을 치러보고 자기가 편한 과목을 택하면 된다.

18_ **Math Level IC는 점수 깎이기도 쉽고, IIC보다 쉬워서 대학에서 별로 안 쳐 준다고 하는데 정말 그런가요?**

SAT Reasoning Test 범위에는 Algebra II가 포함되어 있기 때문에 같은 범위를 다루는 Math IC 시험보다는 Pre-Calculus가 포함되어 문제의 난이도가 높은 Math IIC를 요구하는 대학이 많다. 배점도 IIC의 경우 반 정도 맞으면 640~650 정도의 점수를 받을 수가 있고, 6~7문제를 못 풀어도 만점인 800점을 받을 수 있다. 하지만 IC인 경우 배점이 SAT Reasoning Math Test와 비슷하여 반 정도 맞으면 대략 490~510 사이고, 하나만 틀려도 800점을 받기가 어렵다.

19_ **SAT 시험을 보면 언제 결과가 나오나요?**

2주 후면 인터넷 상으로 볼 수 있고, Paper로 통보 받는 데는 대략 4주가 걸린다.

20_ **SAT Subject Tests는 하루에 한 개만 볼 수 있나요?**

과목당 시험 시간은 한 시간씩이며 하루에 3과목까지 볼 수 있다.

21_ **SAT 없이 TOEFL만으로 대학에 갈 수는 없나요?**

SAT나 ACT 점수를 입학사정 시 선택으로 하지 않는 대학들이 있다. 미국 전체에 700여 대학이 있고 그 명단은 http://www.fairtest.org/optinit.htm을 참고하기 바란다.

대부분의 대학들이 소규모의 대학이며, 점수를 요구하지 않는다고 반드시 학교 수준이 떨어지지는 않는다. 어떤 대학들이 이 제도를 택하는지는 다음 웹사이트를 참고하기 바란다.http://professionals.collegeboard.com/data-reports-research/cb/colleges-do-not-require-sat-act

편입으로 대학을 진학할 경우엔 NYU 등 몇몇 학교를 제외하곤 SAT 성적을 요구하지 않고 TOEFL만을 요구하기도 한다.

3 부 미국 대학에 직접 지원하기

📂 Chapter I
대 학 입 학 원 서 작 성 하 기

📂 Chapter II
UC & Common Application 작 성 하 기

Chapter

대 학 입 학 원 서 작 성 하 기

I

01

대학 입학원서 준비하기

It is never too early.

위에 말은 "대학 입학원서 준비는 언제부터 해야 하나요?"라는 질문에 대한 답이다. 우리나라 학생들은 SAT와 GPA 점수를 올리는 데는 많은 시간과 정성을 기울이는데 반해, 대학 입학원서 쓰는 데는 다소 소홀한 경향을 보인다. 매년 많은 학생들이 원서 마감시간이 다가오는 12학년 10월이나 되어야 급하게 준비하는 것을 자주 보았다. 뒤늦게 서두르는 대부분의 이유가 첫째는 일찍부터 입시 준비에 대해 생각하지 않은 것은 아니지만 어떻게 준비하는 줄 몰라 하루 이틀 미루다 그렇게 되는 것이고, 둘째는 10월과 11월에 SAT를 준비하다 보니 시간적인 여유가 없어 미뤄진 경우이며, 마지막으로 그때까지도 대학에 간다고 실감하지 못하는 경우이다.

사실상 학생들은 11학년 2학기가 시작되는 2월부터 Summer 인턴십이나, 가고자 하는 대학의 Summer School, 또는 자기가 하고자 하는 전공과 관련된 리서치 프로그램에 원서를 넣어야 한다. 아니면 여름 동안에 하고 싶은 봉사 활동이나 리더십 프로그램을 알아봐야 한다.

두 번째 단계는 AP Tests, SAT, 그리고 학년말 시험이 끝나는 6월 이후부터는 GPA와 SAT, AP 성적을 가지고 대학 및 전공 선정을 시작으로 본격적인 대학 입학원서를 준비해야 한다.

학생들은 9월 학기가 시작하기 전 7~8월 방학 기간 동안에 자신이 대학에서 공부할 전공과 지원하려는 학교들을 이미 정하고 각 학교들의 특성을 파악해야 할 뿐 아니라, 대학들이 요구하는 에세이 제목을 가지고 에세이 준비를 시작해야 한다.

8, 9월에는 College Fair에 참석하여 자기가 가고자 하는 대학의 관계자를 만나 자신의 관심도를 미리 보여야 한다.

대입 원서 작성은 어떻게 보면 쉬워 보일 수도 있으나, 입학사정관은 학교 성적이나 SAT 점수 이상의 것을 알기 원한다. 특히 30위권 안의 유명 사립학교에서는 어느 정도의 Academic 수준를 만족한다면, 성적보다는 학생의 지도력, 봉사정신, 가치관이 최종 합격의 가장 큰 변수이다. 원서에 써야하는 에세이 역시 단지 문법이나 화려한 표현을 보기보다는 그 내용이 말해주는 학생의 이상과 가치관을 보기 위함이다. 학생은 입학원서의 지면을 통해 자신의 특성이나, 강점을 입학사정관들에게 인상 깊게 심어줘야 한다.

대학 입학원서 작성에 관한 개인적인 당부 사항을 다음의 네 가지로 정리해 보았다.

1. 대학 입학원서 준비를 정말 일찍부터 시작하자.

입학원서는 일찍 준비할수록 좋은 원서를 쓸 수 있다. 급하게 준비한 지원서는 좋은 결과를 기대하기가 어렵다. 더구나 일류대학을 지원하는 학생들은 11월 1일이나 11월 15일에 마감하는 조기지원을 적극적으로 활용하기를 권한다.

조기지원을 했으면 합격할 수 있었던 학생들이 일반 전형에서 탈락하는 경우가 많기 때문이다.

에세이 또한 누가 퀵서비스로 하루 이틀만에 대신 써줄 수 있는 것이 아니다. 자신만의 이야기를 시간을 들이고, 노력을 들여서 써야 한다. 좋은 에세이는 여러 번의 수정과 개정을 통해서만 완성될 수 있다.

2. 대학 입학원서를 쓸 때 자신감을 가지고 쓰자.

원서 마감이 다되도록 원서 작성에 진전이 없고 마음만 불안해하는 경우를 많이 보아왔다. 대부분의 이유는 원서를 쓰는 데 자신감이 없어서다. 대학 입학 사정 전반에 걸친 과정을 잘 안다면 원서 쓰는 데 자신감을 가질 수 있을 것이다.

3. 학생 스스로 지원서 작성 계획표를 만들어 해야 할 일들을 Organize하자.

좋은 성적과 특별활동을 가지고도 우왕좌왕하다가 원서 마감 시기 놓치는 학생들도 있다. 12학년 초는 학생들에게 가장 바쁜 시기이고, 가장 빨리 지나간다. 원서 마감일에 맞춰, 각자의 계획서를 미리 작성하여 보낸다면 실수 없이 효율적으로 일을 진행할 수 있을 것이다.

4. 좀 더 정성을 가지고 준비하자.

대학과 전공을 정하는 것은 인생의 방향이 전환되는 가장 큰 결정 중 하나다. 또한 초등학교 시절부터 고등학교에 이르기까지 그간 준비한 모든 과정을 마무리 짓는 단계이기도 하다. SAT, GPA나 특별활동 못지않게 이 과정이 중요하다. 열심히 준비한 만큼 각 대학들로부터 받는 Offer에는 많은 차이가 있다.

대학은 우리의 상상을 넘는 노하우와 노력으로 훌륭한 학생들을 유치하려 한다. 우리 학생들이 입학 원서에 들이는 노력보다 더 열심이다.

SAT를 준비하는 것만큼 입학원서 역시 열심과 최선을 다해 준비하고 고민해야 한다. 원하는 대학들로부터 좋은 Offer를 받을 때 얻는 보람을 기대하며 이 과정을 즐기기를 바란다.

02
대입 준비 일정 표 만들기

대학 입학 일정을 미리 세워야 하는 가장 중요한 이유는 학생들에게 Bird's eye를 가지고 대학 입학 전반을 한눈에 볼 수 있는 안목과 직관을 갖게 하기 위해서다.

아래에 매월 진행해야 하는 과정들을 제시하였으니 본인의 일정에 맞춰 참고하길 바란다.

1. 11학년 1학기
SAT Reasoning Test는 1학기 안으로 끝낼 수 있도록 계획한다. 일정은 10월과 12월 시험이나 11월과 1월 시험으로 두 차례에 걸쳐 마무리 짓는 것이 좋다.

2. 11학년 2학기
2, 3월부터는 여름방학 동안 해야 할 인턴십이나, 대학의 서머 캠프, 봉사활동

계획, 직장, 가고자 하는 대학 방문 일정 등을 미리 계획해야 한다. 인턴십이나 대학 서머 캠프 지원은 대개 3월 전에 마감된다.

5월, 6월에 있는 AP Tests나 SAT Subject Tests를 2학기 시작과 함께 준비해야 한다.

3. 12학년 시작 전 여름(6, 7, 8월)

ⅰ 학교 결정하기(Finalize your list of colleges)

자신의 GPA와 Test 점수, 대학 환경에 맞춰 9개 정도의 학교를 최종 결정한다. 학교는 자신이 이상으로 생각하는 학교(10~30% 합격 가능), 지원할 자격이 되는 학교(31~70% 합격 가능), 안전하게 갈 수 있는 학교(71~100% 합격 가능)로 나누어 정하는 것이 좋다. 그 비율은 3:4:2 또는 2:5:2로 정하는 것이 바람직하다. 너무 많은 학교를 정하면 자신의 노력이 그만큼 분산되어 오히려 안 좋을 수 있다.

조기 입학을 원하는 학교가 있으면 집중적으로 그 학교에 대해 연구해야 한다. 그 학교를 잘 아는 만큼 입학할 가능성이 높다.

ⅱ 학교 방문하기(Visit colleges that interest you)

자신이 입학하기 원하는 대학은 꼭 방문하기를 권한다. 대학 입학이 우리의 목표가 아니고 자신이 좋아하고, 자신에게 맞는 대학에 입학하는 것이 우리의 목표이기 때문이다. 입학을 해놓고 자신과 맞지 않아 학교를 옮기거나, 학교에 적응하지 못해 학교를 포기하는 등 시간을 허비하는 경우가 많다. 학교마다 투어(Tour) 일정이 있으니 미리 예약하는 것이 좋다. 개학을 하고 나서 방문 하는 것도 대학의 활기있는 캠퍼스를 볼 수 있는 좋은 기회이기도 하다.

ⅲ 학교별 서류 정리하기(Organize the materials into separate file by college)

지원하는 각 대학의 정보와 입학원서 팩키지를 요청하여 중요 사항들을 도표로 만들어 정리한다. 예를 들어 마감일, 요구하는 SAT Subject Tests 과목과 과목 수, Teacher's Evaluation 등.

ⅳ 5월 치른 AP Tests 점수 확인하기

7월 중에 Test 결과가 통보된다.

ⅴ 가을 SAT, ACT Test 등록하기

ⓥⓘ 에세이(Personal Statement) 작성하기

ⓥⓘⓘ NCAA(National College Athletic Association)에 등록하기

College sports에 recruited되기 위해선 NCAA에 등록해야 한다.

4. 9월에 해야 할 일

ⓘ 지원하는 학교에서 요구하는 것 이상의 수준 높은 과목들을 택한다. 부담이 될 경우 과목 수를 줄여서라도 도전적인 과목을 택한다.

ⓘⓘ 카운슬러를 만나 college plan과 GPA 성적에 관해 논의한다.

ⓘⓘⓘ 조기 입학 지원서 작성 시작하기

ⓘⓥ Essay (Personal Statement) 작성을 더 열심히 하기

ⓥ 12학년에 있는 과외활동 Update하기

ⓥⓘ 추천서를 의뢰할 때, 첨부할 본인의 Resume 작성하기

5. 10월에 해야 할 일

ⓘ 추천서 부탁하기

카운슬러, 선생님, 직장, 봉사, 인턴십하며 만난 분들 중에 한 달 반에서 두 달 정도 시간 여유를 가지고 우표와 주소가 적힌 봉투와 함께 추천서를 부탁한다.

ⓘⓘ 10월 둘째 주 토요일에 있는 SAT를 치른 학생은 지원한 학교에 점수 보내기

ⓘⓘⓘ 에세이 계속 재검토하기

ⓘⓥ 조기지원 원서 보내기

6. 11월에 해야 할 일

ⓘ 계속적인 Proofreading과 Revise를 걸쳐 Essay 완성

ⓘⓘ 조기지원서를 마감일 전에 미리 제출해야 한다. 참고로 마감일은 대부분의 대학이 11월 1일이나 11월 15일이다. 입학원서 제출은 분실 우려가 있으니 온라인으로 하되, 원서 마감 시간이 임박하면 서버가 다운될 경우도 있으니 미리 작성하기 바란다.

ⓘⓘⓘ UC와 Cal-State 경우 11월 30일이 마감이니 반드시 마감일 전에 원서를 제출해야 한다.

ⓘⓥ 추천서를 의뢰한 분께 감사 인사와 함께 추천서를 마감일 전에 발송 여부 확인하기

ⓥ 11월 첫째 주 토요일에 있는 SAT를 치른 학생은 지원한 학교에 점수 보내기

ⓥⓘ 제출하는 모든 원서를 copy하여 보관

7. 12월에 해야 할 일

❶ 12월 첫째 주 토요일에 있는 SAT를 치른 학생은 지원한 학교에 점수 보내기

❷ 조기 지원한 학교로부터 합격 여부의 연락이 온다. 불합격된 경우엔 본인의 결정에 따라 일반 전형으로 바꾸어도 된다.

❸ 12월 중순에 마감인 대학들에 원서 보내기

❹ 12월부터 1월 사이에 있는 인터뷰 준비

8. 1월에 해야 할 일

❶ 조기 지원한 학교로부터 연락이 온다.

❷ 1월말 첫 학기 성적(Mid Year Report)을 원하는 대학들에게 제출 : 학기말 시험에 최선을 다한다. 이들 대학에선 학생의 우수한 1학기 성적을 기대한다.

❸ FAFSA를 제출한다.

9. 2월에 해야 할 일

❶ 지원한 대학들에 서류 도착 여부를 확인한다.

❷ 2학기 성적이 떨어지지 않도록 주의한다.

10. 3월에 해야 할 일

❶ UC와 Cal-State를 비롯한 대부분의 대학으로부터 합격 여부를 통지받음

11. 4월에 해야 할 일

❶ 대부분의 대학으로부터 합격 여부 통지서와 함께 학자금 보조, 장학금에 관한 편지를 받는다.

❷ 합격한 학교들이 제시하는 조건들을 비교하며, 대학 선택 마감일을 기록해 둔다.

ⓘ 가고자 하는 대학을 결정하여 5월 1일 전까지 Deposite과 함께 통보한다.

ⓘ 대기자 명단에 있는 다른 학생들을 위하여 가지 않을 대학에 안 가겠다는 의사를 편지나 e-mail로 보낸다.

ⓥ 가고 싶은 학교로부터 대기 통보를 받았다면, 무작정 기다리지 말고, 일단 합격통보 받은 학교 중 가장 가고 싶은 한 학교를 정하여 Deposite을 먼저 보내놓고 대기 통보를 받은 학교로부터 연락을 기다린다.

ⓥ 대기자 명단에 있는 대학의 지역 담당자와 연락하여 대기 순번을 확인하여 가능성을 알아본다. 자신이 이 대학을 꼭 가야 하는 이유를 담은 편지와 합격에 도움이 될 만한 최근 성적과 과외활동을 update하여 보낸다.

12. 5월에 해야 할 일

ⓘ AP Tests를 친다.

ⓘ 모든 대학들이 2학기 성적을 잘 받는다는 조건으로 입학 허가서를 주기 때문에 마지막 시험까지 최선을 다한다.

ⓘ 대학 입학을 도와준 모든 분들과 부모님께 감사의 카드를 보낸다.

13. 6월에 해야 할 일

ⓘ 2학기말 성적이 가기로 결정한 대학에 보내졌는지 학교 카운슬러에게 확인

14. Summer에 해야 할 일

ⓘ 비행기표 구입 등 여행 계획

ⓘ 기숙사 및 housing 계획 결정

ⓘ 대학 오리엔테이션 등록

ⓥ 대학 첫 학기에 택할 과목 선정

위의 계획표는 참고사항이다. 학생과 지원하는 학교에 따라 첨가되거나 바뀌는 사항들이 물론 있다. 대학에 입학할 때까지 반드시 해야 할 사항들이니 지침으로 삼았으면 한다.

03

나에게 맞는
전공 찾기

나에 맞는 전공을 찾기란 그리 간단한 문제가 아니다. 더구나 70~80년대에 한국에서 대학을 다닌 부모세대들은 어느 대학을 가느냐가 어떤 전공을 하느냐보다 훨씬 중요했기 때문에, 많은 사람들이 자신이 원하지 않는 전공을 공부했고, 원하지 않는 직업을 가지며, 어쩌면 지금껏 자신이 무엇을 좋아하는지도 모르고 지내는 경우도 있는 듯 싶다. 누구나 자신이 전공하고 싶은 분야를 공부하며, 자신에게 맞는 직업을 가지고 평생을 살 수 있다면 어떤 일을 하든 간에 그것만큼 행복한 삶은 없으리라 생각한다.

한 통계에 따르면, 미국의 대학생들의 대부분이 졸업 때까지 두세 번의 전공을 바꾸며, 그로 인해 대학을 졸업하는 데 5~6년의 시간이 걸린다고 한다. 자기에게 맞는 전공을 빨리 찾는 것이 많은 시간과 돈을 절약하는 길이다.

한 예로 필자의 학원에 다니던 의대에 가기를 원하던 학생이 열심히 공부하여

UC San Diego의 Pre-Med에 입학했다. 학교를 다니기 시작한지 1년 반만에 Pre-Med 공부가 자기 적성에 맞지 않는다는 것을 깨닫고 학교를 그만두었다. 지금은 커뮤니티 칼리지를 다니고 있는데, 최소한 1년 이상의 시간과 노력, 적지 않은 학비를 낭비한 셈이다.

나에 맞는 전공을 정하는 몇 가지 방법을 제시하고자 한다. 단시간의 노력과 정성으로 전공을 결정할 수 있는 것은 아니지만, 함께 충분히 고민해 볼 가치가 있다.

1. 전공을 정해야 하는 시기

전공에 대한 관심은 9학년 때부터 갖기 시작해야 한다. 전공 분야를 먼저 결정한 다음 그에 맞춰 학과목을 선택해야 한다. 전공에 따라 비로소 대학를 정할 수 있기 때문에 늦어도 11학년 말까지는 큰 범위의 전공이라도 정해야 한다. 학생들은 알고, 경험한 만큼 전공을 선택할 수 있는 능력이 생기기 때문에 구체적인 전공을 정하기란 매우 어렵다. 다행이 미국에선 대학에서 전공을 바꾸는 것이 어렵지 않고, 많은 유명 대학들에서는 입학 당시 정한 전공에 상관없이 3학년 때 전공을 정할 수 있다. 따라서 대학에 들어가서 자기가 관심있는 분야를 더 깊이 리서치하고, 경험하고, 고민해야 한다. 하지만 우리 자녀들이 충분히 생각하지 않고 정한 전공 때문에 전공을 바꾸어 다시 공부하거나 대학원에서 전공을 바꾸는 일은 없어야겠다.

2. 전공을 정하는 방법

아래에 열거한 세 가지의 방법 중 어느 것도 절대적인 방법은 아니다. 사람의 성향을 어떤 하나의 카테고리로 분리시킨다는 것 자체가 모순일 수도 있기 때문이다. 하지만 충분히 참고할 만한 필요가 있다.

❶ 부모의 관찰을 통한 방법

학생들은 경험한 만큼 흥미가 바뀌고, 성장할수록 관심 분야도 달라지기 때문에 부모의 역할이 절대적으로 필요하다.

예를 들어,

* 자녀가 어려서부터 호기심이 많고 분석적이며 이론적으로 강하며, 수학과 과학 과목을 좋아한다면 Science, Engineering, Math, Computer 등을 전공하면 된다.

* 사람을 사귀기를 좋아하고, 남을 보살피며, 자상하며, 자녀에게서 인간적인 면을 많이 느낀다면 심리학, 교육, 간호원, Public Health, Child development, Social work 등을 권한다.

* 아이가 예술적 감각이 있고, 미술, 영화, 잡지 편집, 디자인 등에 감각이 뛰어나다면, 광고, Graphic Art, 극작가, 소설가, 편집자 등을 공부할 수 있다.

* 자녀가 부끄러움 없이 대중 앞에 잘 나가고, 설득력과 재치, 유머가 있다면 Speech, Communication, Sales, Marketing이 적합하다.

* 자녀가 책상에 앉아 있기보다는 무엇을 조립, 분해하고 만들며 몸으로 움직이는 것을 좋아하는 아이는 공예가, 조각가, 기계공 등이 적합하다.

ⅱ 학생의 개인 정보나 자료를 통한 방법

(a) **학생이 택하고 있는 과목의 성적을 통한 방법**: 수학, 과학을 좋아한다면 이공 계통으로, 반대로 영어나 사회과학 과목을 좋아한다면 문과 계통으로 하면 된다.

(b) **학생의 흥미와 능력**: 대개의 경우는 흥미와 능력이 비례가 되는 경우가 많지만 꼭 그렇지만은 않다. 특별활동이나 인턴십 등을 통하여 다양한 분야에 자신을 노출시켜보며, 교과과정 중의 선택 과목을 통하여 자신이 흥미 있는 분야를 경험함으로 자신이 정말 그 분야를 좋아하는지, 그 분야의 능력은 얼마나 나타나는지를 알아보는 것이 좋다.

ⅲ 각종 Test를 통한 방법

(a) Multiple Intelligence Test

Multiple Intelligence Test는 미국 하버드대 하워드 가드너 교수가 만든 이론이다. 인간의 지능이 한 가지가 아닌 여러 가지로 이루어져 있다는 이론으로, 기존 지능지수 (IQ)의 단점을 보완하기 위해 만들었다.

그는 인간의 지능이 언어(Language), 논리/수학(Logic/Math), 음악(Musical), 공간(Spatial), 신체 운동(Kinesthetic), 대인 관계(Interpersonal), 자기이해 (Intrapersonal), 자연 탐구(Naturalist) 지능 등 모두 8가지 두뇌의 다른 영역으로 구성되어 있다고 한다. 인간은 대체로 8가지 지능이 모두 다 좋을 수 없고, 8가지 지능이 모두 다 나쁠 수도 없다. 이 Test를 통해 아이들의 특성을 찾아내어 그것에 연관된 전공들을 알아보고 부족한 부분을 이해할 수 있다.

(b) **Personality Test(적성검사)**

자신이 잘하는 능력을 시험하는 것 외에 자신이 타고난 성향을 알아보는 것이 전공 결정이나 장래 계획에 많은 도움이 된다. 예를 들어 Exact라는 단어를 보고 사람의 성향마다 느끼는 것이 다를 수 있는 것처럼 사람은 고유한 성향을 가지고 태어난다. 9학년 이상의 학생이라면 고등학교의 교과과정 시작에 앞서 적성검사를 꼭 권한다. 많은 경우 후천적인 노력이나 환경에 의해 본인이 남보다 더 잘하게 된 분야를 자칫 자신의 적성이라고 오해할 수도 있다. 적성검사 중에서 특히 대규모 단체로 할 때 정확하지 않은 경우가 종종 있다. 오랜 기간 검증되어 온 검사를 통하여 자신의 성향을 확신하고, 또한 자신이 인지하지 못하고 있던 자신을 발견할 수 있는 계기가 될 수 있다.

전공을 정하는 방법이 수학 문제처럼 답이 정확하다면 얼마나 좋을까? 위에 열거한 방법을 근거로 해서 자신의 전공과 장래에 관하여 고민하고, 찾아보고, 경험한 만큼 좋은 결과가 있으리라 생각한다.

04

나만의 에세이 작성하기

우리가 말하는 에세이의 정확한 표현은 Personal Essay 또는 Personal Statement이다. 이는 다른 사람의 얘기가 아닌 지원자 자신에 관한 이야기여야 하며, Statement란 자신의 어떤 면을 주장하는 것이 아닌 자신을 진술한다는 의미이다.

대학 입학사정은 두 가지로 나누어지는데, 하나는 학생의 Academic Record로 GPA, SAT, AP Tests 점수와 어떤 과목에서 어떤 점수를 받았나를 보는 것이고, 다른 하나는 Personal Character로 이 학생이 어떤 성향과 가치관을 가졌나를 알아보기 위한 것이다. Personal Character는 Personal Statement와 교사/카운슬러의 추천서로 평가되며, 학교에 따라 인터뷰를 요구하기도 한다.

Essay를 쓰는 기본 원칙은 솔직한 자기 자신을 쓰는 것이다. 유의할 점은 학생은 자신의 경험이나 업적을 나열하기보다는 그것으로 인해 변화받은 자기 모습을 써야 한다. 또한 대학마다 다르지만 2~3가지 정도의 에세이를 요구하는데, 각 에세이마다 자신의 다양한 면을 잘 나타내야 한다.

아래에는 에세이 작성 시 유의해야 할 사항들을 정리해 보았다.

1. 입학사정관들은 수천 개의 essay를 읽는 데 지쳐 있기 때문에 재미있고 신선한 topic을 정해야 한다. 이민 부모의 생활이나 교회 선교에 관한 주제는 한인 학생들의 에세이 주제로 더 이상 신선하지가 않다.

2. 입학 신청서의 다른 곳에서 보여주지 못했던 자신의 새로운 면을 보여주는 기회로 삼아야 한다.

3. 자신의 특징(강점, 장점)을 보여주는 데 초점을 맞춰야 한다.(인격의 성숙도, 활발한 지적 호기심 등)

4. 남들과 다른 특별한 경험을 한 특별한 자신을 나타내야 한다.(a trip to Save the Whales 등)

5. 에세이에서 자신의 학업적인 성과, 특별활동 등의 업적을 나열하다 보면 자칫 자신의 잘난 것을 자랑하는 느낌을 줄 수 있으니 업적들은 Award 난을 활용하고, 에세이에서는 이런 활동 등을 통한 자기 자신의 변화에 대해 초점을 맞춰 써야 한다.

6. 부정적인 이미지를 줄 수 있는 부정적인 경험담은 피해야 하고 어떤 topic이든 긍적적인 태도로 일관해야 한다.

7. 논쟁에 여지가 있는 topic은 가능한 한 피해야 한다.

8. 에세이마다 정해진 양이 있는데, 반드시 지켜야 한다.

9. 학교마다 다른 에세이를 써야 한다. 특히 사립학교는 학교마다 특징이 있기 때문에 그 학교에 맞는 자신을 나타내야 한다.

10. 왜 자신이 이 학교를 선택했는가에 대한 분명한 이유를 써야 한다. 요사이 학생들이 8~9개 이상의 대학에 지원하기 때문에 여러 대학의 입학 허가를 받고 그중에서 한 대학만을 선택한다. 그렇기 때문에 대학측에선 입학을 원하는 이유가 분명한 학생들에게 허가서를 주기 원한다. 예를 들면 Connell를 지원한 많은 학생들은 동시에 Harvard도 지원한다. 두 학교에서 입학 허가를 모두 받았다면 대부분 학생들은 Harvard를 택할 것이다. 때문에 Connell 대학에서는 지원자 중 Connell 대학을 back-up학교로 생각하고 있는 학생을 가려내야만 한다.

11. 제삼자가 평가하는 나를 참고해야 한다. 대학에서는 나에 관한 이야기를 나를 포함한 제삼자들에게서 듣기를 원한다. 추천서에 있는 나와 에세이에 있는 내가 너무 다르면 내가 쓴 에세이는 신뢰를 잃을 수 있다.

12. 언제나 학생들에게 당부하지만 에세이 준비는 시간을 갖고 미리 해야 한다. 오늘 잘 쓴 것 같은 에세이가 하루를 지내고 다시 보면 생각이 바뀌는 것을 가끔 본다. 좋은 글은 항상 여러 번의 수정이 필요하다.

에세이 Topic 선정에 관한 예로는 자신의 특별활동 중에서 선택할 수 있고, 힘든 상황이나 자신이 처한 어려운 상황을 극복하는 가운데 변화되는 자신의 모습을 서술한다든지 글, 소설, 전기물에 나온 인물에 영향을 받아 자신이 발전되는 모습을 예로 들 수 있다.

에세이는 반드시 재미있고 흥미가 가는 서문으로 시작하여 읽는 사람의 관심을 끄는 데 10% 정도를 할애하고, 특별한 것을 통해 변화된 자신을 보여주는 데 40%를 할애하며, 그 가운데 무엇을 느끼고, 배우며, 변화되었나에 50% 정도 할애하는 것이 좋다.

대학 입학사정관은 단지 현재의 학업적으로 우수한 학생이 아닌 인격적 성숙도와 훌륭한 가치관, 학문적인 호기심과 잠재성을 가진 학생을 원한다. 에세이는 자신의 가치관이나, 장점, 성향 등을 입학 담당자에게 표현할 수 있는 유일한 수단이자 최고의 수단이다. 열심히 생각하고 고민하여 자신만의 좋은 에세이를 쓰기 바란다.

추천서
준비하기

추천서는 카운슬러에게 받는 Recommendation Letter(추천서)와 학과목 선생님에게 받는 Teacher's Evaluation Letter(학업 평가서), 그리고 그 외의 활동을 통해 받는 추가 추천서가 있다.

입학사정관들은 데이터 상에 나타난 학생의 모습 외의 실제 생활에서의 학생에 대해 알고 싶어한다. 학생의 학업에 대한 열정, 리더십, 봉사정신, 가치관, 인관 관계 등에 관한 학생의 모습에 대한 제삼자의 의견을 추천서를 통해 알고 싶어한다.

다음의 몇 가지 질문을 통해 어떻게 추천서를 준비해야 하는가를 알아보겠다.

1. 어떻게 하면 좋은 추천서를 받을 수 있나?

단적으로 말한다면 좋은 학생만이 좋은 추천서를 받을 수 있다. 좋은 추천서는 하루 아침에 만들 수 없기 때문이다. 추천서란 학교생활을 통해 만난 카운슬러와 선생님, 그리고 과외활동 속에서 만난 사람들과의 인간 관계라고 봐도 된다. 그들에게 비춰진, 또는 그들과 함께 경험한 학생의 열정과 헌신의 내용들이 추천서에 담기기 때문이다.

2. 추천서는 몇 장이 필요한가?

대부분의 사립대학에서는 카운슬러의 추천서 1부와 선생님의 추천서 2부를 요구하며, 필요에 따라 추가 추천서를 1~2부 보내면 된다. Cal-State와 UC의 경우엔 지원자 수가 많은 이유로 추천서를 요구하지 않고 있고, 설사 보낸다고 해도 읽혀지지 않는다.

3. 추천서는 어떤 분에게 부탁해야 하나?

❶ 우선 부탁하는 학생과 좋은 관계와 경험을 가지고 계신 분으로 학생과 최소한 2년 이상의 좋은 관계를 가지고 계신 분이어야 한다. 학생에 대해 경험을 통해 구체적으로 알고 있어야 "잘한다", "훌륭하다", "만난 학생 중에 최고 학생이다" 등 막연한 내용이 아닌 구체적이고 실제의 이야기를 써줄 수 있기 때문이다.

❷ 긍정적인 사고 방식을 갖고 있어야 한다. 학생이 부족한 부분을 가지고 있더라도 긍정적으로 평가해 주실 분이어야 한다.

❸ 학교 내에서 평가가 좋은 분이어야 한다. 입학사정관들도 각 고등학교마다 어떤 카운슬러와 선생님들의 추천서가 신뢰가 있다는 것을 경험으로 알고 있기에 그분들께 좋은 평가를 받을 수 있다면 더 좋다.

❹ 학생을 개인적으로 잘 알고 있는 분이 추천서를 써주어야만 가장 효과적이다. 학생의 학과목만을 담당하는 선생님의 경우에는 학생에 대해 잘 모르는 경우가 많다. 학과목과 아울러 학생이 활동하고 있는 클럽의 담당교사와 두터운 친분이 있다면 진솔한 추천서를 기대할 수 있다.

❺ 학생이 전공하고자 하는 분야의 과목을 가르치시는 선생님. 추천서 2부는 학교 선생님께 받아야 하는데 자기가 전공하고자 하는 분야를 열심히 공부하고 가르치신 선생님께 추천서를 받는 것이 가장 좋은 방법이다.

❻ 작문을 잘하시는 분께 받아야 한다. 추천서에 문법이나 철자가 틀렸다거나 표현이 부적절하다면 좋은 추천서라 볼 수 없다.

❼ 추가 추천서를 잘 활용하면 좋다. 특히 전공이 미술이나 음악 계통 등의 특별한 전공인 경우엔 학교 성적보다도 추천서의 비중이 월등히 높을 수 있다. 또한 추가 추천서를 지원하는 대학의 동문이나 교수에게 받는 것은 아주 좋다.

4. 추천서가 대학 입학에 미치는 영향은 어느 정도인가?

개인 에세이와 더불어 추천서는 성적에 무관하게 입학에 결정적인 요소일 수 있다. 더구나 학생이 합격 커트라인에 걸려 있는 상태라면 추천서가 매우 중요하다.

5. 카운슬러의 역할은 얼마나 중요한가?

학생의 학교 생활에 관해 제일 잘 아는 사람은 카운슬러이다. 9학년 입학 시 한번 정해진 카운슬러는 4년간 학생과 같이한다. 카운슬러는 추천서에 학생의 고등학교의 전반적인 생활에 관하여 쓰도록 되어 있다. 학생의 잘못이 기록된 Behavior Record는 부모님을 포함한 학교 내외에 교육 관계자들에게 모두 공개된다. 더구나 카운슬러는 싸움, 마약, 시험 부정행위 등으로 받은 정학은 의무적으로 대학에 보고하게 되어 있다. 또한 학생이 받은 정학 또는 어려운 집안 환경을 극복하는 과정을 카운슬러의 추천서를 통해 대변할 수 있다. 마지막으로 대학에서 학생에 관한 궁금한 사항은 학생이 아닌 카운슬러에게 문의가 온다. 다시 말해서 카운슬러는 학생의 대변자 역할을 하는 중요한 분이다.

입학원서 마감일이 하루하루 다가올수록 마감일에 늦지 않도록 하나하나 정리해 나가야 한다. 잘못된 에세이로 대학 입학을 망치는 경우도 종종 본다. 에세이를 여러 교육에 관심있는 어른들께 리뷰를 부탁해 보는 것도 좋다. 추천서를 부탁한 분들께는 마감 1~2주 전에 미리 감사카드를 보내는 것도 지혜로운 방법이다.

06

과외활동

과외활동은 학교에서 공부하는 것 이외에 어떤 특별활동이나, 개인 활동, 여름 방학을 통한 활동, 봉사활동, 인턴십 등을 말한다. 반드시 해야 한다거나 어느 정도는 꼭 해야 한다는 법칙이 있는 것은 아니다. 어떤 과외활동이든 주어진 환경 아래서 자신이 관심있어 하는 것을 어떻게 조직하고 구성하며 심도있게 발전시켜 나가서 주위에 얼마만큼 영향력을 끼쳤나를 묻는 것이다.

1. 입학원서에 특별활동 기재시 주의 사항

단기간에 많은 클럽에서 활동하기보다는 다음의 3가지를 염두에 두어야 한다.

ⅰ 한 클럽에서 오랜 기간(가능하면 4년)을 활동한 것을 원한다.

ⅱ 에세이에 쓸 수 있을 만큼 열정을 가지고 헌신했는가를 원한다.

ⅲ 회장이나 총무로서 리더십 활동을 보여줘야 한다.

특별활동은 누구나 하는 일반적인 것보다는 특별한 것을 보여주는 것이 좋다. 학교내 활동이 아닌 개인적인 취미활동이나, 교회 활동, 가족이나 친한 친구들과 같이 한 활동이라도 상관없다. 특별활동 난에는 리더십을 보여주는 활동과 봉사정신을 보여주는 활동, 운동이나 음악 중에 하나를 택하여 기재하여 대학에서 다방면으로 활동할 수 있다는 것을 보여줘야 한다. 주당 활동한 시간과 일 년에 몇 주를 하였나를 기재해야 한다. 과장하지 않고 정확하고 진실하게 기재하여 불필요한 의심을 사지 말아야 한다. 활동이 특별히 많을 경우 **Student Resume**를 따로 작성해서 제출해야 하지만, 그렇지 않을 경우에는 가장 중요한 것만 골라 상세히 보고해야 한다. 또한 지원하는 대학에서 관련된 봉사를 계속할 것인가를 기재해야 한다.

2. 좋은 과외활동과 나쁜 과외활동

입학원서에는 과외활동의 기록들을 아주 상세하게 기록하게 되어있다. 몇 학년 때 했는지, 일주일에 몇 시간을 했는지, 기간은 어느 정도였는지, 활동 중 직책은 무엇이었으며 어떤 활동을 했는지, 어떤 성과가 있었는지를 모두 기록해야 한다.

이런 기록을 토대로 대학은 창의력과 리더십, 책임감, 자신감, 성실성, 자립심, 인격, 성숙도, 가치관 등 학생의 미래를 엿보고 싶어한다.

좋은 과외활동이란 한두 가지를 하더라도 자신이 공부하려는 전공은 물론 장래 희망과 어떤 연관성이 있는가와 일관성을 가지고 얼마나 오랫동안, 성실하고도 성공적으로 활동했나를 보여주는 데 있다. 반대로 나쁜 과외활동이란 서로 연관도 없는 활동들을 아무런 성과도 없이 여러 가지를 이것저것 한 경우다.

GPA와 **SAT, AP Tests** 성적이 학생에게 요구되는 가장 기본적인 성실함과 지적 잠재력과 학업 능력을 보여주는 기회라면 과외활동은 학생의 리더십과 창의력, 도전 및 개척정신을 보여줄 수 있는 기회이다. 또한 수상 경력, 에세이, 인터뷰와 함께 대학 입학의 중요한 요건 중 하나이다.

3. 과외활동의 비중

ⓘ 명문 사립대의 경우

명문 학교일수록 과외활동의 비중은 당연히 커진다. 가령 SAT의 2250이나 2350, GPA의 4.3이나 4.5는 수치상으로 차이는 있지만 대학 학업을 수행할 능력에는 차이가 없다고 봐야 한다. 예를 들어 코넬 대학을 입학하는 데, SAT 2100에 GPA 4.1과, SAT 2200에 GPA 4.3의 두 학생을 비교해 보자.

두 학생 모두 코넬 대학의 입학 합격선인 SAT 2010과 GPA 4.05를 만족시키는 것이고, 이 경우 역시 성적보다는 과외활동이 입학에 더 큰 영향을 준다고 봐야 한다. 특히나 최근 들어서 성적 인플레라는 말이 나올 정도로 미 전체 SAT 평균 성적은 낮아지는 데 반해 명문 대학에는 SAT 성적과 GPA로는 우열을 가리기 힘들 정도로 뛰어난 학생들이 몰리기 때문에 학력 외에 다른 활동이 입학의 결정적인 요소로 작용하고 있다.

ⓘ 중위권 대학의 경우

학생 상담을 하다 보면 100위권 바깥 정도의 대학을 지원하면서 과외활동에 지나치게 많은 시간을 소비하는 경우를 본다. 또한 운동이나 다른 클럽 활동 경력으로 진학하는 경우도 아닌데 학교 팀의 스케줄에 매여 공부를 소홀히 할 수밖에 없는 안타까운 경우를 종종 본다. 전국에 약 2만여 개의 고등학교가 있고 각종 팀이나 클럽의 숫자도 학교 당 10팀만 잡아도 전국에 20만 개의 팀이 있다고 할 수 있다. 학생이 소속한 팀에 5명에 안에 들 정도의 왕성한 활동을 한다고 해도 전국에 그런 학생들이 100만 명이 있다는 계산이 나온다. 전국 랭킹에 들거나 특별한 두각을 보이지 않고서는 대학 진학에 도움이 되지 않는다고 봐야 한다. 대부분의 학생들에게 피아노나 바이올린이나 테니스는 정서적, 또는 체력적으로 학생들을 밸런스 있는 교육 환경을 만들어 주는 목적이 있기 때문에 학업에 지장을 주지 않도록 하는 것이 현명하다.

4. 명문 대학에서는 어떤 과외활동을 원하는가?

예일 대학의 리차드 총장의 말이다. "우리는 학생의 높은 성취력, 좋은 성격, 잠재력, 예술, 스포츠, 정치적 조직력, 사회 봉사활동 등에 열정적이고 인류에 관심있는 학생, 자기 분야에도 뛰어나지만 다른 사람에게 배울 자세가 된 학생, 미국, 세계에 변화를 줄 수 있는 인재를 발굴, 양성하려 한다."

리차드 총장의 말처럼 아이비리그의 대학에서는 미국의 역대 대통령들을 비롯

수많은 미국과 전 세계를 움직이는 정치적, 경제적인 지도자들을 배출한다. 그런 일들이 이들 대학의 사명이자 사회적 역할이기도 하다.

입학사정관들은 과외활동을 통해 학생이 관심분야에서 일의 창의력, 추진력, 리더십을 보기를 원하며 어떤 성취를 이루었는지에 관심이 있다. 아울러 자기 학교의 전통과 명예를 잘 나타내 줄 학생을 필요로 한다. 만일 가야 할 대학을 정했다면 그 대학에서 중점적으로 또는 활발하게 하는 활동이 어떤 것인가를 아는 것이 좋다. 가고자 하는 대학에서 어떤 과외활동을 한 학생이 필요하다는 것을 안다면 성적이 조금 낮더라도 그 학생이 입학할 기회는 훨씬 높다.

5. 어떤 과외활동을 해야 하나?

❶ 남들 하니까 나도 한다는 식은 안 된다.

우리 학생들 하나하나는 누구나 각자의 특색이 있지만 입학원서에 쓰여진 학생들은 대부분 비슷하다는 데 문제가 있다. 더구나 입학원서에 쓰여진 내용만을 가지고 입학사정관이 한 학생의 특징을 파악하기란 쉽지 않다. 특별활동으로 하는 악기도 피아노, 바이올린, 플룻 중에 하나이며, 스포츠도 테니스, 골프 등으로 별반 차이가 없다. 다른 학생들이 다 하는 것을 나도 한다는 것은 그 방면에 아주 뛰어나지 않은 다음에야 시간과 노력에 비해 효과가 없다.

입학사정관은 어떤 일에 학생의 열정과 기여도를 보고 싶어한다. 남들이 좋다는 활동에 자기 자신을 끼워 맞추기보다는 자신을 먼저 관찰하고, 여러 환경에 자신을 노출하고 경험하여 자신이 진정 무엇에 흥미가 있는지를 알아내는 것이다. 학생의 관심 분야를 과외활동의 열정으로 나타내며 교외, 사회활동으로 전개해 나갈 수 있어야 한다. 부모의 강요로 학생이 원하지 않는 취미와 과외활동을 하는 것은 불행한 일이다.

❷ 학업에 지나치게 방해되는 과외활동은 피한다.

다니고 있는 고등학교에서 필요에 따라 특정한 스포츠나 치어리더, Marching Band 등에 시간을 과도하게 소비하지 말아야 한다. 학업 성적에 지나치게 방해되는 과외활동은 피하는 것이 좋다. 30위권 안에 명문대가 목표가 아니라면 학업 성적, SAT 성적이 무엇보다도 우선시된다는 것을 잊지 말아야 한다.

🔘 **추천할 만한 과외활동은 어떤 것이 있나?**

- **학업에 보탬이 되는 과외활동:** 각종 학력 경시 대회 준비를 위한 클럽, 토론팀, 라틴어 클럽, 학업과 연관된 각종 클럽, 학교 신문, 학생회 간부, 학교내 과외(영어, 수학 …) 지도 클럽 등.

- **개성있는 봉사활동:** 학교 내에 있는 단체가 아닌 본인이 관심을 가지고 있는 분야의 사회 단체에 알아보거나 구성해 본다. 지역 사회를 돕는 청소년 단체 결성. 예를 들어 양로원 위문, 자원 봉사, 초기 이민자와 유학생들을 위한 봉사 단체, 사회적 이슈가 되고 있는 것들을 위한 단체 등.

- **개성있는 스포츠, 클럽 선택:** 예를 들어 테니스로 대학에 간다는 것은 특별한 재능이 있기 전에는 경쟁이 너무 심하며 많은 시간 투자가 요구된다. 학교에 없는 일반 단체에 소속된 운동을 선택하는 것도 바람직하다. 가령 스노우보딩, 아이스하키, 조정, 윈드서핑, 수상스키 등을 선택한다.

- **학교 내의 오케스트라나 합창단뿐만 아니라 사회 활동과 경력이 있는 외부단체**

6. 전공, 장래 직업에 관련된 인턴십 경험

대입 준비는 인생의 준비와 같다. 어떤 분야가 자기 적성에 맞는지, 공부와 연구를 통하여 할 수 있는 경험을 꾸준히 하면서 자기 자신을 발견해 나가는 시기이다. 하버드, 예일 등 298개의 학교가 가입해 쓰고 있는 Common Application에 보면 장래에 희망하는 직업을 쓰는 칸이 있다. 학업은 공부로만 끝나는 게 아니고 직업으로 사회의 한 구성원의 역할로 이어져야 한다. 많은 대학에서 지원다들이 희망하는 전공과 관련된 인턴십 경험을 갖기를 원하며 또 인턴십을 통하여 전공할 분야의 학력적인 능력뿐만 아니라 실제적인 능력을 갖추기를 원한다. 여름방학의 특별활동의 일환으로 꼭 도전해 볼 만하다.

7. 좋은 과외활동의 실례

❶ 한 학생은 방학마다 인근 양로원을 찾아가서 봉사활동을 하며, 자신이 다니는 교회의 청소년 성가대와 매주 위문공연을 펼칠 수 있도록 연결하여 이것을 정례화했다.

❷ 미국 riverside county의 조그마한 한 학교의 일이다. 북한이 미사일 발사 시험으로 부시 대통령이 북한을 공격하겠다는 말이 나올 정도로 북한에 대한 여론이 악화되었을 때였다. 한 학생이 북한이 식량난에 허덕이는 것을 알고 북한 어린이돕기 위한 클

럽을 결성하여 많은 반대를 극복하며 200여 명이 넘는 클럽으로 성장시켰고, 클럽의 활동상황들이 지역 신문에 기사화되었다.

❸ 국제인권운동 클럽에 가입하여 아프리카 · 중동 일부 국가들이 인권운동가를 살해하지 못하도록 항의 서한을 보내고 기금 모금활동을 펼쳤다.

❹ 자기가 관심있는 분야의 대학 실험실에서 봉사, 인턴 활동을 하며, 필요한 경험과 지식을 쌓았고, 좋은 추천서까지 받았다.

인터뷰
준비하기

대학 입학원서 마감 이후 12월부터는 인터뷰 시즌이 시작된다. 인터뷰는 모든 대학에서 실시하고 있지는 않지만 아이비리그 대학들을 비롯한 상위 30위 안에 있는 사립대학에선 보통 의무적으로 실시하고 있다. 50위권 안의 대학은 선택 사항으로 주어지기도 한다. 우리가 잘 아는 USC는 인터뷰가 선택으로 주어지며, 음악이나 미술 등 예능 계통의 전공이 아닌 경우에는 인터뷰가 입학에 큰 영향을 주지는 않는다. 인터뷰가 의무로 되어 있는 경우엔 반드시 응하는 것이 좋다. 그 대학에 입학할 자신이 없거나, 관심이 없다는 인상을 줄 수 있기 때문이다.

대학에서는 인터뷰를 통해 입학원서에 나타나지 않은 지원자의 모습을 직접 보기를 원한다. 대학 입학 당락에 큰 영향을 미치지는 않지만 일단은 좋은 인상을 심어주어야 한다. 반면에 우리 학생 입장에서도 동문들로부터 그 대학에 대해 더 자세한 정보를 알 수 있는 좋은 기회이기도 하다. 또한 3월 이후 입학 허가를 받은 학교 중에서 입학할 학교를 선정할 때도 좋은 참고 자료가 될 수 있다.

인터뷰는 동문들의 자원봉사에 의해 구성되며, 인터뷰 역시 어떤 짜여진 질문과 형식보다는 훨씬 광범위한 범위에서 자연스러운 대화 형식으로 이루어진다. 면접관은 학교마다 양식은 다르지만 대개 간단한 자신의 소견을 학교에 보고하게 되어 있다. 예를 들면 학생에 관한 여러 일반적인 사항에 대한 aptitude level을 below average, average, above average, exceptional로 체크하게 되어 있고, 중요한 체크 박스로는 면접관이 not recommended, recommended, highly recommended 형식으로 체크한다. 마지막으로 전반적인 소견을 additional comment 난에 기재한다.

면접관은 지원자의 합격, 불합격을 위한 판단보다는 가능한 한 좋은 학생들을 유치하기 위한 노력을 더 많이 한다. 지원자들은 너무 긴장하거나, 그렇다고 너무 캐주얼하게 생각하지 말고 아래의 몇몇 사항에 주의하면 된다.

1. 예상 가능한 대표적인 질문에 대비

어떤 정해진 질문은 없지만 대부분 "이 학교를 선택한 이유는?", "장래 목표는?", "학교를 위해 무엇을 할 수 있나?" 등의 질문들을 미리 준비하는 것이 좋다. 학교에 대해 미리 조사하여 자연스럽게 대답할 수 있어야 한다.

2. 단정하고, 자연스럽고, 자신감 있는 태도

이미 같은 동문이라는 생각을 가지고 자연스럽고 편안하게, 질문에만 답하는 형식이 아닌 궁금한 것은 오히려 물어보며, 학교에 많은 관심을 보이며 대화하듯이 해야 한다. 옷은 단정하게 입고, 자신있고 긍정적이며, 적극적인 태도를 보여야 한다.

3. 솔직하고, 정직한 태도

가식적이거나, 거만하거나, 허풍을 떨어서는 안 된다. 거짓말이나 과장된 것들은 대부분 쉽게 느낄 수 있기 때문에 정직을 무엇보다도 중요시 하는 미국에서는 치명적일 수 있다.

4. Resume 준비

지원자를 한눈에 알 수 있게 인터뷰어에게 자신에 대한 것과 자신의 관심사를 보여주는 것이 좋다.

5. 가상 인터뷰로 연습

긴장하는 것을 막기 위해 가상의 질문을 가지고 옷을 차려입은 후 가상 인터뷰를 선생님이나 부모님과 해 보는 것이 바람직하다.

08

나는 어느 대학
에 갈 수 있을
까요?
진단해 주세요

Oklahoma에서 문의 온 한 학생의 대입 프로파일을 살펴보도록 하겠다. 물론
학교와 이름은 가명을 사용했다.

1. 정보

Student name: Daniel Fisher

School: Oklahoma High School, Oklahoma

GPA: 3.975 (unweighed) — All A's except two B's one in AP US History the
other in AP English 4

SAT Reasoning: Critical Reading — 650

Math — 760

Writing — 680

Total — 2090

SAT Subject: Math II — 800

AP Tests: English Literature — 3 — 11th grade

Calculus BC — 3 — 10th grade

Statistics — 3 — 11th grade

US Government and Politics — 3 — 11th grade

Comparative Government — 3 — 11th grade

US History — 2 — 10th grade

English Language — 2 — 10th grade

Currently in: AP Physics and AP Chemistry

ACT: Composite — 33

English — 34

Math — 35 (36 on previous test)

Reading — 29

Science — 34

Activities: Orchestra, Medical Explorer, President of Church Youth Group, Youth Praise Band leader, Mu Alpha Theta, National Honor Society, Varsity Tennis, In the summer or 2009, I attended EPGY summer camp at Stanford taking a course on The Theory of Relativity

Awards: Honor Roll (every year)

National Merit Commendation

Superior State Orchestra Competition (3 years)

"I am interested in doing something with math or sciences such as Physics or Chemistry or engineering."

2. 평가

❶ GPA와 SAT Reasoning Test 성적은 쓸 만하지만, AP 성적이 매우 낮다. 그것은 학생의 잠재력은 우수하나, 학력은 떨어진다고 봐야 한다. 다시 말해 학업 능력은 있으나, 학교 또는 학교 선생님 수준이 높지 않아 AP 점수가 낮다고 볼 수 있다. 학교의 수준을 참고하는 API와 학생의 학교 랭킹을 참조하여 appeal해야 할 것이다.

❷ Activities나 Awards에서 특이할 만한 사항은 없지만 겉으로 보여지지 않는 내용이 분명 있을테니, 그 내용을 찾아 에세이에서 잘 표현하면 될 것이다.

❸ 학생의 강점은 California, New York, Texas가 아닌 Oklahoma 시골 지역에 산다는 것이다. 유명 대학마다 모든 주에서 최소한 1% 정도의 학생을 뽑는 것을 원칙으로 하기 때문에 지역적인 유리함이 있다. 또한 학생은 한국 어머니와 백인 아버지 사이에 태어난 혼혈인으로, 이러한 남다른 인종적인 점이 유리하게 작용한다. 마지막으로 시골 지역의 API가 높지 않은 학교를 다닌 것이 유리하다. 이러한 3가지 장점이 학력의 약점들을 보완하리라 본다.

❹ 전공을 정하는 문제는 결정하기 전에 적성검사를 꼭 받아보기를 권한다. 학생들은 누구나 자신이 잘 할 수 있는 능력을 테스트하는 것 외에 타고난 성향을 알아보는 것도 전공 결정에 많은 도움이 된다. 또한 이를 통해 자신의 장점을 확신하는 계기가 되기도 하고, 또한 인지하지 못하고 있던 자신을 발견하기도 한다. 간혹 후천적인 노력이나 환경에 의해 본인이 남보다 더 잘하게 된 분야를 자칫 자신의 적성이라고 오해할 수도 있다. 적성 검사들 중 특히 대규모 단체로 하는 검사가 정확하지 않은 경우가 종종 있으니, 오랜 기간 검증되어 온 시험으로 검사를 받는 것이 중요하다.

❺ SAT Subject Tests 시험이 math 한 과목뿐이다. 아이비리그를 지원하는 학생들의 평균 과목 수는 5과목이란 통계가 있다. Common App(공동지원서)에도 6과목까지 쓰게끔 난이 되어 있다. 대학마다 2~3과목을 필수로 요구하고 있어도 다른 아이들과의 경쟁력을 높이기 위해 여러 과목을 특히 전공에 관련된 과목은 보는 것이 좋다. 이 학생의 경우는 physics나 chemistry 전공을 생각하고 있는데, 당연히 해당 과목의 subject test의 점수가 있어야 한다. 또한 SAT reading 점수가 낮고, ACT 역시 reading 점수가 29점밖에 되지 않는다. 유명 사립학교일수록 영어 실력을 중요하게 생각한다. SAT Subject Tests에 US History나 Literature를 준비하여 부족한 영어 점수를 만회해야 한다.

3. 정리

학업적으로는 약하나, 남들과 다른 환경에서 열심히 노력한 학생으로 보여진다. 위에서 말 한 본인의 장점과 남다른 환경을 에세이에 잘 표현하고, 학업적으로 부족한 한두 가지를 보충한다면 낮은 수준의 아이비리그나 20~40위권의 대학에 도전해볼 만하다.

Chapter

UC & Common Application

작 성 하 기

II

01

UC Application 작성하기

미국에 있는 주립대학 중 최고의 규모와 교육 시스템을 가지고 있는 UC (University of California) 대학의 대학 지원 원서인 UC application 작성 방법을 알아보도록 하겠다.

참고로 지원서는 아래 주소에서 로그인 후 다운받을 수 있다.

http://www.universityofcalifornia.edu/admissions/undergrad_adm/apply/apply_online.html

01-1. 주요 조항 기재 방법

1. APPLICATON INFORMATION

대부분 학부 신입생으로 지원하기 때문에 Fall Quarter에 마크하면 됨.

2. STUDENT INFORMATION

❶ Full legal name: birth certificate / 영주권 / 비자에 있는 이름으로 기재

❷ California SSID number: 캘리포니아주의 고등학교 졸업자에 해당하는 난으로 성적표에 있는 ID 넘버를 쓰면 됨. 없을 경우엔 고등학교에 문의.

❸ US military service: 군복무 중 / 제대한 경우 / 예비군으로 있는 경우에만 마크.

❹ Language you learned to speak first: 처음 배운 말(언어)이 어느 것인가를 묻는 조항. Another language에 마크하면 토플 점수가 요구되는 이유가 됨.

3. FAMILY INFORMATION

❶ Parents' gross annual income: 부모님의 재정 수입을 묻는 조항으로 저소득자 일 경우 학생의 교육환경이 참작되어 입학사정 시 유리할 수 있음.

❷ Your gross annual income: 학생의 재정 수입을 묻는 조항으로 학생의 수입이 있어야 생활이 되는 저소득층 자녀로 간주되거나, 부모에 의존하지 않는 성숙한 학생 으로 여겨져 입학사정에 유리한 영향을 줄 수 있으며, 일을 한 경력이 과외활동으로 간주되기도 함.

❸ Parents' highest level of formal education: 부모의 학력을 묻는 조항으로 지 원 학생이 가족 중 처음으로 대학을 지원하는 경우 학생에게 유리하게 작용.

4. EDUCATION HISTORY

고등학교 입학 후 다녔던 국 내외 모든 교육기관을 시간 순서에 맞춰 기재해야 한다.

5. ACTIVITIES AND AWARDS

❶ Awards and honors: 입학사정관들은 지원 학생의 다른 학생들보다 뛰어난 재능 을 보고 싶어함. 학생이 받은 가장 큰 상부터 어떤 상을 어떻게 받았나를 서술해야 함.

❷ Coursework other than "A-G": UC에서 요구하는 Core과목 학업 외에 학 생이 어떤 분야의 학업에 관심을 가지고 있나를 묻는 조항으로 학교에서 공부한 ROP(Regional Occupation Program) Class를 포함한 학교 외 기관에서 공부 한 코스들을 포함하면 됨.

❸ Extracurricular activities: 입학사정관이 지원자가 공부 외 시간을 어떻게 보냈 나를 알기 위한 조항. 학생이 학업 외에 어떤 분야에 관심이 있으며, 어떤 성향의 학

생인지를 알고 싶어함. 가장 중요한 것부터 순서대로 나열. 작성의 Guideline은 최소한 3년 이상의 지속성, 얼마만한 시간을 들였나를 묻는 성실성, 활동에서 어떤 역할을 했나를 묻는 리더십을 잘 나타내야 함.

❹ **Volunteer work and community service:** 지원자가 삶의 목적이 자신만을 위함이 아닌 사회에 봉사하며 기여, 희생할 수 있는 가치관을 가지고 있으며 고등학교 4년 동안 어떻게 실천해 왔나를 묻는 조항. Guideline은 Extracurricular activities와 마찬가지로 지속성, 성실성, 리더십과 아울러 희생 정신을 나타내야 함.

❺ **Educational preparation program:** 이 조항은 대학 교육을 받을 수 없는 환경에 있는 group들을 위한 program으로 UC에서는 Career-Based Outreach Program에 의해 입학 허가를 받게 됨. 보통 우리에게는 해당 사항이 없으니 빈칸으로 남겨도 됨.

❻ **Employment:** 지원자가 학교, 학업에 국한되지 않은 실제 사회에서 경험하고 나타내고 있는 능력을 서술하는 난. 사회 직장 경력은 학생의 성숙함, 책임감, 자립심을 실제 사회에서 보여줄 수 있는 학생의 또다른 능력이므로 있을 경우 기재.

6. ACADEMIC RECORD

❶ 9학년 이후부터 들은 과목은 D, F 등 성적에 관계 없이, 고등학교, 대학, summer school에 관계없이 모두 기재.

❷ UC에서는 전학년에서 택한 모든 과목을 사정하나 9학년 이후의 여름방학부터 10학년, 11학년, 12학년 시작 전의 여름방학까지의 성적을 GPA에 계산.

❸ 9학년이 끝난 후 여름방학에 택한 과목은 10학년 난에 기재하면 되고, 10학년 후의 여름방학과, 12학년 시작 전의 여름방학에 택한 과목은 모두 11학년 난에 기재해야 함.

❹ D, F를 받은 과목은 재수강(repeat)해야 하며, 재수강 시는 같은 학교에서 택한 경우만에 첫 번에 받은 점수가 지워진다. 만약에 Algebra I을 다니는 고등학교에서 D를 받고 community college에서 다시 수강하여 A를 받았다면 다른 곳에서 재수강했으므로 먼저 받은 성적은 지워지지 않고 두 성적 모두가 GPA 계산에 포함됨.

❺ 재수강한 과목은 Repeated라 쓰고, 커뮤니티 칼리지에서 들은 과목은 at Comm. College라 표기함.

❻ AP, IB, Honor 과목에서 가산점수를 주는 과목 수는 총 8과목으로 단 C 이상 받은 경우에 한함.

❼ 7, 8학년에 수강한 Algebra 1 이상의 수학 과목이나 외국어 과목들은 따로 기재.

7. TEST SCORES & OTHER EXAMINATIONS

❶ SAT Reasoning test나 writing이 포함된 ACT Assessment plus Writing의 점수를 기재해야 하며, 같은 날 받은 제일 높은 점수를 골라서 기재.

❷ SAT는 Math Level IIC를 포함, 각기 다른 분야에서 받은 SAT Subject Tests 점수들을 모두 기재.

❸ 입학원서 제출 후 Test 볼 계획을 가지고 있다면, 보는 날짜를 기재.

❹ AP와 IB 시험, TOEFL 등을 본 과목, 날짜, 성적을 기재.

8. PERSONAL STATEMENT

❶ 총 2편의 에세이를 쓰는데, 두 에세이가 합하여 1,000단어가 넘지 않아야 하며, 한 에세이가 적어도 250단어 이상이 되어야 함.

❷ 첫 번째 에세이는 본인이 자라온 환경이 자신의 꿈(dreams)과 열망(aspirations)에 어떠한 영향을 주었나를 물음.

❸ 첫 번째 에세이에서 학생들이 가장 쉽게 하는 실수는 자신의 환경(가족, 지역 사회, 학교 등)에 관한 일반적인 묘사에 치중하는 데 있음. 이 질문에서 중점을 두어야 할 사항은 자신만이 갖고 있는 유일한 환경 가운데 자신이 가장 큰 영향을 받은 사건에 관한, 인생의 꿈(dreams)과 열망(aspirations)을 갖게 된 자신만의 유일한 경험을 말할 수 있는 기회로 삼아야 함.

❹ 두 번째 에세이는 학생의 능력, 업적 등 학생이 경험하고, 이루고, 기여했던 것에 대해 물음.

❺ 두 번째 에세이에선 학생의 학업 능력 외에 학생이 사회나 지원하는 대학에 얼마나 기여할 수 있는가를 보여줄 수 있어야하며, 내용이 입학 신청서에 기재한 Extracurricular Activities와 연관하여 쓰는 것이 바람직함.

9. ADDITIONAL COMMENTS

❶ 입학원서 가운데 자신이 가장 취약한 부분에 대해 설명할 수 있는 기회이다.

❷ 갑자기 받은 나쁜 성적이나, 학교에서의 사고 등에 관해 정상참작을 받을 수 있도록 잘 설명해야 함.

10. SOCIAL SECURITY NUMBER

Social Security Number가 없는 불체자일 경우는 Social Security Number, US Citizen, Permanent residence 3 항목을 빈칸으로 남겨두어야 함.

01-2. UC 지원 시 전반적인 주의 사항

1. 원서 작성에 필요한 정보를 미리 다 준비해 둔다.

원서 마감이 다 되서야 작성에 필요한 서류가 빠져있다는 것을 발견한다면 낭패가 아닐 수 없다. 아래에 열거한 서류들을 미리 준비하는 것이 좋다.

❶ High school/college transcripts

❷ Test scores

❸ Activities and awards

❹ Annual income: 부모님의 income tax report

❺ Parents' residency: 캘리포니아주 거주자로 인정받기 위한 서류

❻ Social Security Number: 가지고 있는 경우는 기재하고, 없는 경우는 공란으로 남기면 됨.

❼ ELC ID number: UC로 부터 받은 12자리 Id number.

❽ Citizenship status: 미시민권자나 아니면 가지고 있는 비자 (H-1, J-2 등) 종류를 쓰는 난. 없을 경우는 공란으로 두면 됨.

❾ Credit card: 카드 번호, expiration date, 카드 소유주의 이름과 주소. 많은 학생들이 부모님의 income에 따라 지원비를 면제받고 있으니 참고 바람.

❿ Statewide Student ID: 캘리포니아주에서 정해지는 학생의 ID 번호. 보통 성적표에 인쇄되어 있으나 없는 경우엔 학교 카운슬러에게 알아보아야 함.

2. 전공에 관한 Research를 미리한다.

학교마다 같은 분야라도 전공 프로그램이 다를 수 있으니 학교마다 오픈된 전공들을 미리 알아보아야 한다. 다음 주소를 참고한다.

http://www.universityofcalifornia.edu/admissions/how-to-apply/checkmajors/index.html

3. 한 군데 이상의 학교에 지원하라.

한 지원서로 9개의 UC학교를 지원할 수 있다. 86%의 지원자들이 4군데 학교에 지원하여 UC에 입학한다.

4. UC 입학 지원에 관해 한 가지 이메일 주소를 정하라.

학교는 지원자와 필요한 서류나 정보를 이메일을 통하여 문의해 온다. 대부분의 요청이 빠른 답을 요구하니, 수시로 이메일을 확인해야 하고, 아울러 학교에서 보내는 메일이 Spam Mail로 들어가지 않도록 점검해야 한다.

5. 온라인 가상 지원(online application virtual tour)을 열람해 본다.

기재한 정보의 실수를 막기 위해 다음 주소로 들어가 같이 확인한다. https://admissions.ucop.edu/tour/tour.html

6. Personal Statement는 미리 준비한다.

개인 에세이 작성법에 관해서는 앞쪽을 참고하시고, 무엇보다도 주위 환경이 아닌 자신에 관한 얘기를 구체적으로 이야기 스타일로 쓰는 것이 바람직하다.

7. 가능한 장학금을 모두 알아본다.

학생의 학업 성취도나 재정 형편에 따라 많은 장학금에 도전해 볼 수 있으니 아래에 주소를 참고하여 도전해 본다. 이 신청은 입학 허가와는 별개의 사항이니 각 장학금의 신청 자격을 모두 파악하여 도전해 보는 것이 바람직하다. 결과는 3월부터 8월 사이에 발표된다. http://www.universityofcalifornia.edu/admissions/paying-for-uc/scholarships/index.html

02

Common Application
작성하기

Common Application은 30여년 동안 활용되어 온 대학 공동 지원서로 신입생과 편입생의 입학원서로 활용되며 2007~8년도 현재 동부의 아이비리그 등 명문 사립대와 서부의 Stanford University, Pomona College 등 317개의 학교가 가입하여 사용하고 있다.

Common Application 작성법과 작성시 유의할 사항들을 정리해 보겠다.

02-1. Optional Declaration of Early Decision/ Early Action/ Restrictive Early Action

일반지원서(regular admission)가 아닌 Early Decision/ Early Action/ Restrictive Early Action을 지원할 때 mark해야 하며, Early Decision를 신청할 때는 지원서 후반에 나오는 계약서에 서명을 해야 한다.

❶Early Decision: 한 학교를 지원할 수 있으며, 12월 15일에 발표하며, 합격할 경우 반드시 등록해야 한다.

❷Early Action: 여러 학교를 지원할 수 있으며, 합격해도 등록을 할 필요가 없고 다른 학교에 일반 지원하여 결과를 본 후 5월까지 등록하면 된다. 두 개 이상의 학교에 Early Action을 할 수 있는 주요 대학으로는 MIT, Univ. of Chicago 등

❸Restrictive Early Action: Early Action과 같으나 한 학교에 한하여 조기 지원을 할 수 있다. Early Action제도를 시행하고 있는 대학들의 많은 수가 Restrictive Early Action이다.

❹College Name / Deadline: 조기 지원할 대학의 이름과 마감일을 명시한다.

02-2. 주요 조항 기재 방법

1. PERSONAL DATA

❶Legal name: 이름은 passport나 visa에 있는 이름과 동일해야 하며 특히 한국 이름을 쓸 경우 first name과 middle name을 구분할 것인지 아닌지를 정확하게 해야 한다.

예를 들어 first name을 Young Soo 또는 Youngsoo 아니면 Young로 하고 middle name을 Soo로 할 것인지를 passport와 visa에 이름을 확인하여 정확하게 구분해 써야 하며 혼란을 막기 위해 다른 서류에 쓰여지는 이름을 모두 통일하여 써야 한다.

❷Preferred name: First name으로 불려지지 않기를 원할 때, 불려지고 싶은 이름을 명기하면 된다.

❸Former last name: 어떤 이유에서건 다른 성을 가진 경우가 있으면 기재해야 한다.

❹IM address: Instant Messenger 주소를 기재하면 된다.

❺Mailing address (from ____ to ____): 입학 서류에 관련된 서류를 왕래하고 싶은 주소가 있으면 기간과 함께 명기해야 한다.

❻Citizenship: 시민권자나 영주권자가 아닌 경우는 Other citizenship에 mark하고 국적(country of citizenship)과 미국에 체류하고 있는 기간과 Visa Type을 명기한다.

❼Possible area(s) of academic concentration/major(s): 대학에서 전공하고

싶은 분야들을 적는다. 아이비리그 대학 등 많은 대학들이 전공을 2학년 후에나 정하는 Undeclared 정책을 쓰고 있으니 3개의 가능한 전공을 모두 쓰는 것이 바람직하다.

❽ Possible career or professional plans: 장래에 희망하는 직업이나 경력을 적는다.

❾ Financial aid: 대부분의 대학이 need-blind 정책을 쓰고 있지만 학비 보조를 원할 경우 각 대학마다 학비 보조에 관한 자체의 예산이 한정되어 있기 때문에 입학 사정 시 영향을 받는 경우가 많다. 더구나 입학 허가 사정시 border line에 걸려 있다면 당연히 불리할 수밖에 없다. 유학생인 경우 또한 6개의 명문 대학(Harvard University, Yale University, Princeton University, MIT, Williams College, Middlebury College)들이 우수한 학생을 유치하기 위해 유학생에게도 need-blind 정책을 쓰고 있지만, 대부분의 대학의 경우는 유학생에 대한 federal funds 가 제한되어 있기 때문에 "yes"라고 표기하지 않는 것이 유리하다.

❿ Optional Race Items: 인종에 관한 항목으로 선택 사항으로 되어 있지만 대학뿐만이 아닌 미국 전체의 정책이 다양성을 강조하고 있기 때문에 기재하는 것이 소수계인 우리 학생들에게 유리하다. 만약에 다른 인종의 혈통이 조금이라도 섞여 있다면 기재하는 것이 좋다. 소수 인종에 대한 여러 장학금이 있으니 이때에도 유리하다. 물론 정확하지도 않은 것을 추측하여 쓰진 말아야 겠다.

2. EDUCATIONAL DATA

❶ Secondary school information: 다니고 있는 또는 졸업한 고등학교에 관한 정보를 기재한다. 입학 날짜, 졸업(예정) 날짜, 주소, 학교 type을 기재한다.

❷ CEEB/ACT Code: CEEB 코드는 SAT를 주관하는 College Board에서 찾아보면 되고, ACT 코드는 ACT 신청서에서 찾아 둘 중에 하나만 선택해서 쓰면 된다.

❸ List all other secondary schools: 9학년 이후 여름 학기를 포함하여 다닌 모든 고등학교와 기간을 순서대로 기재한다.

❹ List all colleges/universities: 성적을 받은 모든 대학들을 명기한다. 여름 학기 동안 다닌 대학을 비롯해 independent study나 on-line course로 학점을 받은 대학들도 기재한다. 학점 이수 없이 참가한 대학 캠프는 포함되지 않는다.

❺ Graduated early/late: 조기 졸업을 할 경우나 학점 관계로 12학년 후 여름 학기 까지 듣게 되어 졸업이 늦는 경우는 표기하고 이유서를 첨부하여야 한다.

❻ Will not graduate will/will not receive GED: 고등학교 졸업하지 않고 검정고시로 마칠 경우 설명서를 첨부하여야 하며, GED(General Equivalency Diploma)를 이미 받았으면 받은 날짜를 기재하고 공식적인 기록을 보내야 한다.

3. TEST INFORMATION

❶ SAT Reasoning Test 성적은 과목별로 기재해야 한다. 대부분에 대학이 같은 날 본 시험의 총점을 택하지만, 이제껏 본 시험 중에 과목별 최고 점수를 가지고 사정하는 학교도 있으니 이제까지 본 성적 중에서 잘 나온 것들을 위주로 기재해야 한다. 12월 성적까지 유효하니 12월에 시험을 볼 경우 성적 없이 날짜만 기재해서 보내면 된다. 또한 지원하는 모든 대학에 공식 성적표를 CollegeBorad에 의뢰하여 보내야 한다.

❷ SAT Subject Tests: 학교 성적표에서 가지고 있는 약한 부분은 SAT Subject Tests 성적으로 보완할 수 있다. 제2외국어의 성적이 없거나 약하면 외국어 Subject Test 성적을, Chemistry 성적이 약하면 Chemistry Subject Test 성적을 700점 이상 받아 보완하여야 한다.

❸ Any non-permanent citizens, international students, must take a TOEFL: 유학생인 경우 TOEFL 성적을 반드시 제출해야 한다. 시험은 internet-based test(iBT)를 보는 것이 좋으며 적어도 80점, 좋은 대학은 100점 이상의 점수로 대학 학업을 할 수 있는 자격을 보여주어야 한다. 좋은 TOEFL 점수는 약한 학교 영어 성적과 SAT Critical Reading 점수를 어느 정도는 보완할 수 있다.

4. FAMILY

❶ 가족에 대한 정보로 나에게 법적 권리와 책임이 있는 성인을 기재한다. 보통 살아계신 생부모님의 인적사항을 쓴다. 미성년자인 경우 같이 사는 성인이나 양부모(step-parents)의 인적사항을 첨부해도 된다. 보호자 역할을 하는 성인이나 돌아가신 부모(deceased parents)를 기재해도 된다.

❷ **부모님과 형제에 관한 정보**: 가족이 지원하는 대학을 졸업했거나 다니고 있거나, 가족 중 자신이 첫 대학 입학 대상자라면 입학에 유리하게 작용한다.

5. ACADEMIC HONORS

9학년 이후 받은 학업에 관계된 수상 경력이나 업적을 기록한다. 예를 들어 National Merit, Cum Laude Society 등이 포함되고 예술이나 스포츠에서 수상한 경력은 Athletic과 Arts Supplement에 기재하면 된다.

6. EXTRACURRICULAR AND VOLUNTEER ACTIVITIES

❶ 대학에서는 단기간에 많은 클럽에서 활동하기보다는 다음의 3가지를 염두에 두어야 한다. a) 한 클럽에서 오랜 기간 (가능하면 4년)을 활동한 기록을 원한다. b) 에세이에 쓸 수 있을 만큼 열정을 가지고 헌신했나를 원한다. c) 회장이나 총무로서 리더십 활동을 보여줘야 한다.

❷ 특별활동은 누구나 하는 일반적인 것보다는 특별한 것들을 보여주는 것이 좋다. 학교 내 활동이 아닌 개인적인 취미활동이라든지, 교회 활동, 가족이나 친한 친구들과 같이한 활동이라도 상관없다.

❸ 특별활동 난에는 리더십을 보여주는 활동과, 봉사정신을 보여주는 활동과 운동이나 음악 중 하나를 택해서 기재하여 대학에서 다방면으로 활동할 수 있다는 것을 보여줘야 한다.

❹ 주당 활동한 시간과 일 년에 몇 주를 했는지를 기재하며 과장하지 말아야 한다. 정확하고 진실하게 기재하여 불필요한 의심을 사지 말아야 한다.

❺ 활동이 특별히 많을 경우 Student Resume를 따로 작성해서 제출해야 하지만, 그렇지 않을 경우는 가장 중요한 것으로 골라 상세히 보고해야 한다.

❻ 대학에서 관련된 봉사를 할 것인가를 기재해야 한다.

7. WORK EXPERIENCE

대학에서는 학교에서 공부하면서 얻는 경험뿐만 아니라 실제 사회에서 일하면 얻는 경험을 고려한다. 특히 자기가 대학에서 공부하려는 전공과 장래에 희망하는 경력이 서로 연관이 있고, 자신의 목표를 얼마나 진지하게 생각하며 실천하고 있나를 보여줄 수 있는 사항이다.

8. SHORT ANSWER

나에게 가장 의미 있었던 활동 중 하나를 택하여 써야 하는데, 다음 3가지 사항에 유의하여 150자 이내로 써야 한다.

❶ 어떤 활동이었나를 정확하게 서술해야 한다.

② 활동에 참가한 분명한 이유를 서술해야 한다.

③ 활동을 하면서 무엇을 배웠나? 또 그것이 나를 어떻게 변화시켰나를 써야 한다.

9. PERSONAL ESSAY

Essay는 5개의 주어진 topic 중에서 나 자신이 정한 topic을 가지고 최소 250자 이상으로 작성해야 하는데, 500자 정도를 쓰기 권하며 topic도 다음 사항에 맞게 정하는 것이 좋다.

① 입학사정관들은 수천 개의 essay를 읽어 지쳐 있기 때문에 자신이 흥미있게, 재미있게 쓸 수 있는 topic을 정해야 한다.

② 입학 신청서의 다른 곳에서 보여주지 못했던 자신의 새로운 면을 보여주는 기회로 삼아야 한다.

③ 자신의 특징(강점, 장점)을 보여주는 데 초점을 맞춰야 한다(인격의 성숙도, 활발한 지적 호기심 등).

④ 남들과 다른 특별한 경험을 통한 특별한 자신을 나타내야 한다(a trip to Save the Whales, a violin competition 등).

⑤ 부정적인 이미지를 줄 수 있는 부정적인 경험담은 피하고 어떤 topic이든 긍적적인 태도로 일관해야 한다.

⑥ 논쟁 여지가 있는 topic은 가능한 한 피한다.

많은 학생들이 자신의 특별활동 중에서 topic을 선택하거나, 가족의 힘든 상황이나 자신이 처한 어려운 상황을 극복하는 가운데 변화되는 자신의 모습을 서술한다거나 글, 소설, 전기물에 나온 인물에 영향을 받아 자신이 발전되는 모습을 에세이에 담고 있다.

에세이는 반드시 재미있고 흥미가 가는 서문으로 시작하여 읽는 사람의 관심을 끌어들이는 데 10% 정도를 할애하고, 특별한 것으로 자신을 보여주는 데 40%를 할애하며, 그 가운데 무엇을 느끼고 배우며 변화되었나에 50% 정도 할애하여야 한다.

공동지원서(Common Application) 외에 각 학교에 따라 보내야 하는 PART

TWO-SUPPLEMENT 지원서에도 써야 하는 에세이가 있으니 내용이 중복되지 않도록 미리 계획하는 것이 좋다.

PART TWO-SUPPLEMENT에 들어가는 에세이는 주로 그 학교에 관련된 사항을 언급할 수 있는 주제를 택하는 것이 바람직하며 자신의 또다른 면을 보여주는 기회로 삼아야 한다.

10. OTHER REQUIRED INFORMATION

만일 자신이 어떤 부정행위나 범법행위를 했다거나 관련된 때가 있다면 대부분의 대학이 자신을 질이 나쁜 학생이거나 위험한 인물로 간주하기에 당연히 입학을 거부할 것이다. 어떤 상황이었나를 반드시 언급하여야 하며 학교의 카운슬러나 다른 관계자들의 설명을 의뢰하여 나쁜 영향을 최소화시켜야 한다.

11. TEACHER EVALUATION

Teacher evaluation은 2명의 선생님에 의해 작성되어야 하며, 학교의 공식 편지지에 의해 작성되어 교사의 서명이 반드시 들어가야 한다. 평가서에는 학생의 특별한 잠재력과 학업의 장래성을 잘 나타내야 한다.

평가서를 써줄 선생님을 다음과 같이 선정한다.

❶ 자기를 좋아하는 선생님 중에서 선정한다.

❷ 자신과 2년 이상 관계를 가져온 선생님 중에서 택하며 11학년, 12학년 때의 선생님이 바람직하다.

❸ 글을 잘 쓰는 선생님이어야 한다.

❹ 경험이 많은 Department에 Chair로 계신 선생님 중에서 선정한다.

❺ 가르친 경험이 많으신 분 중에서 선택한다.

평가서에는 학생에 대한 다음에 사항들이 포함되어야 한다.

❶ 막연한 평가가 아닌 어떤 paper나 프로젝트에 근거해서 학력적으로 우수한 학생임을 증명해야 한다.

❷ 기간이나 상황을 포함한 특별한 근거를 가지고 선생님이 이 학생으로부터 경험한 활발한 지적 호기심이라던지, 강한 리더십, 남을 돕기를 좋아하는 선한 학생이라는 것을 증명해 줄 수 있어야 한다. 예로 들어 자신의 클래스에서 정규적으로 tutor 역할을 한 것과, 어떤 프로젝트에서 그룹을 잘 이끌어가며 훌륭한 성과를 나타낸 것 등.

❸ 일반적인 정보로서는 지원자가 특별한 학생이라는 것을 사정관에게 각인시키기가 힘들다. 특별한 근거를 예를 들어 이 학생이 서류상의 일반적인 지원자가 아님을 증명해 주어야 한다. 가령 영어 선생님이 *Kill A Mockingbird*를 읽고 학생이 발표한 presentation에서 강한 인상을 받은 것을 서술해 준다.

평가서는 선생님이 충분한 시간을 가지고 쓸 수 있도록 반드시 미리 요청해야 하며, 선생님께서 학생을 잘 기억하지 못할 수 있으니 본인에 대한 정보와 어떤 일을 기억하게 해야 한다.

Important Privacy Notice:
선생님, 카운슬러가 작성한 평가서를 나중에 열람하겠냐를 묻는 난으로 보통 'yes'에 mark한다. 열람을 하더라도 학교에 입학 허가를 받은 후에야 입학한 학교에서만 열람할 수 있는 것이니 입학에 아무런 영향이 없다.

12. SECONDARY SCHOOL REPORT

이 부분은 학교 카운슬러에 의해 작성되어야 한다. 선생님의 평가서가 개인적이며 몇 년의 경험에서 나온 친근한 추천서라면 카운슬러의 평가서는 숫자와 정보에 근거한 보다 전문적인 추천서이다.

평가서에는 학생의 진로와 장래에 대한 가능성을 보다 큰 관점에서 추천해 주어야 하며, 예기치 않은 나쁜 성적이 있거나, 특별한 상황이 있을 경우 (가령 큰 사고라던지, 가족의 죽음 등) 학생을 변호하는 역할을 해 준다.

대학은 학생에 대한 문의를 보통 학교 카운슬러에게 하는 경우가 많으니 카운슬러의 직위를 비롯한 자세한 연락 사항을 기재해야 한다.

13. MIDYEAR REPORT

첫 번째 학기 성적이 나오는 1월말 경 지원한 학교들에게 보내야 한다. 12학년에 택한 과목에서 문제 없이 학업적인 우수함을 계속 보여줘야 한다. 아직 입학사정 중에 있으니 성적이 C 또는 그 이하의 점수를 받은 과목이 있다던가 석차가 많이 내려갔다면 그 이유를 반드시 설명하는 편지를 첨부해야 한다.

14. FINAL REPORT

입학허가를 받은 후 진학할 학교에 2학기 성적을 보낸다.

입학허가서를 받았더라도 마지막까지 최선을 다해야 하며 Midyear Report와 마찬가지로 성적이 C 또는 그 이하의 점수를 받은 과목이 있다던가 석차가 많이 내려갔다면 그 이유를 반드시 설명하는 편지를 첨부해야 한다.

적지 않은 학생들이 나쁜 2학기 성적으로 인해 입학이 취소되는 경우가 있다.

15. INTERNATIONAL SUPPLEMENT TO SECONDARY SCHOOL REPORT

미국과 고등학교 교과과정이 같은 학교를 졸업했을 경우(예를 들어 AP 커리큘럼을 사용)에는 제출할 필요가 없다. 그러나 교과과정이 틀린 학교들은 학교 카운슬러가 이 리포트를 작성해야 한다. 예를 들어 오스트레일리아의 경우 secondary leaving exam이라 하여 평소에 시험이 없다가 졸업할 때 큰 시험 하나를 보는 경우가 있고, lower secondary exam이라 하여 학년이 올라갈 때마다 한 번 시험을 보는 경우도 있다.

16. HOME SCHOOL SUPPLEMENT TO SECONDARY SCHOOL REPORT

어떤 이유로든 정규적인 학교를 가는 대신에 집에서 교과과정을 이수하는 경우엔 슈퍼바이저가 이 양식을 작성하여 제출해야 한다.

17. EARLY DECISION AGREEMENT

Early Decision에 합격할 경우 합격한 학교에 가겠다는 동의서를 작성하는 것이다.

합격하고도 가지 않을 경우 다른 대학 역시 들어갈 수 없으니 꼭 자기가 원하는 dream school을 정해서 신청해야 한다.

18. ARTS SUPPLEMENT

Art에 특별한 수상 경력이 있을 경우에만 이 양식을 작성하여 보낸다. 학업 성적이 다소 낮더라도 지원하는 전공에 상관없이 학교의 필요에 의해 입학사정에 유리하게 작용한다.

19. ATHLETIC SUPPLEMENT

스포츠에 특별한 수상 경력이 있을 때 작성하여 보낸다. 지원하는 대학에서 스포츠에 관심이 많은 경우에는 상당히 유리하게 작용하며 코치들 간의 추천에 의해서도 쉽게 입학허가를 받을 수 있다.

Appendix

01

대학 제공
서머 프로그램

미국에서는 서머 캠프(Summer Camp)의 천국이라는 말이 나올 정도로 많은 캠프가 운영되고 있다. 각종 교육기관, 대학, 사회단체, 박물관, 종교단체 등에서 다양한 프로그램을 내놓는다. 특히 유명대학의 프로그램은 경쟁이 심하기 때문에 미리 알아보고 준비해야 한다. 빠르면 1, 2월이면 그해 서머 캠프 접수가 마감되고, 일부 캠프들은 참가 자격 또한 까다로워 최소 1년 전부터 계획하고 준비해야 하는 경우도 있다. 많은 유명 대학에서는 대학 수준의 과목을 서머 캠프를 이용해 우수 고등학생들에게 제공하기도 한다. 대학 생활을 미리 경험하며 학점까지 받을 수 있는 좋은 기회다.

1. High School Summer Science Research Program
- **주최**: Baylor University
- **대상**: 고등학생

- **신청**: 3월 9일 접수
- **비용**: 무료(식사 제외)
- **기간**: 5월 말부터 5주간
- **장소**: 텍사스 배일러 대학(기숙)
- **내용**: 대학 교수들과 과학 리서치에 참여한다.
- **문의**: (254)710-4288; www.baylor.edu/summerscience

2. National Youth Science Camp

- **주최**: National Youth Science Foundation
- **대상**: 12학년
- **신청**: 2월 15일 접수
- **비용**: 무료
- **기간**: 6월 말부터 4주간(기숙)
- **장소**: 웨스트버지니아 Monongahela National Forest
- **내용**: 각 주에서 2명씩 선정. 과학자 강의 및 토론, 연구시설 방문, 암벽 등반 등 야외 활동 등이 있다.
- **문의**: (304)342-3326; www.nysc.org

3. Young Engineering and Science Scholars

- **주최**: 칼텍
- **대상**: 10~11학년
- **신청**: 2월 28일 소인
- **비용**: 무료
- **기간**: 6월 말부터 3주간
- **장소**: 칼텍(기숙)
- **내용**: 소수계를 위한 프로그램이나 모든 학생들의 원서를 접수하고 검토한다. 정원 모두 30명.
- **문의**: (626)395-6207; www.yess.caltech.edu

4. InnerSpark

- **주최**: California State Summer School for Arts
- **대상**: 8∼12학년
- **신청**: 2월 28일 소인
- **비용**: 캘리포니아주 주민 1,350달러, 다른 주 4,400달러
- **기간**: 7월 중순부터 4주간
- **장소**: 칼아츠(기숙)
- **내용**: 애니메이션, 댄스, 음악, 미술, 창작 작문, 영화 및 비디오, 연극 등 7개 프로그램이 있다. 포트폴리오 등을 제출해야 하는데 지난해 합격률이 50%였다. 칼스테이트 크레딧 3학점이 주어진다. 50%가 20∼90%의 재정 보조를 받는다.
- **문의**: (916)274-5815; www.innerspark.us

5. Arts Summer Seminar

- **주최**: The Marie Walsh Sharpe Art Foundation
- **대상**: 11학년
- **신청**: 4월 4일 소인
- **비용**: 무료(교통 제외)
- **기간**: 6월에 2번, 7월에 1번, 2주간
- **장소**: 콜로라도 스프링스(기숙)
- **내용**: 60명을 선발. 예술가들의 지도 아래 대학 수준의 회화 스킬, 포트폴리오 개발 등을 제공한다.
- **문의**: (719)635-3220; www.sharpeartfdn.org

6. EPGY Summer Institute

- **주최**: Stanford University
- **대상**: 6∼11학년
- **신청**: 1차 마감 2월 14일
- **비용**: 3주 과정-3,950달러; 4주 과정-5,100달러; 6~7학년-약 2,800달러
- **기간**: 6월 말부터 8월 중순 사이

- **장소**: 스탠퍼드 대학(기숙)

- **내용**: 수학, 과학, 작문, 인문, 공학, 비즈니스 등의 코스를 제공한다.

- **문의**: (800)372-3749 ext. 325; epgy.stanford.edu/summer/institutes.html

7. Oxbridge Academic

- **주최**: Foundation for International Education

- **대상**: 8~12학년

- **신청**: 자리가 있는 대로 선착순

- **비용**: 5,650~6,150달러

- **기간**: 7월 초부터 4주간

- **장소**: 옥스퍼드, 케임브리지 대학(기숙)

- **내용**: 옥스퍼드 또는 케임브리지 대학에서 열리는 서머 캠프

- **연락처**: (800)828-8349; www.oxbridgeprograms.com

8. Center for Talented Studies

- **주최**: Johns Hopkins University

- **대상**: 2~12학년

- **기간**: 1기 6월 말, 2기 7월 중순, 3주간

- **신청**: 1월 25일

- **비용**: 데이 프로그램-1,515달러, 기숙 프로그램-3,030달러

- **내용**: 먼저 CTY Talent Search 학생으로 선정되어야 한다. 학년에 따라 선정 과정이
  다른데 2~4학년은 CST 등 표준 시험에서 95percentile 이상, 5~6학년은 SCAT
  시험, 7~8학년은 SAT 또는 ACT 시험에서 높은 점수를 받은 경우 성적순으로 하여
  먼저 선정된다.

- **문의**: (410)735-6277; www.jhu.edu/gifted/ctysummer

9. Talent Identification Program

- **주최**: Duke University

- **대상**: 7~12학년

- **신청**: 2월 26일 소인(8~10학년), 4월 16일(7학년)

- **비용**: 7~10학년 기숙 프로그램-2,800 ~3,100달러, 10~12학년 현장 프로그램 -2,175 ~3,500달러(항공비 제외)

- **기간**: 1기 6월, 2기 7월, 3주간

- **장소**: 듀크, 데이비슨, 캔사스, 텍사스 A&M 등

- **내용**: 12월 또는 그 이전에 치른 SAT 및 ACT 시험에서 520~610점 이상을 받아야 자격이 있다. 프랑스에서 철학, 문학을 배우는 클래스 등 현장 프로그램도 제공한다.

- **문의**: (919)668-9100; www.tip.duke.edu/summer_programs

10. Summer Institute for the Gifted

- **주최**: American Institute For Foreign Study

- **대상**: 4~11학년

- **신청**: 선착순(5월 1일 마감)

- **비용**: 3,795달러(프린스턴, UCLA, 버클리는 700달러 추가)

- **기간**: 3주 과정(대학에 따라 차이)

- **장소**: 미시간 대학 등 9개 대학(기숙)

- **내용**: 앰허스트, 브린 모어, 드류, 에모리, 바사 등 9개 대학에서 제공된다. 약 70개 과목 및 프로그램에서 5개를 선택할 수 있다. 오후와 주말에는 오락 및 문화행사를 제공한다.

- **문의**: (866)303-4744; www.cgp-sig.com

11. UVA 영재 프로그램

- **주최**: Virginia University

- **대상**: 5~11학년이 되는 영재 학생

- **신청**: 시험 성적, 교사 추천서, 창조적 사고를 반영하는 서면 응답 등 심사를 통해 학생을 선발한다.

- **비용**: 2주 코스-1,200달러

- **기간**: 6월 26일~8월 4일 동안 약 2주씩 3개 세션으로 나뉜다.

- **장소**: 버지니아대 캠퍼스

- **내용**: 31년의 역사를 갖고 있으며 GT 학생들에게 토론과 실험 등을 통해 학교 정규

시간에 접하기 어려운, 깊은 학문의 세계를 소개하고 기타 수영, 아이스 스케이팅, 영화, 쇼핑, BBQ 등 재미있고 알찬 시간으로 짜여 있다.

- **문의**: www.curry.edschool.virginia.edu

12. 하버드대 대학 체험 캠프

- **주최**: Harvard University

- **대상**: 고등학생

- **신청**: 1월 19일부터 등록 가능하며 미국 학생은 5월 4일 마감, 재정 원조 지원자는 3월 25일 마감,유학생은 4월 15일 마감, 등록은 선착순으로 심사를 거쳐 선발한다. 교사추천서, SAT · GPA 등 성적 제출.

- **비용**: 약 10,055달러(학비, 기숙비, 보험비(옵션) 등)

- **기간**: 6월 27일~8월 12일(7주 과정)

- **장소**: 매사추세츠 캠브리지 Harvard University 캠퍼스

- **내용**: 하버드 대학에서 직접 운영하는 서머 캠프로 고등학생들을 대상으로 2백여 개의 대학 수준 강의와 특별 영어(작문) 프로그램을 제공한다. 다양한 액티비티가 함께 진행되며 크레딧을 받을 수 있다. 프로그램 참가자들은 하버드 진학과 관련한 각종 워크숍에 직접 참여할 수 있다.

- **문의**: (617)495-3192; www.ssp.harvard.edu

13. 스탠퍼드대 2개 프로그램

- **주최**: Stanford University

- **대상**: 고등학생

- **신청**: 지원자는 500~1,000자 에세이를 제출해야 하는데 올해 주제는 '생각하는 법을 배우는 것은 질문하는 법을 배우는 것(To learn to think is to learn to question)'이다. 그 외 고교 생활기록부(High School Transcript), 추천서, 시험성적(PSAT. SAT.ACT), 에세이, 특별활동 보고서, 장학금 수상 내역서 등을 제출하면 된다. 지원방법은 이메일 또는 우편을 통해 할 수 있다.

- **비용**: 10,000달러 이상(기숙사 비용 포함 시, 보험료 필요시 770 달러 추가)

- **기간**: 8주 과정 프로그램(6월 18일~8월 14일), 10주 과정 프로그램(6월 18일~6월 27일)로 5월 23일 마감.

- **내용**: 여름 '고교생 칼리지 서머 프로그램'과 '학부 • 대학원 방문 프로그램'을 동시에 진행한다. 학부 · 대학원 프로그램은 학생뿐만 아니라 성인도 신청할 수 있다. 주로 인문, 사회, 과학, 지구과학, 엔지니어링 등을 배운다.
- **문의**: (650)723-3109; www.summer.stanford.edu

14. 해군사관학교 생도체험 캠프

- **주최**: Naval Acacemy
- **대상**: 예비 12학년생
- **신청**: 2월 1일부터 3월 31일까지 온라인으로 접수하며, 신청 자격은 GPA가 3.5 이상이며, SAT · PSAT에서 전국 상위 20% 안에 들어야 한다.
- **비용**: 400달러(수업료는 기숙사비 포함)
- **기간**: 6월 4일~23일까지 3차례
- **내용**: 애나폴리스 소재 해군사관학교인가 예비 12학년생들을 대상으로 마련한 일주일 과정의 생도 체험 프로그램으로 체력 단련과 학습 등이 섞여 있는 우수한 서머 캠프로 알려져 있다. 캠프 참가비가 저렴하고 매년 1,800여 명이 프로그램에 참여할 정도로 인기를 모아 서둘러 신청해야 한다.
- **문의**: (410)-293-4361; www.usna.edu/admissions/nass.htm

15. 프린스턴대 기자 학교

- **주최**: Princeton University
- **대상**: 11~12학년이 되는 학생
- **신청**: 신청 마감은 2월 15일이며, GPA가 4.0 만점에 3.5 이상. 언론에 관심이 많고, 부모의 연간 소득이 45,000달러를 넘지 않아야 한다. 재정 조건에 합당하지 않아도 지원 사유를 따로 제출하면 신청 자격이 주어진다. 지난해 163명의 지원자 중 20명을 선발했다.
- **비용**: 숙식부터 교육비, 교통비, 여행 경비 일체를 지원한다.
- **기간**: 8월 중순부터 10일간
- **내용**: 프린스턴 대학은 매년 여름 11~12학년 중 저소득층 출신으로 장차 언론 · 방송계에 진출할 꿈을 품고 있는 학생 20명을 뽑아 기자학교(Summer Journalism Program)를 연다.

참가자들은 명문대 캠퍼스를 미리 둘러보며 대학 총장과 입학처장, 프린스턴 대학생들과 함께 공부하고 생활한다. 뉴욕 타임즈와 ABC 방송국 견학, 현직 프로듀서와 편집자 만남, 양키 · 메츠 · 제트 · 리버티 등 프로 경기를 보고 기사를 작성하는 현장 실습도 있다.

- **문의**: (609)258-8046; www.princeton.edu/sjp

16. MIT 소수계를 위한 MITES(마이츠)

- **주최**: MIT
- **대상**: 11학년을 대상으로 해마다 60~80명씩 선발한다.
- **신청**: 1월 31일, 교사 추천서, 높은 GPA, SAT 점수 등 까다로운 선발 과정을 거친다. 지난해 경우 60명 모집에 600여 명이 지원, 10대1의 경쟁률을 보였다.
- **비용**: 모든 학생에게 장학금 수여
- **기간**: 총 6주 과정으로 올해는 6월 17일~7월 30일
- **장소**: 학교 기숙사
- **내용**: MIT가 주관하는 소수를 위한 수학 · 과학 · 인문 · 유전자학 서머 프로그램 'MITES'(Minority Introduction to Engineering and Science)으로 지난 1974년에 처음 설립된 이 프로그램은 지금까지 총 1,570명의 동문을 배출했으며, 이중 32%가 MIT에 진학한 것으로 알려졌다. MIT대 교수진이나 학부생들과 함께 다양한 강의와 실험을 접함으로써 폭넓은 대학 공부를 접하게 된다.
- **문의**: (617)253-3298; www.web.mit.edu/mites

17. 컬럼비아대

- **주최**: Columbia University
- **대상**: 9~12학년
- **신청**: 1차 -2월 11일, 2차 -4월 4일
- **비용**: 수업료는 3,895달러. 디파짓 500달러. 기숙사 비용, 용돈, 식사 비용 등은 별도이며, 지역사회 봉사 경력이 있는 학생은 장학금을 받을 수 있다
- **기간**: 제1섹션은 6월 26일~7월 16일, 제2섹션은 7월 18일~8월 6일
- **장소**: 컬럼비아 대학
- **내용**: 짧은 시간에 많은 양을 다루는 인텐시브 과정으로 제1섹션은 미술, 엔지니어링,

수학, 과학, 컴퓨터공학, 사회과학, 대학 준비 프로그램 등이 있고, 제2섹션은 작문, 컴퓨터, 그래픽, 과학, 기업문화 등 10여 종이 있다

- **문의**: (212)854-9889; www.ce.columbia.edu/hs

18. PROMYS 보스턴 대학 서머 수학 프로그램

보스턴대는 'PROMYS'라는 이름의 별도 고교생 서머 수학 프로그램이 있다. 전국에서 뽑힌 고교생 60여 명이 캠퍼스에서 6주를 보내며 수학 공부를 하게 된다. 수학 프로그램 중 손꼽는 우수 프로그램이다. 지난해에 이어 올해도 갈로이스 이론 수업 등이 준비되어 있다.

지원자는 고교 카운슬러를 통해 신청할 수 있으며 마감은 6월 1일. 수업은 7월 1일~8월 11일까지 열린다. 수업료 2,350달러에 책값 100달러 등이 필요하다. 이메일로 재정 보조를 신청하면 받을 수 있다. 또는 미 수학회(AMS) 장학금 중 하나인 'Ky and Yu-fen Fan Scholarship' 등을 이용해도 좋고 PROMYS 자체 장학금(남녀 각각 1명)도 주어진다.

- **문의**: www.math.bu.edu/people/promys

19. 스콜라스 프로그램

- **주최**: George Washington University
- **대상**: 11학년을 마친 학생으로 성적 우수자 선발
- **신청**: 6월 1일 마감
- **비용**: 4,189달러(통학)~6,100달러(기숙)
- **기간**: 7월 10일~8월 17일(10일 단기 코스, 3주 및 6주 장기 코스)
- **내용**: 조지 워싱턴 서머 스콜라스 프로그램은 미국의 수도 DC를 배경으로 다양한 학문과 소중한 대학 경험을 참가 학생들에게 제공한다.

ⓘ 10일 미니코스

9~11학년 학생들을 대상으로 인터액티브 세미나와 유명 강사를 초청하여 집중 교육을 실시한다. 포토저널리즘, 범죄학, 정치학, 엔지니어링 등의 과목이 개설됐다.

- **기간**: 1차:7월 10일~20일, 2차:7월 24일~8월 15일
- **신청**: 3월 28일
- **비용**: 1주 코스-2,273달러, 3주 코스-6,263달러(기숙사비 포함)

ⓘ 6주 코스 프리칼리지 프로그램

여름 학부 과정에 등록해 크레딧을 취득하며 대학 생활의 진수를 맛본다. 조지 워싱턴 대학생들과 함께 수업. 대학 생활 적응에 가장 중요한 분석적 글쓰기와 비판적 읽기 등이 제공되며 향후 엔지니어링을 전공할 학생들은 APEX(Applied Engineering Experience) 과목을 선택할 수 있다.

- **기간**: 7월 5일~8월 17일

- **문의**: (202)994-6360; www.gwu.edu/~specprog

20. CEED(Center for the Enhancement of Engineering Diversity)

- **주최**: Virginia Tech

- **대상**: 11~12학년 여학생

- **신청**: 현재 접수 중 3월 25일까지

- **비용**: 2주간 800달러

- **기간**: 6월 26일~7월 9일

- **내용**: 엔지니어, 수학, 과학에 관심있는 고교 여학생들을 대상으로 개설되는 프로그램으로 학문을 실생활에 적용할 수 있는 다양한 액티비티가 주어진다. 학생들은 대학 생활과 대학 강의실 수업을 미리 경험하는 기회를 갖는다.

- **문의**: www.eng.vt.edu/ctech2

21. Young Scholars Program & Freshmen First

- **주최**: University of Maryland

- **대상**: 11~12학년

- **신청**: 3월 1일~5월 13일

- **비용**: 입학 과정 비용: 55달러, nonrefundable deposit: 150달러 별도, 입학금: 2,150달러

- **기간**: 7월 10일~29일

- **내용**: 메릴랜드 대학은 여름방학 동안 대학 수준의 과목을 공부하는 영 스콜라 프로그램, 미술, 연극 등 예술 분야를 배우는 아트 프로그램, 대학 1학년을 미리 체험하며 학점도 취득하는 프레시맨 프로그램 등을 운영한다.

ⅰ 영 스콜라 프로그램(Young Scholars Program)

3주 코스(7월 10일~29일) 동안 3학점을 취득할 수 있는 아카데미 프로그램으로 학업 성적이 뛰어난 학생들을 대상 건축, 엔지니어링, 비즈니스, 생물학, 사회학, 저널리즘, 철학, 공공 위생, 컴퓨터 테크놀러지, 국제 정치학 등 15개 과목을 개설했다.

ⅱ 프레시맨 프로그램(Freshmen First)

대학 1학년 생활을 체험하며 대학 졸업에 유효한 3학점을 먼저 취득할 수 있는 프로그램이다. 소그룹으로 공부하면서 캠퍼스와 대학 주변 환경도 익히게 된다.

- **문의**: (301)405-7726; www.summer.umd.edu

22. UVA-4 Star Summer Camps

- **주최**: University of Virginia

- **대상**: 6~9학생, 10~12학년을 올라가는 학생

- **신청**: 1월 31일까지 조기 등록을 마치면 최고 15%의 학비 할인 혜택이 주어진다.

- **비용**: 1주 코스-2,470달러, 2주 코스-2,970달러, 3주 코스-4,670달러, 4주 코스 -6,570달러

- **기간**: 1~4주 코스

- **장소**: UVA 캠퍼스

- **내용**: 1975년부터 운영해온 캠프로, 스포츠 캠프와 아카데믹 캠프로 나뉘어 운영된다. 아카데믹 캠프의 경우 10~12학년에 올라가는 학생을 대상으로 한 시니어 캠프에서는 작문과 수학, 심리학, 철학, 해부학 등을 배우고, 6~9학년이 되는 학생 대상인 주니어 캠프에서는 작문, Pre-Algebra, Geometry 등을 지도한다. 또 SAT/PSAT 준비 과정반 그리고 부족한 영어를 보충해 주기 위한 ESL반도 운영된다.

스포츠 캠프는 테니스, 골프, 대학 수준의 테니스 캠프로 나뉘어 운영된다.

- **문의**: (703)861-4900, Toll free: 800-334-STAR(7827); www.4starcamps. com

23. 마이카 아트 프로그램

ⅰ MICA(Maryland Institute College of Art)

- **주최**: Maryland Institute College of Art

- **대상**: 1~8학년

- **비용**: (세션 별로 차이) 1주 코스에 300달러

- **기간**: 6월 14일~7월 30일

- **내용**: 초·중학생들로 하여금 수준 높은 예술의 세계를 체험하게 한다.

- **문의**: (410)225-2219/2217; www.mica.edu

ⅱ Pre-College Studio Residency Program

- **주최**: Maryland Institute College of Art

- **대상**: 11, 12학년이 되는 미대 진학 예비 대학생

- **신청**: 한 해 250명 가량의 예술 방면에 뛰어난 영재 학생만을 엄선한다. 따라서 포트
  폴리오 작품 6~10점을 제출하고, 교사 추천서를 받아야 하는 등 선발 절차가 대단히
  까다롭다.

  투스카니 마감-3월 31일, 발티모어- 1차 마감: 3월 31일, 2차 마감: 4월 21일

- **비용**: 5,700달러(한 달 코스, 기숙)

- **기간**: 6월 25일~7월 15일

- **내용**: 미술, 드로잉, 사진, 세라믹, 비디오 등 워크샵을 실시한다(과목당 크레딧 3학점
  부여).

- **문의**: (410)225-2219; www.mica.edu/PROGRAMS/cs/precollege

24. 카네기 멜론 Pre-College Program

- **주최**: Carnegie Mellon University

- **대상**: 11~12학년 대상

- **신청**: 외국인 학생은 4월 1일, 미국 내 학생은 5월 1일

- **비용**: 프로그램 마다 비용이 달라 website 참고해야 함.

- **기간**: 6월 25일~8월 5일

- **장소**: 카네기 멜론 캠퍼스

- **내용**: 대학 생활을 경험하고 대학 수준의 강의를 듣는 서머 프리 칼리지 프로그램으로
  건축, 아트 디자인, 드라마, 음악 등 다양한 강의가 개설됐다.

- **문의**: (412)268-2082; www.cmu.edu/enrollment/pre-college

25. iD Tech Camp

- **대상**: 7~17세 사이의 학생

- **신청**: 수시 접수지만 전국적으로 인기가 높은 프로그램이라서 서두를수록 좋다

- **비용**: 일주일 기준으로 오후 5시 30분까지인 데이 캠프는 729달러, 점심 식사를 제
  공할 경우 779달러이며, 오후 7시까지 머물 경우 899달러이며, 기숙사를 이용하면
  1,129달러다.

- **기간**: 각 프로그램은 1주일씩 운영되며, 여러 주를 연속해 수강할 수도 있다. 기간은
  지역, 프로그램 별 차이가 있다. 조지타운 대학의 경우 6월17일부터 8월3일까지 1주
  일 단위로 진행된다.

- **장소**: 전국 100여개 대학에서 수강할 수 있다.

- **내용**: 조지타운, MIT, UVA, 윌리엄앤메리, 버지니아텍, UCLA, Stanford 등 전국
  50여 개 대학과 연계, 컴퓨터 언어, 멀티미디어, 게임 제작, 디지털 영상/음악 제작, 웹
  디자인, 프로그래밍과 로보트 공학 등 첨단 과학 학습 기회를 제공한다.

- **문의**: 1-888-709-TECH(8324); www.internaldrive.com

26. Academic Study Associates(ASA)

- **대상**: 9~12학년

- **비용**: 4,000~8,000달러 사이이며 지역과 학교 프로그램에 따라 다르다.

- **기간**: 6월 말~7월 말, 3~6주

- **장소**: 예일, 앰허스트, 컬럼비아대, UC Berkeley, Emory, 영국 Oxford, 스페인 등

- **내용**: ASA는 고등학생을 대상으로 미국과 영국의 우수 대학에서 실시하는 학습 캠프
  와 스페인 · 프랑스 · 이탈리아 해외연수 프로그램, 이중언어 프로그램 등을 운영한다.
  학습캠프는 대학 교수와 전문 강사들이 대학 수준의 심화 학습을 지도하며, 크레딧을
  받을 수 있다. 해외연수는 해당 지역 가정집에 머물며 그 나라의 언어와 문화를 익힌다.

- **문의**: (914)686-7730; www.asaprograms.com

27. Exploration Summer Program

- **대상**: 4~12학년 학생

- **비용**: 4,095달러, 2세션 모두 참가 시 7,590달러(시니어 프로그램 기준)

- **기간**: 3주, 7월 1일~7월 21일(1차 세션), 7월 22일~8월 11일(2차 세션)

- **장소**: 10~12학년 Yale University, 8~9학년 Wellesley College, 4~7학년 St. Mark's School
- **내용**: 대학에 개설된 다양한 강의를 통해 고등학교에서는 할 수 없는 경험을 하도록 한다. 특히 10~12학년 대상의 시니어 프로그램은 언론, 경제, 홍보 등 대학 과목 외에도 Princeton Review의 SAT/PSAT, TOEFL 준비과정과 대학진학 상담 등의 내용도 담고 있다.
- **문의**: (781)762-7400; www.explo.org

28. Summer@Brown
- **주최**: Brown University
- **대상**: 9~11학년 학생
- **신청**: 조기 접수는 3월 12일 마감, 일반 접수는 5월 13일 마감
- **비용**: 기숙사 거주 학생은 8,500달러. 통학 학생은 크레딧에 따라 2,936달러
- **기간**: 6월 18일~8월 3일(7주 코스)
- **장소**: Brown University 캠퍼스
- **내용**: 12학년에 올라가는 학생들이 7주간 대학교 신입생들이 배우는 과목을 미리 경험할 수 있도록 도와주며, 크레딧 또한 받을 수 있다. 9~11학년 학생을 대상으로 1~6주간 진행하는 '미니 코스'도 있다.
- **문의**: (401)863-7900; www.brown.edu/Administration/Continuing_Studies

29. Academy By The Sea
- **주최**: Academy by The Sea
- **대상**: 7~11학년
- **비용**: 4,725달러
- **기간**: 7월 2일~8월 4일(5주)
- **장소**: 캘리포니아 칼스배드
- **내용**: 캘리포니아에 해안에 있는 청소년 전문 캠프로 아카데믹 코스(5주)와 레저 캠프(3주), 써프 캠프(1주) 등이 있다. 7~10학년 대상의 아카데믹 코스는 일반 영어와 ESL, 과학, 역사, 수학, 스페인어, 예술 등 일반 학습에 서핑 등 해양 스포츠를 더한 것으로 오전에는 교실에서 공부를 하고 오후에는 바다에서 야외 활동을 한다.

- 문의: 760-434-7564, www.abts.com

30. Corcoran College of Art & Design
- **주최**: Corcoran College
- **대상**: 11, 12학년에 올라가는 학생
- **신청**: 2월 1일부터 등록 시작
- **기간**: 6월 27일~7월 9일, 7월 11일~7월 22일, 6월 25일~8월 5일, 서머 프로그램
- **장소**: 코코란 대학
- **내용**: DC 소재 유일한 미대인 코코란 대학이 미대 진학을 앞둔 예비 11, 12학년 학생들을 위해 내놓은 서머 프로그램. 미술, 조각, 사진, 보석 등 예술 분야이며, 특히 2주 코스의 포토 저널리즘 프로그램이 눈길을 끈다.
- **문의**: (202)639-1844; www.corcoran.edu/ce

31. George Mason University
- **주최**: George Mason University
- **대상**: 초등학생부터 일반인
- **신청**: 프로그램마다 다양함
- **비용**: 버지니아 거주 학생은 크레딧 당 245달러, 다른 주 출신 학생은 715달러이다.
- **기간**: 1주~5주 과정
- **장소**: 페어팩스 또는 프린스 윌리암 캠퍼스
- **내용**: 10~12학년이 되는 학생들을 위한 대학 수준의 수학 인류학 등 프로그램은 각 5주 과정으로 1~3학점 크레딧 또한 인정해 준다. 이밖에 초등학생~고등학생 대상 과학캠프나 컴퓨터 프로그램, 작문 코스 등 매우 다양하다.
- **문의**: (703)993-2300; www.summercamps.gmu.edu

32. American University
- **주최**: American University
- **대상**: 9~12학년
- **비용**: 과목당 2주 600달러~2,000달러
- **기간**: 2주 과정

- **장소**: DC 매사추세츠 애비뉴에 있는 아메리칸 대학 캠퍼스
- **내용**: 고등학생을 대상으로 한 다채로운 커뮤니케이션 프로그램이 있다. 예를 들어, 스포츠 라이팅과 방송, 시나리오, 비디오 제작, 방송 인터뷰, 사진 등 저널리즘을 꿈꾸는 학생들에게 적합한 프로그램이다.
- **문의**: (202)885-2098; www.american.edu/provost/registrar/summer/

33. Catholic University

- **주최**: Catholic University
- **대상**: 11~12학년 학생
- **비용**: 2,100달러(5주 기준)
- **기간**: 1차 세션, 5월~6월 5주간, 2차 세션, 6월 말~7월 말 5주간
- **장소**: DC소재 가톨릭 대학
- **내용**: 예비 11~12학년 학생들을 대상으로 한 아카데믹 프로그램. 생물학, 화학, 경제학, 공학 등 대학 수준의 수업으로 대학 크레딧으로 인정해 준다
- **문의**: (202)319-5257; summer.cua.edu

34. Fairfax Collegiate School

- **주최**: Fairfax Collegiate School
- **대상**: 3~9학년
- **비용**: 555~665달러(종일반)
- **기간**: 2주(6월 말부터 8월 말에 걸쳐 2주씩 5개 세션으로 나눠 진행
- **장소**: 버지니아주의 9개 다른 지역
- **내용**: 3~9학년을 위한 수학, 작문, 컴퓨터 용어, 컴퓨터 게임 제작, 비디오 촬영과 SAT 과목을 진행한다.
- **문의**: (703)481-3080; www.fairfaxcollegiate.com

35. Pratt Institute Pre-College Program

- **주최**: Pratt Institute
- **대상**: 16~18살 사이, 400여명
- **비용**: 2,775달러

- **기간**: 여름 4주간

- **장소**: Manhattan 또는 Pratt's Brooklyn Campus

- **내용**: 뉴욕 소재 미술 전문 교육원인 Pratt School의 학사 과정을 본떠 만든 서머 캠프로서 고등학생을 대상으로 한다. 건축, 패션 디자인, 순수 미술, 산업디자인, 인테리어 등에서 2개의 선택 과목과 2개의 기본 과목을 배운다. 4과목 모두 학점으로 인정된다.

- **문의**: (718)636-3453; www.pratt.edu

36. 뉴욕 필름 아카데미 영화제작 프로그램

- **주최**: 뉴욕 필름 아카데미

- **대상**: 10~13세, 14~17세 학생

- **비용**: 1,000~8,000달러(프로그램에 따라 차이)

- **기간**: 1주~6주 코스, 주말 반은 매주 토요일 4시간씩 12주간 실시되고, 주중 프로그램은 월요일부터 금요일 사이 매일 오전 9시~오후 3시 최고 6주간에 걸쳐 프로그램이 진행된다.

- **장소**: Harvard University, New York, Italy, Paris, 뉴욕과 LA 유니버설 스튜디오, 디즈니 Studio Orlando

- **내용**: 뉴욕 필름아카데미 프로그램은 영화에 관심 있는 학생들을 대상으로 직접 디지털 카메라를 이용해 영상을 찍고 영화 감독이 갖춰야 할 기본 지식을 익힌다. 참가자들은 또한 연기 지도, 시나리오 제작, 조명, 편집 등 영화 제작을 위한 실무도 공부한다.

  참가 학생들은 소그룹으로 나뉘어 3분짜리 작품을 제작하면서 연기자, 감독, 촬영 감독 등의 역할을 전부 경험하게 된다.

37. UC 서머 프로그램

매년 여름 8~12학년 학생들을 대상으로 UC어바인, 샌디에고, 데이비스, 샌타크루즈 등 UC 대학에서 캘리포니아주 수학·과학 서머스쿨(COSMOS)이 열린다. 천문학에서부터 항공공학, 생의학, 컴퓨터공학, 수학, 생태학, 해양학, 로보틱스, 신경 과학, 게임 이론 등의 과목이 있다. 참가 학생들은 7월 둘째 주 월요일부터 4주 동안 기숙사 생활을 하며 2~3개의 과학 클래스와 과학 작문 클래스를 이수하고 저녁에는 스포츠, 보드 게임, 댄스 레슨, 비디오 등 다양한 클럽 행사에 참여하게 된다.

학생들은 노벨상 수상자 등 저명한 과학자들의 강의를 듣는 한편 교수들과 가까이 공부할 기회가 주어져 장래 대학 추천서 등을 준비할 때 도움이 될 수 있다.

프로그램 비용은 학비, 기숙사비, 필드 트립 비용 등을 포함한 비용이 캘리포니아주 학생의 경우 2,200달러(다른 주 학생은 6,200달러)로 실제 비용에서 4,000달러를 할인받는 셈이다. 저소득층은 캘리포니아주 학생에 한해 추가로 재정 보조를 받을 수 있는데 COSMOS 코디네이터 아이린 브론스턴에 따르면, 참가자들의 약 30%가 참가비 전액이 면제되는 재정 보조를 받는다.

각 캠퍼스에서 120~150명씩 선발해 모두 540명이 참가할 수 있는데 2007년은 1,260명이 지원했다. 지원 마감은 3월 중순으로 4개 캠퍼스 중 하나에만 지원할 수 있으나 지망 분야(cluster)를 3개까지 선호하는 순서대로 기재할 수 있다. 대체로 생물·의학 분야가 가장 인기 있는데 UC 데이비스의 생의학 프로그램이 가장 경쟁률이 높다.

선발 기준은 학교 성적(GPA), 시험 성적, 과학관련 입상 경력, 교사 추천서, 에세이 등이며, 80%의 COSMOS 학생들이 GPA가 3.5 이상이다. 특히 8학년은 모집 정원이 다른 학년보다 한정되어 있으므로 이때 합격되지 않은 경우에는 다음 학년에 가서 다시 신청해 보는 것이 바람직하다. 자세한 정보는 웹사이트(www.ucop.edu/cosmos)에서 얻을 수 있다.

UC의 서머 프로그램은 신청 마감일이 대부분 3월 중에 몰려 있다. 이들 프로그램은 참가자 수가 한정되는 경우가 많으므로 신청을 빨리 할수록 좋다.

UC계열 대학들이 제공하는 여름 프로그램의 내용과 특징, 신청 방법 등을 정리한다.

ⓘ UC버클리 학력개발 프로그램(ATDP)

UC 버클리 교육대학원이 주관하는 학력개발 프로그램(Academic Talent Development Program)은 7~11학년에 재학하고 있는 우수 중고생들을 엄선, 수준 높은 학과 과정을 제공한다.

6주 과정으로 진행되는 이 프로그램에는 미술사와 예술, 세계 종교, 로보틱스 개론 등과 같은 다양한 과목들이 개설되어 있으며 디지털 사진을 배우거나 UC 샌프란시스코 의과대학을 견학하는 워크숍이나 필드 트립을 선택할 수도 있다. 참가자는 신청자 중에 학생의 GPA와 시험 성적, 에세이, 추천서 등을 토대로 선별한다. 수업료는 5학점 코스가 375달러, 10학점 코스 550달러, AP 생물은 750달러이며 여기에 신청료 30달러와 강좌에 따라 실험 실습비 및 교재비 32~170달러가 추가된다. 처음 참가하는 학생들의 신청 마감일은 2월 말이다. www.atdp.berkeley.edu

ⅱ UC데이비스 영 스칼라(Young Scholar) 프로그램

고교생들에게 생물학, 농학, 환경과학 분야의 대학 수준 연구에 참여하는 기회를 제공하는 프로그램이다. 6주간 첨단 실험실에서 교수진과 함께 연구 프로젝트에 참여하며 논문 작성과 연구 발표도 하게 된다.

과학과 수학, 영어 과목 성적이 높아야 하며 2년의 고교 수학 과목과 생물 과목을 이수해야 지원 자격이 주어진다. 기숙사가 제공되며 참가비는 3,300달러.

www.ysp.ucdavis.edu

ⅲ UC데이비스 공학 탐구 프로그램

UC데이비스의 공학 탐구(Engineering Explorations) 프로그램은 엔지니어링 분야로 진출을 희망하는 고교생들에게 공학 분야 연구 내용과 커리어를 엿볼 수 있게 도와주는 일주일 집중 과정이다.

10학년과 11학년 고교생들을 대상으로하며 참가 학생들은 공학을 전공하는 대학생과 교수들을 만나 조언을 듣고 캠퍼스 생활을 경험할 수 있다.

선발 정원은 60명이며 참가비는 무료. 선발되려면 전과목 GPA 3.0 이상이어야 하며 Mathematics Engineering Science Achievement(MESA)와 Success Through Collaboration(STC)에 활발한 활동을 하고 있는 학생들에게 우선권이 주어진다. www.explore.engineering.ucdavis.edu

ⅳ UCLA 고교생 서머 프로그램

(a) **칼리지 프로그램(College-Level Program)**

가을에 10~12학년이 되는 고교생들에게 대학 강의 수강을 통해 AP 학점을 딸 수 있게 하는 프로그램으로 GPA가 3.0 이상이어야 하며 고교 카운슬러나 교사의 추천이 필요하다. 6월 23일 수업이 시작되며 강좌에 따라 6주에서 10주간 코스가 이어진다. 수업료는 유닛당 111달러이며 등록비는 300달러. www.summer.ucla.edu/Special/hscollegelevel.htm

(b) **서머 디스커버리(Summer Discovery)**

9~12학년 고교생들이 대학 캠퍼스에서 수업을 듣고 숙식을 함께하며 대학 입학 과정과 대학 생활을 성공적으로 행할 수 있는 방법 등에 대해 집중 교육을 받는 프로그램. 3주와 6주 과정이 있으며 참가비는 각각 3,999달러와 6,499달러. (888)878-6637로 연락하면 프로그램 내용과 일정에 대한 상세한 안내서를 받을

수 있다. www.summerfun.com

(c) **서머 연기과정(Acting & Performance Institute)**

고교생들에게 6주간 연극·영화 연기, 극작, 연출 등에 대한 집중 교육을 제공하는 프로그램으로 인기가 높아 지원자가 넘친다. 수료자들에게 대학 학점이 주어지며 수강료는 1,800달러이다. www.summer.ucla.edu/Special/act&perf.htm

ⓥ **UC샌타바바라 얼리 스타트(Early Start)**

10~12학년 고교생들이 대학 학점을 미리 들을 수 있도록 하는 프로그램이다. 6주간 캠퍼스 기숙사에 머무르며 대학 과목을 2개까지 수강할 수 있으며 UC 입학 필수 과목에서 GPA 3.3 이상이어야 지원할 수 있다.

학비는 5,399달러. 재정 보조가 필요한 지원자 중 일부를 선발, 지급하는 장학금도 있다. www.summer.ucsb.edu/precollegeprograms.html

ⓥⓘ **UC샌타바바라 연구 멘터십(Research Mentorship)**

10~12학년 고교생들에게 인류학, 천문학, 생물학, 커뮤니케이션, 경제학, 공학, 역사학, 물리학, 심리학, 사회학 분야 강좌를 수강하며 교수진의 집중 지도를 받을 수 있게 한 프로그램이다.

지원 자격은 UC 입학 필수 과목 12학점 이상을 듣고 GPA 3.5 이상을 받는 학생이어야 한다.

학비는 5,789달러.

• **서머캠프 소개 주요 웹사이트**

American Camp Association(find.acacamps.org/finding_a_camp.php)

National Camp Association(www.summercamp.org.)

Student Summers, Bethesda(www.campadvice.com.)

Summer Solutions, McLean(www.summersolutions.com.)

Tips on Trips and Camps, Georgetown(www.tipsontripsandcamps.com.)

02

장학금
지원 단체

02-1. 장학금과 관련된 웹사이트

1. ScholarshipExperts.com(www.scholarshipexperts.com)
이 사이트는 미국에서 공부하기를 원하는 유학생들에게 시간을 절약할 수 있도록 유학생 장학금 검색 도구를 제공하며 또한 유학생을 위한 조언 섹션이 포함되어 있다.

2. International Education Financial Aid(www.iefa.org)
이 사이트는 무료 서비스로서 유학생들에게 원조의 다양한 소스를 내포하는 검색 가능한 데이터베이스를 제공한다.

3. International Student Loans (www.internationalstudentloan.com)
이 사이트는 외국 학생들에게 융자를 제공하고, 대출에 필요한 신용 보증도 해주고 있다.

4. Fulbright(www.iie.org)
풀브라이트 보조금은 대학원에 재학 중인 외국인 학생에게 무상으로 지원된다.

5. Rotary International(www.rotary.org/foundation/educational)

이 클럽은 일부 제한된 유학생들에게 장학금을 제공한다.

6. The Soros Foundations Network
(www.soros.org/initiatives/scholarship)

이 재단은 학부와 대학원에 지원한 유학생에게 장학금을 제공한다. 혜택은 특정 일부 국가에서 온 유학생들로 제한되어 있다.

7. AAUW(www.aauw.org/learn/fellows_directory/)

이 기관은 미국 대학에 대학원 과정으로 유학하는 여학생들에게 장학금을 제공한다.

8. American Councils for International Education
(www.americancouncils.org)

미 의회에서 제공하는 보조금 및 장학금으로 옛 소련 공화국에서 온 학생들에 한한다.

9. AMIDEAST(www.amideast.org)

이 기관은 중동과 북부 아프리카에서 유학생을 위한 보조금을 무상 제공한다.

10. Funding for U.S. Study: A Guide for Citizens of Other Nations
(www.americancouncils.org)

이 웹 사이트는 정부, 단체, 국제 기관들에 의해 제공되는 국제 유학생 장학금 수백 개에 대한 정보를 제공한다.

11. Cornell University Graduate School Fellowship Notebook
(www.gradschool.cornell.edu)

코넬 대학원 장학 단체에서 발행한 안내서로 미국으로 유학 온 대학원생들이 신청할 수 있는 기금이나 장학금을 안내한다.

재정보조에 관한 종합적인 정보 제공: www.nasfaa.org

Peterson's에서 발행한 학자금에 관련된 책: College Money Handbook

Collegeboard에서 제공하는 학자금에 관한 정보와 통계: www.collegeboard.com/pay www.finaid.org

02-2. 유학생을 지원하는 장학 단체

1. American History Scholarship
- **주최**: National Society Daughters of the American Revolution(DAR)
- **대상**: 12학년
- **신청**: 2월 1일 마감
- **상금**: 최고 4년간 연 2,000달러
- **내용**: 대학에서 미국 역사를 최소 24 학점(credit)을 공부할 예정인 학생으로 DAR 지부의 추천을 받아야 한다.
- **문의**: (202)628-1776; www.dar.org

2. Young Epidemology Scholarship Competiton
- **주최**: 로버트 우드 존슨 재단, CollegeBoard
- **대상**: 11~12학년
- **신청**: 보건 프로젝트, 2월 1일
- **상금**: 최고 50,000달러
- **내용**: 보건 관련 이슈에 유행병학적인 분석 방법을 응용한 독창적인 학생 연구를 추진하는 학생들을 시상한다. 학생들이 건강에 영향을 미치는 사회적, 생물학적, 또는 환경적 요소를 조사하거나 공중 보건을 개선하는 방법을 모색토록 장려하기 위한 프로그램으로 최고 120명을 선발, 모두 45만6,000달러의 상금을 분배한다.
- **문의**: (800)626-9795, ext. 5932; www.collegeboard.com/yes

3. Kids Philosophy Slam
- **주최**: Kids Philosophy Slam
- **대상**: K~12학년
- **신청**: 에세이, 2월 4일
- **상금**: 최고 2,000달러
- **내용**: 예를 들면 '공포와 희망 중 무엇이 더 강한가?'라는 주제로 500자 이하의 에세이를 작성해야 한다. 주제는 해마다 달라질 수 있다. K~5학년은 주제에 대해 그림이나 시, 단편 소설, 그림책 등을 제출할 수 있다.

- 문의: (507)467-0107; www.philosophyslam.org

4. National Peace Essay

- 주최: 미 평화연구소
- 대상: 9~12학년
- 신청: 에세이, 2월 초
- 상금: 1,000~10,000달러
- 내용: '핵무기 확산의 제어'를 주제로 1,500자 이하의 에세이를 제출해야 한다. 주별 당선자들은 워싱턴에서 열리는 시상식에 주최측 경비 부담으로 초대된다.
- 문의: (202)457-1700; www.usip.org/ed.html

5. Fiction Contest

- 주최: Highlights for Children
- 대상: 16세 이상
- 신청: 창작, 5월 1일 마감
- 상금: 1,000달러
- 내용: 2~12세 아동 독자들을 위한 800자 이하의 소설 이야기를 공모한다.
- 문의: (570)253-1080; www.teenink.com/Contests/FictionC.php

6. Girls Going Places Scholarship

- 주최: 가디언 보험사
- 대상: 12~18세 여학생
- 신청: 장학금, 2월 25일 마감
- 상금: 1,000~10,000달러
- 내용: 성인이 쓴 750~1,000자 에세이를 통해 추천되어야 한다. 추천서는 학생이 재정적 자립을 향해 어떤 조치를 취했고, 기업가 정신 또는 재정적 통찰력을 어떻게 보였는지, 그리고 학교 및 커뮤니티 등에 어떻게 영향을 미쳤는지 다뤄야 한다. 15명에게 총 30,000달러를 시상한다.
- 문의: www.guardianlife.com/womens_channel/girls_going_places/ggp_entry_form.pdf

03

SAT 준비를 위한 추천도서

아래는 CollegeBoard에서 추천한 대입 학생들을 위한 100권의 권장 도서 목록이다.

Author	Title
Achebe, Chinua	Things Fall Apart
Agee, James	A Death in the Family
Austen, Jane	Pride and Prejudice
Baldwin, James	Go Tell It on the Mountain
Beckett, Samuel	Waiting for Godot
Bellow, Saul	The Adventures of Augie March
Brontë, Charlotte	Jane Eyre
Brontë, Emily	Wuthering Heights
Camus, Albert	The Stranger
Cather, Willa	Death Comes for the Archbishop

Chaucer, Geoffrey	The Canterbury Tales
Chekhov, Anton	The Cherry Orchard
Chopin, Kate	The Awakening
Conrad, Joseph	Heart of Darkness
Cooper, James Fenimore	The Last of the Mohicans
Crane, Stephen	The Red Badge of Courage
Dante	Inferno
de Cervantes, Miguel	Don Quixote
Defoe, Daniel	Robinson Crusoe
Dickens, Charles	A Tale of Two Cities
Dostoyevsky, Fyodor	Crime and Punishment
Douglass, Frederick	Narrative of the Life of Frederick Douglass
Dreiser, Theodore	An American Tragedy
Dumas, Alexandre	The Three Musketeers
Eliot, George	The Mill on the Floss
Ellison, Ralph	Invisible Man
Emerson, Ralph Waldo	Selected Essays
Faulkner, William	As I Lay Dying
Faulkner, William	The Sound and the Fury
Fielding, Henry	Tom Jones
Fitzgerald, F. Scott	The Great Gatsby
Flaubert, Gustave	Madame Bovary
Ford, Ford Madox	The Good Soldier
Goethe, Johann Wolfgang von	Faust
Golding, William	Lord of the Flies
Hardy, Thomas	Tess of the d'Urbervilles
Hawthorne, Nathaniel	The Scarlet Letter
Heller, Joseph	Catch 22
Hemingway, Ernest	A Farewell to Arms
Homer	The Iliad
Homer	The Odyssey
Hugo, Victor	The Hunchback of Notre Dame
Hurston, Zora Neale	Their Eyes Were Watching God
Huxley, Aldous	Brave New World
Ibsen, Henrik	A Doll's House

James, Henry	The Portrait of a Lady
James, Henry	The Turn of the Screw
Joyce, James	A Portrait of the Artist as a Young Man
Kafka, Franz	The Metamorphosis
Kingston, Maxine Hong	The Woman Warrior
Lee, Harper	To Kill a Mockingbird
Lewis, Sinclair	Babbitt
London, Jack	The Call of the Wild
Mann, Thomas	The Magic Mountain
Marquez, Gabriel García	One Hundred Years of Solitude
Melville, Herman	Bartleby the Scrivener
Melville, Herman	Moby Dick
Miller, Arthur	The Crucible
Morrison, Toni	Beloved
O'Connor, Flannery	A Good Man is Hard to Find
O'Neill, Eugene	Long Day's Journey into Night
Orwell, George	Animal Farm
Pasternak, Boris	Doctor Zhivago
Plath, Sylvia	The Bell Jar
Poe, Edgar Allan	Selected Tales
Proust, Marcel	Swann's Way
Pynchon, Thomas	The Crying of Lot 49
Remarque, Erich Maria	All Quiet on the Western Front
Rostand, Edmond	Cyrano de Bergerac
Roth, Henry	Call It Sleep
Salinger, J.D.	The Catcher in the Rye
Shakespeare, William	Hamlet
Shakespeare, William	Macbeth
Shakespeare, William	A Midsummer Night's Dream
Shakespeare, William	Romeo and Juliet
Shaw, George Bernard	Pygmalion
Shelley, Mary	Frankenstein
Silko, Leslie Marmon	Ceremony
Solzhenitsyn, Alexander	One Day in the Life of Ivan Denisovich
Sophocles	Antigone

Sophocles	Oedipus Rex
Steinbeck, John	The Grapes of Wrath
Stevenson, Robert Louis	Treasure Island
Stowe, Harriet Beecher	Uncle Tom's Cabin
Swift, Jonathan	Gulliver's Travels
Thackeray, William	Vanity Fair
Thoreau, Henry David	Walden
Tolstoy, Leo	War and Peace
Turgenev, Ivan	Fathers and Sons
Twain, Mark	The Adventures of Huckleberry Finn
Voltaire	Candide
Vonnegut, Kurt Jr.	Slaughterhouse-Five
Walker, Alice	The Color Purple
Wharton, Edith	The House of Mirth
Welty, Eudora	Collected Stories
Whitman, Walt	Leaves of Grass
Wilde, Oscar	The Picture of Dorian Gray
Williams, Tennessee	The Glass Menagerie
Woolf, Virginia	To the Lighthouse
Wright, Richard	Native Son

04

Early Action & Decision 마감일

1. Early Action

학교	마감일	조기 합격률	조기 지원자 수	전체 합격률	전체 지원자 수
Bentley University (MA)	11/15	52.4	2384	37.6	7238
Biola University (CA)	12/1	88	1053	81.2	2470
Bloomfield College (NJ)	1/7	82.3	79	28.5	2690
Boston College	11/1	36.3	6697	26.2	30845
Brandeis University (MA)	12/15	40.3	528	32.4	7724
Butler University (IN)	11/15	85.3	3780	71.8	5923
California Institute of Technolgoy	11/1	26.6	800	17.4	3957
Case Western Reserve University (OH)	11/1	88.5	1709	73.3	7351
Chapman University (CA)	11/15	55.9	1853	50.1	5356
College of charleston (SC)	11/15	56.4	6039	64.2	9964
College of Mount St. Vincent (NY)	11/1	79.6	181	66.6	2224

College of St. Rose (NY)	12/1	76.6	1802	66.3	4021
Colorado College	11/15	44.7	1303	26	5333
Concordia College (NY)	11/15	82.6	69	67.9	722
Cornell College (IA)	12/1	55.2	1286	43.6	2916
Dickinson College (PA)	12/1	66.7	1169	44.2	5282
Duquesne University (PA)	12/1	63.1	1352	75.6	5715
Emerson College (MA)	11/1	47.3	1745	37	6944
Fairfield University (CT)	11/15	58.2	3695	59.1	8732
Fordham University (CT)	12/1	49.1	7284	46.8	23892
Framingham State College (MA)	11/15	56.7	372	61	3964
Geroge Mason University (VA)	11/1	76.9	2294	62.7	12943
Gerogia College and State University	11/1	49.3	1176	59.2	3906
Gonzaga University (WA)	11/15	79.5	2132	78	5026
Gordon College (MA)	12/1	93.4	471	71.1	1570
Goucher Colelge (MD)	12/1	77.3	1238	63.6	4077
Gustavus Adolphus College (MN)	11/1	88.4	708	74.9	3128
Hamline University (MN)	12/1	88.1	1074	79.9	2234
Hanover College (IN)	12/1	75.5	1264	67.1	2180
Hillsdale College (MI)	1/1	62.4	850	64.3	1502
Hofstra University (NY)	12/15	44.9	8349	53	20071
Hood College (MD)	12/15	55.6	187	78.2	1570
James Madison University (VA)	11/1	72.9	6102	65.1	19245
Juniata College (PA)	1/1	86	874	69.2	2349
Kalamazoo College (MI)	11/20	86.2	951	70.3	2059
Lawrence University (WI)	12/1	82.3	695	58.8	2618
Linfield College (OR)	11/5	96.9	422	7836	2066
Longwood University (VA)	12/1	55.2	1561	68.6	4197
Loyola College Maryland	11/1	80	3376	68.6	7623
Loyola Marymount University (CA)	11/1	61.9	2327	50.1	9086
Marist College (NY)	12/1	48.7	3582	37.5	9198
Massachusetts College of Art and Design	12/1	53.1	81	51.4	1499
Massachussets College of Liberal Arts	12/1	75.9	278	78	1232
Massachussets Institute of Technology	11/1	13.3	3919	11.9	13396
McDaniel College (MD)	12/1	88.7	1213	77.3	2651

Merrimack College (MA)	11/15	88.2	991	78.7	3915
Milwaukee Institue of Art and Design	11/15	23.7	93	74.7	443
Monmouth University (NJ)	12/1	82.2	2660	56.4	7039
Mount St. Mary's University (MD)	12/1	86.6	485	77.9	2716
Nebraska Wesleyan University	11/15	87.3	513	79.9	1519
Niagara University (NY)	12/1	74.8	1071	73.5	3268
Northeastern University (MA)	11/15	48.4	10956	35.2	35754
Old Dominion University (VA)	12/1	60.6	5282	71.7	9484
Pace University (NY)	11/30	55.3	2453	74.7	9123
Point Loma Nazarene University (CA)	12/1	39.5	1753	78.1	1810
Pratt Institute (NY)	11/1	78.8	400	41.9	5010
Randolph-Macon College (VA)	11/15	56.3	2446	58.1	3502
Rhode Island School of Design	12/15	37.1	372	29.3	3148
Rider University	11/15	40.9	1563	74	6829
Salve Regina University	11/1	64.2	1611	58.7	5937
Santa Clara University (CA)	11/1	67.7	2507	57.6	10124
Seattle Pacific University	11/15	94.1	1052	88.2	2049
Simmons College (MA)	12/1	56.1	1666	54.5	3222
St. Joseph's University (PA)	11/15	94.8	3840	86	7012
St. Mary's College of California	11/15	85.5	1253	81.4	3638
St. Michael's College (VT)	11/1	73.8	1646	68.8	3618
Stanford University (CA)	11/1	16.2	4552	9.5	25299
Stonehill College (MA)	11/1	70.1	1505	45	6838
Suffolk University (MA)	11/20	57.9	1582	81.9	9169
SUNY College of Environmental Science and Forestry	11/15	98.5	328	48.2	1568
SUNY College--Oneonta	11/15	49.5	2866	37.4	12571
SUNY--Stony Brook	11/15	43.9	4066	43.3	25590
Taylor University (IN)	12/1	75.9	1168	84	1557
Texas Christian University	11/1	57.6	7207	50.4	12212
Tougaloo College (MS)	11/1	100	1	25.6	4573
Transylvania University (KY)	12/1	78.7	893	78.8	1377
Trinity University (TX)	12/1	80.7	1385	58.2	3754
Tulane University (LA)	11/1	65.7	8534	27	34125
United States Coast Guard Academy (CT)	11/1	28.8	469	21.5	1370

University of Arkansas	11/15	87.6	4914	57.7	12045
University of Connecticut	12/1	70	11714	54.5	21058
University of Dallas	12/1	94	366	91	1060
University of Georgia	10/15	66	10969	55.6	17207
University of Maryland-Baltimore County	11/1	40.5	1498	71.7	5820
University of Massachusetts-Amherst	11/1	80.2	6222	64.3	28931
University of Miami (FL)	11/1	52.1	7462	38.6	21773
University of Mobile (AL)	8/1	88.9	18	55.9	1853
University of New Hampshire	11/15	49.1	5765	65.2	16246
University of North Carolina--Chapel Hill	11/1	42.9	11776	34	24543
University of North Carolina--Wilmington	11/1	65.1	5442	58.5	9311
University of Notre Dame (IN)	11/1	42.2	4059	26.7	13945
University of Rhode Island	12/1	88.6	9667	80.1	45887
University of San Diego	11/15	57.4	2748	52.1	10584
University of San Francisco	11/15	71.4	1925	63.6	8485
University of Scranton (PA)	11/15	80.1	3424	66	7890
University of Vermont	11/1	92.8	5331	64.8	21062
Ursinus College (PA)	12/1	62.1	4498	54.7	6192
Valparaiso University (IN)	11/1	96.8	790	91.8	3022
Villanova University (PA)	11/1	38.2	5409	39.5	15102
Washington and Jefferson College (PA)	1/15	38.6	6601	38.3	6826
Washington College (MD)	11/15	91.1	672	69	3413
Wells College (NY)	12/15	75	531	63.8	1117
Westmont College (CA)	11/1	80.3	989	65.6	2078
Wheaton College (IL)	11/1	50.9	1087	61.8	2083
Wheelock College (MA)	12/1	93.8	192	73.7	1096
Whitworth University (WA)	11/30	56.9	3087	51.2	5472
Willamette University (OR)	12/1	86	559	66.6	4023
Wittenberg University (OH)	12/1	86.3	1928	68.8	3344
Yale University (CT)	11/1	18.1	4888	8.6	22817

2. Early Decision

학교	마감일	조기 합격률	조기 지원자 수	전체 합격률	전체 지원자 수
Barnard College (NY)	11/15	47.7	392	28.5	4274
Bates College (ME)	11/15	45.5	549	29.2	5098
Bennington College (VT)	11/15	60	75	61.6	1056
Bentley University (MA)	11/1	54	187	37.6	7238
Bowdoin College (ME)	11/15	30	690	18.6	6033
Brandeis University (MA)	11/15	53.1	458	32.4	7724
Brown University (RI)	11/1	22.6	2453	13.7	20633
Bryant University (RI)	11/15	58.6	239	45.1	6253
Bryn Mawr College (PA)	11/15	53.1	130	48.8	2150
Bucknell University (PA)	11/15	65.3	567	29.9	8024
California Polytechnic State University--San Luis Obispo	10/31	25.2	3450	33.5	33352
Carleton College (MN)	11/15	55.2	375	27.5	4956
Carnegie Mellon University (PA)	11/1	29.1	855	37.9	13527
Claremont McKenna College (CA)	11/15	27.8	316	19.2	4178
Clark University (MA)	11/15	73.3	90	56.4	5299
Clarkson University (NY)	12/1	93.8	113	78.7	3204
Colby College (ME)	11/15	46.8	4555	30.9	4835
Colgate University (NY)	11/15	51	741	23.9	9416
College of New Jersey	11/15	57.3	450	42.4	9692
College of the Atlantic (ME)	12/1	79.5	39	69.1	314
College of the Holy Cross (MA)	12/15	55.7	522	33.8	7227
College of William and Mary (VA)	11/1	53.9	900	34.1	11636
College of Wooster (OH)	12/1	87.4	87	61.7	4504
Colorado College	11/15	41.1	414	26	5338
Columbia University (NY)	11/1	23.8	2509	10	22584
Connecticut College	11/15	64.8	301	36.6	4716
Cooper Union (NY)	12/1	16	449	9.3	3055
Cornell College (IA)	11/1	41.9	105	43.6	2916
Cornell University (NY)	11/1	37	3094	20.7	33073
Curry College (MA)	12/1	38.2	136	67.3	3944
Darthmouth College (NH)	11/1	27.9	1482	13.5	16538

Davidson College (NC)	11/15	40.4	549	25.7	4412
Denison University (OH)	12/1	78.4	153	38.2	5305
DePauw University (IN)	11/1	82	50	64.6	4064
Dickinson College (PA)	11/15	83.6	348	44.2	5282
Duke University (NC)	11/1	38.3	1239	22.4	18774
Duquesne University (PA)	11/1	71.8	294	75.6	5715
Earlham College (IN)	12/1	97.6	41	75.4	1825
Elmira College (NY)	11/15	90	50	74.4	2090
Elon University (NC)	11/1	75.4	422	42.3	9434
Flagler College (FL)	12/1	72.9	573	45	2368
Florida Southern College	12/1	98.7	78	67.3	2110
Franklin and Marshall College (PA)	11/15	70.4	582	35.9	5632
Furman University (SC)	11/15	66.4	639	57.9	4414
George Washington University (DC)	11/10	66.8	1159	37.4	19430
Gordon College (MA)	11/15	97.8	45	71.1	1570
Grinnell College (IA)	11/15	68.5	200	43	3217
Hamilton College (NY)	11/15	36.4	612	28.1	5073
Hampshire College (MA)	11/15	71.4	98	53.1	2842
Hartwick College (NY)	11/15	84.8	112	83	2532
Harvey Mudd College (CA)	11/15	34	103	31.1	2532
Hillsdale College (MI)	11/15	80	100	64.3	1502
Hobart and William Smith Colleges (NY)	11/15	68.3	265	53.7	4298
Howard University (DC)	11/1	71.2	1745	48.5	9750
Juniata College (PA)	12/1	87	92	69.2	2349
Kalamazoo College (MI)	11/10	77.3	22	70.3	2059
Kenyon College (OH)	11/15	55	340	31.3	4509
Lafayette College (PA)	2/15	56.2	436	37.2	6357
Lawrence University (WI)	11/15	94.6	37	58.8	2618
Lehigh University (PA)	11/15	57.8	939	27.9	12941
LeMoyne College (NY)	12/1	71.4	56	61.2	4212
Lynchburg College (VA)	11/15	52.2	205	67.9	4501
Macalester College (MN)	11/15	46.8	252	41.1	5041
Marist College (NY)	11/15	77	161	37.5	9198
Meredith College (NC)	10/15	53.8	143	69.4	1557

Miami University--Oxford (OH)	11/1	75.6	636	80.4	15009
Moravian College (PA)	12/1	77.3	176	69.7	2098
Nazareth College (NY)	11/15	91.1	45	74.5	2181
Northwestern University (IL)	11/1	39.7	1395	26.2	25013
Ohio Wesleyan University	12/1	31.1	61	64.3	4238
Pomona College (CA)	11/15	21.7	598	15.6	6293
Presbyterian College (SC)	11/1	78.6	56	68.6	1403
Prescott College (AZ)	12/1	93.8	16	76.7	365
Purchase College--SUNY	11/1	29.4	34	24.2	8905
Rensselaer Polytechnic Institute (NY)	11/1	49.8	1288	44.1	11249
Rhodes College (TN)	11/1	48.9	140	49.9	3747
Rice University (TX)	11/1	34	674	23	9813
Rider University (NJ)	11/15	29.4	51	74	6829
Rollins College (FL)	11/15	61.5	156	53.2	3485
Russell Sage College (NY)	12/1	90	10	74.3	378
Sacred Heart University (CT)	12/1	67.5	193	65.1	7568
Scripps College (CA)	11/1	48.1	81	43.4	1931
Sewanee--University of the South (TN)	11/15	54.1	185	64	2488
Skidmore College (NY)	11/15	59.4	497	29.8	7316
Smith College (MA)	11/15	63.7	256	47.7	3771
Southwestern University (TX)	11/1	87.5	64	65.4	1923
St. Anseim College (NH)	11/15	75.9	79	69.9	3835
St. John Fisher College (NY)	12/1	62.6	155	62.4	3231
St. Mary's College (IN)	11/15	90.4	115	79.6	1422
St. Mary's College of Maryland	11/1	43.5	373	51.8	2723
St. Olaf College (MN)	11/15	92.7	151	58.9	3964
Stetson University (FL)	11/1	91.2	34	53.9	4110
Stevens Institute of Technology (NJ)	11/15	69.7	399	51.8	2889
Stonehill College (MA)	11/1	65.7	67	45	6838
SUNY Institute of Technology--Utica/Rome	11/1	60	35	38.7	1731
SUNY--Fredonia	11/1	62.1	66	51.8	6489
SUNY--Oswego	11/15	53.3	150	47	9965
SUNY--Plattsburgh	11/15	51.7	89	49.4	6909
Susquehanna University (PA)	11/15	82.7	173	72.6	2777

Swarthmore College (PA)	11/15	33.8	480	15.7	6121
Sweet Briar College (VA)	12/1	96.9	64	82.7	629
Syracuse University (NY)	11/15	77.4	826	52.5	22079
Tabor College (KS)	12/31	100	98	93.6	405
The Citadel (SC)	10/26	72.2	126	75.2	2024
Trinity College (CT)	11/15	69.3	417	41.7	5136
Trinity University (TX)	11/1	72	50	58.2	3754
Union College (NY)	11/15	77.1	327	39.2	5171
University at Buffalo--SUNY	11/1	70.5	555	51.9	19784
University of Miami (FL)	11/1	22.2	1210	38.6	21773
University of Puget Sound (WA)	11/15	90.2	132	65.3	5580
University of Rochester (NY)	11/1	46.7	583	42.7	11633
Ursinus College (PA)	1/15	61.9	197	54.7	6192
Vanderbilt University (TN)	11/1	36.2	1468	25.3	16944
Vassar College (NY)	11/15	38.3	582	25	7361
Virginia Military Institute	11/15	60.8	283	53.6	1600
Virginia Tech	11/1	54.7	2288	65.4	20615
Wabash College (IN)	11/15	74.6	63	49.1	1365
Wagner College (NY)	1/1	63.3	90	60.8	3012
Wake Forest University (NC)	11/15	50.7	671	38.4	9050
Washington and Jefferson College (PA)	12/1	50	8	38.3	6826
Washington and Lee University (VA)	11/15	44.4	428	16.8	6386
Washington College (MD)	11/1	92.6	68	69	3413
Wellesley College (MA)	11/1	51.4	208	35	4001
Wells College (NY)	12/15	63.2	19	63.8	1117
Wesleyan University (CT)	11/15	45.5	650	27.2	8250
Western Carolina University (NC)	11/15	65.6	1687	51.1	7331
Wheaton College (MA)	11/15	85.6	195	38.8	3832
Whitman College (WA)	11/15	74.5	145	45.8	3096
Williams College (MA)	11/10	37.4	605	17	7552
Wittenberg University (OH)	11/15	60.8	51	68.8	3344
Wofford College (SC)	11/15	64.1	587	58.9	2278